감 정 화 하 는 사 회

감정화하는 사회 오쓰카 에이지 지음 선정우 옮김

리시올

차례

일러두기

1 본문의 각주는 대부분 옮긴이 주입니다. 원서의 주는 '원주', 원서의 편집자 주는 '편집자'라고 표시해 주었습니다.

2 본문에서 옮긴이가 첨가한 내용은 대괄호로 묶어 표시했습니다.

3 인용문 번역은 모두 옮긴이가 한 것이며 한국어판이 있는 경우에는 각주로 서지 정보를 밝혀 주었습니다.

4 원서에서 드러냄표로 강조한 표현은 고딕체로 표시했습니다.

5 단행본에는 겹낫표를, 단편 소설, 논문, 신문 기사, 애니메이션, 게임, 영화 등에는 낫표를 사용했습니다.

1부

감정화하는 사회

1장
감정 덴노제론

‘마음’을 통해 직결되는 덴노와 국민

2016년 8월 8일에 현행 덴노天皇[1]가 생전 퇴위에 관한 ‘마음’
을 표명한 것과 이에 ‘국민’이 보인 반응은 우연히도 이 책의
주제인 ‘감정’이라는 문제를 명확히 해 준 사건이었다. 이 책
에서 편의상 ‘감정화’라고 부르는 사태가 덴노제에 영향을
미친 것이다.[2]

---

1   일본에서 과거에는 왕실이었고 지금은 국가의 ‘상징’으로 표현
되는 존재다. 국내에서는 ‘천황’이나 ‘일왕’을 번역어로 선택하는 경
우가 많은데 옮긴이는 두 표기 모두에 동의하지 않아 ‘덴노’라는 표
기를 선택했다. 일본의 특수한 맥락에서 쓰이는 단어를 그대로 한
국어 한자 발음으로 표기하면 외국어처럼 보이지 않아 쉽게 한국
어에 포섭될 우려가 있다. 또 ‘천황’이나 ‘일왕’은 ‘황제’나 ‘여왕’같이
일반화된 단어도 아니고 한국에서 오래전부터 써 온 단어도 아니
다. 그렇기 때문에 일본어 발음대로 ‘덴노’라 표기해 외래어로서의
성격을 드러내고자 한다.
2   일본의 전 덴노 아키히토(1989~2019 재위)가 공식적으로 의사
를 밝히기 전인 2016년 7월 13일 ‘덴노의 생전 퇴위 의향’에 관한 뉴
스가 NHK 등 몇몇 언론사에 ‘유출’ 보도되었고, 이어 8월 4일 『교도
통신』은 그에 따른 여론 향방을 묻는 조사를 실시했다(참고로 그간
일본 언론이 다양한 정치·사회 사안에서 현 정권의 입장에 맞춘 내용
과 방향성의 기사를 유출해 온 것은 공공연한 사실이다). 그런 가운데

하지만 이는 덴노가 감정적으로 처신했다는 의미가 아니다. 이 글을 통해 분명히 밝히겠으나 '감정화'는 사람들의 온갖 자기 표출이 '감정'이라는 형태로 드러나는 것을 상호 욕망하는 관계를 의미한다. 이성이나 합리가 아니라 감정의 교환이 사회를 움직이는 유일한 엔진이 되고, 무엇보다 사람들이 '감정' 이외의 커뮤니케이션을 기피하게 되는, 즉 '감정'만이 유일한 관계성으로 통용되는 제도를 '감정화'라고 정의할 수 있다. 감정화 현상은 감정적이기만 한 이 나라의 총리 및 그에 대해 이 나라 사람들이 보이는, 나로서는 이해할 수 없는 '공감'에서도 확인된다. 그렇다면 여기서 무엇보다 문제 삼지 않으면 안 되는 것은 어째서 이번 의사 표시가 종래 덴노의 공적 발언에 사용되던 '말씀'おことば이 아니라 '마음'お気持ち이라는 호칭으로 표명되었느냐 하는 점이다. 원래 궁내청 홈페이지 등에서는 이번 '마음' 전문을 게재하며 관례에 따라 '말씀'이라는 표현을 사용했다. 하지만 유출 정보를 특종으로 보도한 기사에서는 처음부터 '마음'을 표명한 것처럼 연출했다. 이 신문 보도도 인터넷에서 손쉽게 검색할 수 있는 시대가 되었으니 각자 직접 확인해 보기를 바란다.

그리고 다음으로 주의할 점은 이 '마음'에 '국민'들이 압도적인 '공감'을 표했다는 사실이다. 예를 들어 8월 11일 『요미우리신문』이 실시한 여론 조사에서는 응답자의 93%가 '좋았다'고 답변했다. 애시당초 덴노가 '마음'을 표명하기 전에

8월 8일 발표한 공식 퇴위 의사가 공적 발언에 어울리지 않는 '마음'이라는 단어로 알려졌고, 지은이는 이를 이 책의 소재인 '감정화' 개념과 맞물리는 일본 사회의 사례로 제시하고 있다.

NHK에서 생전 퇴위 의향을 특종 보도한 직후 8월 4일 『교도통신』이 여론 조사를 실시했을 때도 85%가 '용인'하겠다고 답했다. 이는 특종 후 추측성이기는 했지만 덴노의 의향이 가까운 시일 안에 '마음'이라는 형식으로 표명될 것이라고 보도된 사실과도 관련이 있다. 이번 덴노 발언은 '마음'이라는 형식을 띠었고 그 결과 국민에게 덴노의 감정 표출로 받아들여졌다. 그리고 정계에서는 덴노와 국민이 감정을 통해 직결된 것을 적잖이 곤혹스러워하는 듯이 보이기도 한다. 실제로 야당 측에서는 이 같은 '마음'과 '국민'의 '공감'에 이의를 제기하기 못했고, 당초에는 신중했던 여당 측에서도 생전 퇴위를 위한 법 정비를 검토하지 않을 수 없게 되었다. '마음' 표명 직후 『산케이신문』이 「'생전 퇴위'가 가능하도록 개헌하는 것에 '좋다' 80% 이상, FNN 여론 조사」라는 기사를 내보내 덴노의 '마음'을 실현할 수 있도록 헌법을 개정해야 한다는 여론을 조성하려고 한 것이 오히려 눈에 띌 정도다.

퇴위를 가능하게 할 방안이 이번에 국한한 시한 입법에 그칠지, 아니면 황실 전범과 헌법을 개정하는 데까지 나아갈지는 아직 불투명하다. 하지만 덴노의 '마음'을 주위에서 촌탁忖度[3]하고 나아가 그것을 공표해 정치가 현실에 작용하게 되는 것은, 제2차 세계대전 이전과 전쟁 중에 덴노를 정치적으로 이용했던 전형적 수법과 언뜻 매우 유사하다. 촌탁이란 듣는 이가 언외言外의 의미를 자의적으로 해석해 덴

---

3 일본어 발음은 '손타쿠'. '타인의 마음을 미루어 헤아린다'는 의미의 단어지만, 잘 쓰이지 않다가 2017년 아베 총리를 둘러싼 사학 스캔들이 매스컴에 보도되는 과정에서 유행어가 되었다.

노의 의향으로서 등에 업고 행동하는 것을 말한다. 과거에 정치 권력이 촌탁을 이용했던 경우도 덴노를 정치적 목적에 동원한 것이라 볼 수 있다. 하지만 이번에는 덴노가 직접 '마음'을 드러냈고, 여기에 권력이 아니라 국민이 일제히 촌탁함으로써 정치가 움직이는 사태가 벌어졌다. 바로 이 점이 특이하다는 말이다.

말할 나위도 없이 덴노의 '마음'이 앞으로 헌법을 포함한 법 제도를 움직이게 되면 그것은 헌법이 금한 덴노의 정치 개입이 된다. 이런 전례를 허용하면 덴노의 '마음'이 다른 영역에서도 정치를 움직이게 될 수 있다. 나는 이 한 가지 점 때문에라도 덴노의 이번 행위를 긍정할 수 없다. 아베 정권이 헌법 해석을 자의적으로 변경한 이후 우리는 헌법이 국가나 '공'을 제한하는 규범이라는 사실에 둔감해졌다. '공'의 자리에 있는 자는 헌법을 자의적으로 해석해서는 안 되며, 그런 의미에서 덴노 역시 헌법에 묶여 있는 공적 존재라는 사실을 잊지 말아야 한다. 헌법에 따라 규정되는 이상 덴노도 헌법을 초월해서는 안 되는 것이다.

이와 같은 내 기본 입장을 우선 명시하고, 이제『산케이신문』의 노골적인 개헌 유도와는 별개로, 헌법 개정을 통한 덴노의 '군주'화를 목표로 하고 있던 아베 정권 및 이를 지지하는 일본회의[4] 등 우파 쪽의 곤혹에 주의를 기울여 보려 한다. 나는 논단이라는 곳에서 멀어진 지 오래라 이제는 정치의 속사정에 관해 아는 바가 전혀 없다. 그래서 생전 퇴위 의

---

4 '극우'로 일컬어지는 일본의 정치 단체. 국회의원도 다수 가입해 있다.

향을 전하는 뉴스를 듣고 처음에는 아베 정권이 그렇게까지 하나 싶었다. 즉 지금까지의 발언을 돌이켜 볼 때 호헌적 입장을 표명해 온 현 덴노와 우파 매체에 노골적으로 비판당하는 황태자를 건너뛰고 그다음으로 황위를 원활하게 이행시키고자 정권 여당이 충직한 NHK를 이용해 노골적인 여론 조작을 시작한 줄 알았다. 그러나 아무래도 그런 것이 아님을 정부 등의 대응을 보면서 느낄 수 있었다.

우파는 강력한 덴노의 권위를 직접 이용하고자 노려 왔으며, '촌탁'은 결국 당대의 정치 권력이 직접 행사하지 못하면 소용이 없는 법이다. 하지만 이번에 덴노는 권력이 멋대로 '마음'을 촌탁하게 놓아두지 않았다. 현 덴노는 정치 권력을 건너뛰어 스스로의 '마음'을 국민이 직접 '촌탁'하는 관계를 만들었다.

이처럼 덴노의 '마음'이 전체 국민에게 싱크로니시티[공시성]를 불러일으킨 방식을 어떻게 평가해야 할까. 전후사戰後史의 측면에서는 상징 덴노제의 완성이고(하지만 나는 우파와는 다른 입장에서 이를 긍정하지 않는다. 나는 덴노제가 단념되어야 한다는 입장을 이미 예전부터 표명한 바 있다) 세계사적 문맥에서는 전 세계에서 진행 중인 '반지성주의'(이 용어도 나는 선호하지 않는다)의 극단적인 사례라고 말할 수밖에 없을 것이다. 이러한 인식을 바탕으로 나는 현 덴노가 초래한 현황을 일단 '감정 덴노제'라고 부르겠다.

좌파 입장에서 말하자면 현재 일본의 아베 정권이나 일본회의는 북미의 티파티[5]나 유럽 극우 정당에 맞먹는 반지성주의 정치 세력이라 해도 과언이 아니다. 하지만 영국의 유럽

연합 탈퇴[브렉시트]가 국민 투표를 통해 현실이 되면서 유럽연합에서 독립하자고 주장하던 정치가들이 당황하는 결과가 초래되었고, 또 도널드 트럼프는 티파티조차 내팽개친 채 공화당 후보가 되었다. 이런 사례들처럼 민의民意가 반지성주의 그룹의 정치 세력을 내팽개치는 사태가 요즘 들어 확인되고 있다. '마음'과 국민 감정이 일체화되어 정권 여당 및 그 배경에 존재하는 일본회의적 우파를 내팽개친 이번 사태 역시 마찬가지 현상이라 할 수 있다. 지성과 권력이 연결되는 것에 대한 혐오감을 이용해 정치적 영향력을 발휘할 수 있었던 구시대적 '반지성주의' 세력을 건너뛰고 감정이 권력을 빼 버린 채 국민화된 것이다. 그것이 우파와 좌파 중 어느 쪽에 경도될지와는 별개로, 반지성주의조차 내팽개치는 '감정'적인 정치가 선택될 수 있다는 리스크 속에 지금 세계가, 그리고 그 일부인 일본이 있다.

이렇듯 '감정'이 우리 가치 판단의 최상위에 놓이고 '감정'을 통한 '공감'이 사회 시스템으로 기능하게 되는 사태를 이 책에서는 '감정화'라 부른다. '감정'이란 단순히 권력자나 사람들의 정치 선택이 '감정적으로 보인다'는 의미가 아니다. 새삼스러울 수도 있겠으나 나는 이 단어에 대한 애덤 스미스의 용법을 부흥시키고자 한다.

얼마 전까지도 '감정적'이라는 말은 부정적인 의미로 통했고, 이성이나 도덕으로 이를 규율해야 한다는 사고 방식이 일반적이었다. 그만큼이나 지극히 자명하던 사고 방식을

5　미국의 조세 저항 운동을 가리키는(보스턴 차 사건) 용어였으나, 2009년 미국에서 보수적인 시민들이 모여 만든 신생 단체의 이름이 되었다.

근대 초기에 굳이 체계화했던 것이 스미스의 『도덕 감정론』이다. 그의 책에서는 타인의 '행위'와 '감정'에 대한 '공감'이 사회 구성의 근간에 놓인다. 하지만 여기서 그는 '나'의 '감정'과 타인의 '감정'을 직접 '공감'시키는 것이 아니라, 자기 내면에 '중립적인 관찰자'를 두고 그것이 자신과 타인의 '감정' 및 '행위'의 적절성을 판단하는 기준을 형성하는 단계를 밟는다. 그 결과로 규범, 즉 '도덕'이 형성된다.

이처럼 스미스는 '감정'이 적절한 회로를 통해 '도덕'화된다는 것을 의심하지 않았고 그 과정을 검증했다. 오랜만에 (고등학교 '윤리사회' 수업 이후 처음) 다시 읽어 본 이 저작은, 나중에 다시 잠깐 다루겠지만 야나기타 구니오[6]의 사고를 방불케 했고, 또 놀랍게도 어느 정도 설득력이 있었다. 하지만 문제는 이와 같은 회로가 이제는 상실되었다는 데 있다. 그런 의미에서 '감정화'란 '감정'이 '도덕'(넓은 의미의 규범 및 공공성)을 형성하는 회로를 상실한 사태를 가리킨다고 해도 좋다. 너무나도 유명한 스미스 경제론의 '보이지 않는 손'도, 한 명의 인간 안에 감정적으로 자기 이익을 추구하고 '재산을 좇는 길'을 가고자 하는 '약한 인간'과 그러지 않고 자신에게도 타인에게도 윤리적인 '덕의 길'을 가고자 하는 '현자'가 존재하며, 이 둘의 균형으로 '보이지 않는 손'이 이루어진다고 읽어야 할 것이다. 전자만 기능하는 것이 신

6 　야나기타 구니오柳田國男, 1875~1962. 일본 민속학의 기틀을 다진 인물이다. 1913년에 잡지 『향토 연구』를 간행했고 1924년에는 게이오의숙대학 문학부 강사로 민간 전승에 관한 강의를 맡았다. 1910년 발표한 설화집 『도노 이야기』(182쪽 주 15 참조)는 지금까지도 일본 민속학의 기초를 닦은 저서로 평가받고 있다.

자유주의임은 더할 나위 없이 분명하다. 신자유주의는 본능적이라는 의미에서 '감정'적인 것이다.

이처럼 스미스의 논의에 따를 때 현재 우리는 단순히 '감정'적이고 '공감'적이며, 우리 마음속에는 '중립적 관찰자'가 없다. 그리고 이 '중립적 관찰자'를 결여했을 때 '감정'은 다만 서로 '공감'해 더 거대한 '감정'이 될 뿐이다.

말할 나위도 없이 이 내적인 관찰자는 정치나 미디어, 문학의 형태로 '외화'外化되고 제도화되었다. '지성'이라 불리는 것도 마찬가지다. 하지만 이것들은 현재 심각한 기능 부전에 빠졌다. 기존 미디어가 제4의 권력으로서 신뢰성을 잃은 것도 스스로 '감정'화했기 때문이다. 그리고 감정적인 정치와 감정적인 미디어와 감정적인 문학과 감정적인 지성이 지금 넘쳐 나고 있다.

분명 인간은 '공감'을 통해 이어진다. 공감이 인간 사회를 구성하는 기본적인 동력임을 타인의 감정을 읽고 공감하는 신경 세포 '거울뉴런'의 발견이 얼마간 뒷받침해 준다고 주장하는 이들도 있다. 실제로 요즘 나온 스미스의 번역 문고본이나 신서판 입문서 후기 등을 보면 종종 거울뉴런을 그와 연결 짓곤 한다.

하지만 '공감'에 대해 비평적이려 하거나 '공감'할 수 없는 감정과 행동(즉 '타자')을 어떻게 이해할지를 묻는 단계를 건너뛰고 '공감'이 직접 '커다란 감정'(우선 이렇게 부르겠다)에 직결될 때, 본래 우리가 설계했어야만 했던 '사회' 혹은 '국가'와는 이질적인 존재가 만들어진다. 그것은 사회나 국가가 아니라 '감정'이 공명되어 혹은 융해되어 만들어진 무엇이다.

안노 히데아키[7]가 지난 세기에 그려 보였던, 자타의 심적 경계가 인류 수준에서 소멸되는 '인류 보완 계획'[8]과도 같은 세계가, 바야흐로 허구가 아닌 우리가 살아가는 세계의 구체적인 모습으로 존재하게 되었다는 말이다.

감정 덴노제란 그 현재형의 하나다.

감정 덴노제의 기원, 옥음 방송

이러한 '감정화'와 상징 덴노제의 관계를, 즉 감정 덴노제란 상징 덴노제의 도달점임을 우선 정리해 두려 한다. 제도적

---

7 안노 히데아키庵野秀明, 1960~. 일본의 애니메이션 영화 감독. 애니메이션 회사 가이낙스GAINAX의 영상 기획 담당 이사였으나, 2006년 본인을 중심으로 한 애니메이션 제작 회사 스튜디오카라 Studio Khara를 설립하고 대표 이사로 취임했다. 오사카예술대학 재학 중이던 1981~1983년에 만든 아마추어 제작 애니메이션을 일본SF대회에서 발표해 마니아들에게 화제를 모았다. 그때의 인연으로 동료인 야마가 히로유키, 아카이 다카미 등과 함께 이후 가이낙스 설립에 참여하게 된다. 극장용 애니메이션 「바람 계곡의 나우시카」(1984)와 「초시공요새 마크로스: 사랑, 기억하고 있습니까」(1984)에 애니메이터로 참여했고, 1988년 비디오용 애니메이션 「톱을 노려라! 건버스터」를 통해 감독으로 데뷔했다. 1990년 「신비한 바다의 나디아」에서 첫 TV 애니메이션 감독을 맡았고, 1995년 「신세기 에반게리온」으로 세계적인 화제를 불러일으켰다. 2007년부터는 「신세기 에반게리온」의 리메이크 버전인 「에반게리온 신극장판」 시리즈를 만들고 있다. 만화가 안노 모요코와 결혼했으며 부인 시점에서 그를 그린 에세이 만화 『감독 부적격』이 국내에도 번역되어 있다.

8 「신세기 에반게리온」에 등장하는 설정이며, 인류에게 필요한 부분을 '보완'하는 계획으로 일컬어진다. 「신세기 에반게리온」이라는 작품을 여러 가지로 해석하게 만드는 중요한 설정임에도 불구하고 작중에서 확실하게 설명하고 있지는 않다.

으로는 상징 덴노제의 출발점을 전후 헌법에서 찾는 것이 당연하겠으나, 덴노의 '감정화'는 그보다도 더 이전인 1945년 8월 15일의 '옥음 방송'[9]까지 거슬러 올라갈 수 있다. 주의할 부분은 옥음 방송이 국민과의 관계를 '공감화'하는 것이었다는 점이다.

쇼와 덴노는 자신의 정치적 판단과 관련해 "동아[동아시아]의 해방에 협력한 제 맹방에" 우선 "유감의 뜻"을 "표명"한 다음 국민에 대해 이렇게 언급했다.

짐은 제국과 함께 시종 동아의 해방에 협력한 제 맹방에 유감의 뜻을 표명하지 않을 수 없다. 제국 신민으로서 전진戰陣에 죽고 직역職域에 순직해 비명에 스러진 자 및 그 유족을 생각하면 오장육부가 찢어진다. 또한 전상戰傷을 당하고 재화災禍를 입어 가업을 잃은 자의 후생까지를 생각해 보면 짐이 깊이 우려하는 바다. 생각하건대 금후 제국이 받게 될 고난은 말할 것도 없이 심상치가 않다. 너희 신민의 충정도 짐은 잘 알고 있다. 하지만 짐은 시운이 향하는바, 참기 어려움을 참고 견디기 어려움을 견뎌, 이로써 만세를 위해 태평을 열고자 한다.

쇼와 덴노는 "신민의 충정도 짐은 잘 알고 있다"고, 즉 자신이 국민의 '감정'을 잘 알고 있다고 국민에게 '공감'을 표명하고 있다. 그렇기에 국민 또한 "견디기 어려움을 견디"는

9   2차 대전에서 일본의 항복을 선언하기 위해 쇼와 덴노(히로히토, 1926~1989 재위)가 종전 조서를 낭독한 라디오 방송. 1945년 8월 15일 정오에 방송되었다.

자신의 마음을 알아주기를 바란다고 호소한다. 이처럼 옥음 방송에서 덴노는 국민에게 '공감'을 표하는 것과 국민에게서 '공감'을 받는 것 둘 다를 추구했다. 이성과 논리에 따른 설득이 아니다. 현행 덴노의 '마음'과 사실상 완전히 동일한 논리가 이미 사용된 사실이, 이로부터 전후의 덴노제가 시작되었다는 하나의 증거는 될 수 있을 것이다.

하지만 동시에 쇼와 덴노가 국민의 '감정'에 대해 이렇게 말하기도 했음을 유의해야 한다.

감정이 격해져서 함부로 사건을 일으키거나 혹은 동포를 배제排擠[물리쳐 어려운 지경에 빠뜨림]하고 서로 시국을 흐트려 대도를 벗어나고 신의를 전 세계에 잃게 되는 일은 짐이 가장 경계하는 바다.

"감정이 격해져서 함부로"가 되지 말라고, 즉 '감정'을 이성적으로 억제하라고 '국민'에게 요구하고 있는 것이다. 쇼와 덴노가 '감정'을 객관시하는 이성과 윤리의 대행자 역할을 하고 있다고 이해해도 좋다. 덴노는 국민에게 감정을 이해받고 또 국민의 감정을 이해하는 동시에 감정의 폭주에 대한 중립적 심판자가 되고자 한다. '감정'이 이성으로 바뀌고, 그것이 국제 사회와 공유하는 규범이 되기를 은근히 바라는 것처럼 보이기도 한다. 이 지점과 헌법 전문前文의 "국제 사회에서 명예로운 지위를 점하고자 한다"는 그리 멀리 떨어져 있지 않다. 국제 사회에서 국가의 감정을 외부적으로 제어하는 규범에 대한 내용은 스미스의 『도덕 감정론』 후반부에 전개되는데, 이것이 실제로 기능하지는 못했지만 그러한 국제 규범을 만들고자 하는 움직임은 2차 대전 이전에 이미 있었다. 시야를 더 넓히면 쇼와 덴노의 '옥음 방송'과 전후 헌법 사이에 연속성이 있다는 사실도 발견할 수 있다.

한편 현행 덴노의 '마음'이 전후 헌법으로 정해져 있는 상징 덴노제의 해석이라는 사실은 궁내청 공식 홈페이지에서 이번 '마음' 표명을 「상징으로서의 직무에 관한 덴노 폐하의 말씀」이라고 게재한 것만 보더라도 확인할 수 있다. 이는 내촌탁, 즉 단순한 추정이 아니다. 그 제목하에 아래와 같은 발언이 실제로 실려 있다.

즉위 이래 나는 국사를 행함과 동시에 일본국 헌법하에서 상징이라는 위치를 부여받은 덴노의 바람직한 모습을 매일 모색하며 지내 왔습니다.

덴노로 재위한 나날 동안 상징 덴노제를 모색하고 실천해 왔다고 그는 우선 단언한다. 이 점에서 현행 덴노는 전후 헌법을 진지하게 실천한 예외적인 공복public servant이었다고 할 수 있다. 그리고 그러한 위치에서 상징 덴노제에 대한 자신의 생각을 표명하고 있는 것이다.

현행 헌법하에서는 덴노 자신이 이렇게 헌법 해석을 표명하는 것이 커다란 일탈일 것이다. 그렇기에 '마음'에서 거듭 '정치'적 발언이 되지 않으면 좋겠다고 염려한 것은, 발언의 결과로 법 개정 같은 일이 일어날까 걱정한 것이 아니라 자신의 헌법 해석을 변명한 것이 아니었나 싶다.

그러면 '마음'이 덴노 조항에 대한 현 덴노의 '해석'이라는 사실을 염두에 두고 그의 발언을 조금 더 독해해 보자.

내가 덴노 자리에 취임한 지 거의 28년, 그사이에 나는 우리 나라의 수많은 기쁨과 슬픔의 순간을 사람들과 함께했습니다. 나는 지금까지 무엇보다 먼저 국민의 안녕과 행복을 기도하는 일을 덴노의 중요한 직무로 여겨 왔습니다만, 동시에 무언가 일이 생겼을 때는 가끔씩 사람들 곁에 서서 그 목소리에 귀를 기울이고 마음에 다가가는 것도 중요하다고 생각합니다.

재위 기간 동안 "우리 나라의 수많은 기쁨과 슬픔의 순간을 사람들과 함께했"고, "사람들 곁에 서서 그 목소리에 귀를 기울이고 마음에 다가가" 왔으며, 거의 "전국을 도는 여행"을 해 왔다며 스스로 해석한 상징 덴노의 모습에 충실하게 살아왔다는 자부심을 표출하고 있다.

여기서 덴노는 국민의 '감정'을 받아들여 공감하는 이로서의 자기상自己像을 드러내며, 나아가 자신의 고령화와 쇼와 덴노가 붕어崩御했을 때의 혼란도 언급한다. 그리고 그 '마음', '기분'이 "국민의 이해를 얻을 수 있기를 절실히 바라고 있"다면서 글을 마친다. 그 결과로 덴노의 '마음'에 대한 '공감'이 형성된 것이다.

하지만 이 '말씀'에 궁내청이 붙인 공식 제목까지 포함해 발언을 이성적으로 읽어 보면, 현 덴노가 스스로 상징 덴노제를 헌법 해석하고 있으며 나아가 노령 등의 이유로 자신이 생각하는 상징 덴노의 기능을 수행하는 데 잠시라도 문제가 생길 가능성을 우려하고 있음을 어렵지 않게 파악할 수 있다.

이 '기능'이라는 단어는 덴노 자신이 사용한 것이다. "중병 등으로 그 기능을 다하지 못하게 된 경우"라는 표현을 통해 덴노 자체를 '기능'으로 직접 정의하고 있다는 점에 주의를 기울일 필요가 있다. 말하자면 덴노 스스로 덴노 기관설[10]을 공언했다고 할 수도 있는 것이다. 헌법에 규정된 상징 덴노라는 체제가 기능 부전에 빠질 위험을 피하고 싶다는 것이 이 '말씀'의 논리 구성이고, 그렇게 볼 때 이는 지극히 '정치적인' 발언이다. 그렇기 때문에 덴노는 우선 이 발언 자체가 개인적인 것이라고 해명해야 했다.

오늘은 사회적으로 고령화가 진행되는 가운데 덴노 역시 고령이 되었을 때의 바람직한 모습에 관해, 덴노라는 입장상 현 황실 제도를 구체적으로 다루는 것은 피하면서, 내가 개인적으로 지금까지 생각해 온 것들을 말해 보려 합니다.

내가 이 글에서 현 덴노를 폐하라고 쓰지 않고 경어도 붙이지 않는 것은 내 덴노론의 오랜 입장에 따른 것이기도 하지만, 이번에 국한했을 때 '개인'으로서 그가 행해 온 정치적 발언 및 행동에 중립적이려면 결국 이렇게 쓸 수밖에 없을 것 같다. 물론 이는 '궤변'이다. 그러나 여러 매스컴에서 덴노만이 아니라 총리를 언급할 때도 경어를 사용하는 경우가

---

10   일본의 통치권은 국가가 갖고 있고 덴노는 그 최고 기관으로서 내각 등의 보필을 받아 통치권을 행사한다는 제국주의 일본의 헌법 해석 학설이다. 덴노 역시 하나의 국가 기관에 불과하다는 뜻으로 해석될 여지가 있으며, 이 때문에 일본의 주권이 덴노에게 있다는 '덴노 주권설'과 대립적인 것으로 받아들여져 1935년 '덴노 기관설 사건'(주창자인 귀족원 의원 미노베 다쓰키치가 의원직에서 물러나게 되는)이 벌어지기도 했다.

드물지 않아졌고, 그런 상황들이 정치에 대해 중립적이고 비평적으로 발언하는 것을 의외로 어렵게 만들고 있다.

하던 이야기로 돌아가면 이번에 그는 '개인'으로 정치적인 발언을 했으나, 그것이 '마음'이라는 형태를 띨 수밖에 없었기 때문에 그 의도가 '마음'이라는 부분으로만 받아들여지는 상호 불이해를 초래했다. 즉 고령이 되었으니 격무를 후진에 물려주고 싶다는 '감정'적 측면만이 받아들여지고 상징 덴노제에 대한 '해석' 부분은 무시된 것이다. 심지어 이는 덴노의 정치적 발언은 어떤 형태로도 인정할 수 없다는 '국민'의 이성적 판단에 기인한 결과도 아니었다. 그의 발언은 '상징 덴노제'에 관한 문제 제기로 받아들여지지 않았고, 그가 말한 상징 덴노관을 타당하게 볼 것인지 아니면 우파 일부가 바라는 대로 덴노를 '군주'로 재정의할 것인지 혹은 내 의견처럼 덴노제를 폐지해야 할 것인지를 포함하는, 헌법의 덴노 조항을 근본적으로 다시 살펴보자는 논의도 일어나지 않았다.

하지만 덴노의 발언이 상징 덴노제를 '공감'과 '감정'의 문제로 정의했다는 점은 조금 더 생각해 보아야 한다. 덴노 자신이 '말씀'에서 두 번 반복했듯 현행 헌법은 덴노의 정치 개입을 금하고 있다. 게다가 한편으로 전후 헌법은 메이지 헌법[11]과 달리 덴노를 '국가' 그 자체, 즉 '국체'로 정의하지 않고 '국민 통합', 즉 사회나 퍼블릭(공공)한 것의 '상징'으로 정

---

11   메이지유신이 일어난 후 막부에서 덴노(메이지 덴노)에게로 왕정 복고(대정봉환, 1867)가 이루어졌고 1868년 메이지 신정부가 들어섰다. 이후 독일 입헌주의 등을 연구해 1889년 2월 11일 공포한 '대일본제국 헌법'을 가리켜 메이지 헌법이라고 한다.

의했다. '국가 통합'이 아니라 '국민 통합'이라는 차이점이 중요하며, 이를 GHQ[12]가 일본의 전후 교육에 도입하려 했던 '사회' 및 '공공'과 관련지어 이해해야 한다. 말하자면 덴노를 민주주의의 장치로 삼은 것이다.

여기서 그러한 서구형 민주주의의 옳고 그름을 따질 의도는 없다. 나는 민주주의 시스템이 아무리 매도당해도 현재 시점에 그 외의 선택지를 아무도 제시하지 못하고 있는 만큼 그것을 유지할 수밖에 없다고 본다. 민주주의를 '비웃는' 일은 누구나 할 수 있지만, 실행하고자 노력하는 일에는 많은 사람이 태만하다. 그쪽에 줄 설 생각은 없다.

하지만 그와 같이 민주주의를 제대로 완성하지 못했다는 점과 더불어, 전후 일본이 '사회'나 '공공성'을 스스로 만들어 내는 데 실패한 요인 중 하나는 상징 덴노제가 퍼블릭한 것의 형성을 '덴노'라는 상징에 미리 맡겨 두는 제도라는 사실에 있음을 지적해 두고자 한다. 본래라면 전후 헌법하의 '국민'에게 덴노를 스스로 합의한 이념의 '상징'으로 정의할 책임이 요구되었을 것이기 때문이다.

반면 덴노 자신은 '상징'을 '기능'으로 정의하고 있었음이 이번에 명확해졌다. 덴노가 헌법이 정한 '국민 통합'의 '상징'으로 '기능'하고자 한다면 정치적 언동이 금지되어 있는 만

---

12 1945년 10월에 설치된 '연합군 최고 사령관 총사령부'General Headquarters, the Supreme Commander for the Allied Powers의 약칭. 태평양전쟁 종전 직후 일본에 설치된 연합국의 군 기관이다. 연합군 최고 사령관이었던 미국의 더글러스 맥아더가 최고 책임자를 맡았고, GHQ의 지시를 일본 정부가 시행하는 간접 통치 형태를 취했다. 1952년 샌프란시스코조약 발효와 함께 활동이 정지되었다.

큼 국민의 '감정'에 '공감'하는 것 외에는 할 수 있는 일이 없다. 정책에 관여할 수 없으므로 다른 선택지가 없는 것이다. 이와 같은 덴노상像에 대해 '국민' 또한 자신들의 '감정'을 헤아려 주는 것만을 '덴노'에게 바랐다. 이는 자신들의 '합의'를 덴노가 표상하게 하는 데 태만했다는 말과 같다. 이처럼 현행 덴노의 진지함과 국민의 태만 위에서 상징 덴노제가 유지되고 있다 해도 과언이 아니다.

덴노가 퍼블릭한 것의 형성에 비정치적으로 관여하고자 한다면 감정에 대한 공감이라는 수단을 사용할 수밖에 없다. 그 때문에 국민은 결국 '감정'적으로만 '통합'되어 있다. 굳이 입증할 것도 없이 항간에 '인연'이나 '기분'이라는 말이 지긋지긋할 정도로 넘쳐흐르는 데서, 2000년대 들어 포퓰리즘을 선동해 온 우파 중에서조차 '오른쪽'의 포퓰리즘이 두렵다고 말하는 이가 많아진 상황에서 이를 느낄 수 있을 것이다.

'감정'에만 의존하는 국민 통합을 억지할 수 없게 것이다. 그렇다면 억지하는 자, 즉 애덤 스미스가 말한 '감정'과 '공감'의 중립적 관찰자는 어디서 찾아야 할까. 그것은 '헌법'이다. 적어도 현행 덴노는 그렇게 표명하고 있다. 옥음 방송에서는 덴노가 감정의 억지, 즉 이성을 요청했으나 현행 덴노는 전후 헌법의 상징 덴노상을 스스로의 내적 '자각'이라 표현한다.

덴노가 상징임과 동시에 국민 통합의 상징으로서 역할을 다하기 위해서는 덴노가 국민에게 덴노라는 상징적 입장에 대한 이해를 요구하면서 또한 스스로의 상황을 깊숙이 마음에 새기고 국민을 깊이 이해해 항상 국민과 함께 있다는 자각을 내면에 길러야 한다고 느껴 왔습니다.

즉 헌법에 정해진 '상징 덴노'를 스스로 해석해 내면의 윤리로 삼아 살아왔다는 것이다.

나는 '마음'이 정치적 발언이라고 반복해 기술했는데, 다시 한번 확인하지만 이 발언은 상징 덴노제에 대한 덴노 자신의 해석이다. 그는 상징 덴노제를 규정한 현행 헌법을 행동 규범으로 삼고, 거기에서 상징 덴노로서의 기능을 이끌어 내고 실행하고 내재화한 다음 윤리화하고 있다. 공적인 모든 것이 헌법을 통해 규정되기에, 덴노는 자신 역시 그 기능 중 하나로 규정하고, 스스로 어떻게 행동해야 할지를 내재화해 온 것이다. 이 논리는 옳다.

그에 비해 현행 헌법을 그저 감정적으로 부정하거나 마찬가지로 지켜야 한다고 감정적으로 주장할 뿐 헌법을 행동 규범화하는 절차는 게을리해 온 것이 일본의 전후사다. 헌법을 내재적인 윤리와 규범으로 삼는 현행 덴노의 우직함을 그 외의 사람 대부분은 시도하지 않았다. 나는 오늘날 일본 사회의 수많은 문제는 헌법이나 민주주의 자체의 문제가 아니라 그것을 실행하지 못한 데서 비롯했다는 점을 여러 차례 지적해 왔다. 이 나라의 현재 모습은 그런 태만이 초래한 당연한 귀결이고, 이 태만이 이어지는 한 앞으로 누가 어떻게 헌법을 고쳐 쓰더라도 헌법은 '기능'하지 못할 것이다.

이와 같이 덴노가 자신들의 '감정'에 '공감'하기를 바랐기 때문에 '국민'은 덴노의 문제 제기를 '감정'으로밖에 받아들이지 못하게 되었다. 헌법을 윤리나 규범으로 삼아 살아가고자 한 그를 국민이 이해했다고 말하기는 어려운 것이다. 상징 덴노로서는 헌법 해석을 '마음'으로 표출할 수밖에 없었고, 국민은 여기서 다만 '마음'만을 받아들였다. 이 절망적인 상호 불이해야말로 '감정화한 사회'가 초래한 상황이다.

상징 덴노제의 본질은 '감정 노동'이다

이처럼 상징 덴노제에서 발견할 수 있는 '기능', 즉 그저 상대방의 '감정'을 배려할 뿐인 행위를 미국의 사회학자 앨리 러셀 혹실드는 '감정 노동'이라고 불렀다. 즉 상징 덴노제의 본질은 '감정 노동'일 뿐이라는 말이다.

혹실드는 포스트포드주의 사회, 탈산업 사회에서는 '노동'에 '육체 노동'과 '정신 노동'만이 아니라 잘 보이지는 않지만 '감정 노동'이라는 영역도 존재한다고 설파했다. 과거 맥도날드가 일본에 상륙했을 때 메뉴판에 '스마일 0엔'이라고 표기했던 것을 기억하는 이가 얼마나 될지 모르겠는데, 맥도날드의 아르바이트생은 계산대에서 햄버거 계산뿐 아니라 '쾌적한 고객 대응'이라는 노동도 제공해야 했다. 그 때문에 '스마일' 같은 감정도 '판매하는' 업태가 성립되었다. 이제 우리는 거기에 완전히 익숙해져 해외 여행을 갔다가 음식점에서 '무뚝뚝'한 응대를 접하면 경악을 금치 못하면서 일본의 '오모테나시'おもてなし[13]에 자기 만족하곤 하지만, 애

---

13 오모테나시는 본래 '대접하다', '환대하다'라는 의미의 단어다. '오·모·테·나·시'라 해서 2013년 IOC 총회에서 2020년 도쿄 올림픽 유치를 위한 최종 프리젠테이션을 할 때 일본인이 손님을 얼마나 환대하는지를 가리키는 단어로 사용되었다.

초에 이와 같은 방식의 서비스 스타일이 개념적으로는 맥도 날드나 디즈니랜드의 매뉴얼을 통해 1980년대에 일본에 도 입된 노동 형태임을 잊어서는 안 된다.

앞서 언급한 혹실드는 '감정 노동'을 이렇게 정의한다.

이 노동을 행하는 이는 자신의 감정을 유발하거나 억압한 채로 상대방 내면에 적절한 정신 상태──이 경우에는 친근 하고 안전한 장소에서 접대받고 있다는 감각──를 만들어 내기 위해 자기 외면을 유지해야 한다. 이런 노동은 정신과 감정의 협조를 필요로 하며, 나아가 인격에서 깊고도 필수 적인 요소로 우리가 중시하는 자기 자신의 원천까지도 종 종 소모시키곤 한다.[14]

혹실드가 이렇게 쓴 것이 1983년이다. 비행기 승무원의 '노동'과 고용주가 시행한 '감정 관리'를 분석한 그는, 고용주 가 '감정 노동'을 이용해 노동자의 감정을 관리하는 것이 새 로운 소외 형식이라고 주장했다. 즉 노동자의 '육체'뿐 아니 라 '마음'도 노동으로 관리되는 것이다. 그리고 2000년대 들 어 가사와 개호介護, care의 '감정 노동' 측면이 논의되기 시작 했다.

'감정 노동'은 우선 개인의 내적 표현을 '서비스' 형태로 제 공하라고 요구해 신체만이 아니라 정신까지도 자본주의 체 계에 편입시키기 때문에, 또 종종 무상 노동이 되기 때문에

14 　[원주] 앨리 러셀 혹실드, 『관리되는 마음: 감정이 상품이 되 는 날』, 이시카와 준·무로후시 아키 옮김, 세카이시소샤, 2000[『감 정 노동』, 이가람 옮김, 이매진, 2009, 21쪽].

문제시된다. 우리가 평소 접하는 서비스도 유저 평가라는 형태로 항상 상대에게 쾌적한 대응, 즉 '감정 노동'을 요구하고 그것이 점수나 코멘트로 드러나는 구조가 구축되어 있다. 이 사실을 일하는 입장에서나 서비스를 받는 입장에서나 매일같이 경험하고 있지 않은가. 육체 노동을 통한 작업이나 신체의 구속 또는 시간 사용에 따른 대가는 지불되는 반면 '감정 노동' 부분은 봉사 정신이라는 미명하에 애매하게 처리된다.

물론 이런 것과 덴노를 동일시할 수는 없다는 반론을 펼칠 수도 있다. 하지만 덴노 역시 본래는 종교적 사제며, 메이지 시대[1868~1912]부터 쇼와 초기에 걸쳐서는 그야말로 '신'으로 정의되었다. 그 영향으로 '국민'은 덴노가 성직자로서 '감정 노동'하는 것을 자명한 일로 간주하고는 그에게 이 노동을 요구해 왔다. 실제로 덴노는 국민의 감정을 쾌적하게 만드는 '기능'을 시대의 각 국면에 요구받았고, 더구나 정책에 관한 제언이나 실천은 허가받지 못한 채로 감정 노동만을 요구받았다. 예를 들어 그는 재해 지역을 찾아 감정을 헤아리곤 했지만 그런 행동이 재해지 부흥 정책에는 조금도 반영되지 않았다.

그렇기 때문에 덴노가 정치에 관여해야 한다는 말을 하고 싶은 것이 아니다. 어떤 의미에서는 헛수고에 불과한 '감정 노동'에서 이들 일족을 이제는 해방시켜 주어야 하지 않겠느냐는 것이 내 주장이다. 애시당초 '감정 노동'이 왜 문제가 되는가. 상대방의 감정에 공감하려면 자기 자신의 감정을 관리해야 하는데, 노동자의 경우라면 기업으로부터 그런 요구를 받게 되고, 그것이 개인의 내면을 피폐하게 만들고 존엄마저도 해칠 수 있기 때문이다. 오늘날 덴노가 '개인으로서' 발언하거나 상징 덴노로 '기능'하는 데 체력적인 한계가 있다고 표명한 것은, 상징 덴노제가 '감정 노동'으로서만 성립한다는 특이성을 비로소 깨닫게 해 준다. 그때 그에게 감정 노동을 원하는 유저나 감정 관리를 요구하는 고용주는 누구인가. 우리가 유저로서 인터넷 서비스에 감정 노동을 요구하고 있는 것은 분명하고, 인터넷 기업은 노동자에게 이를 요구한다. 그렇다면 덴노에게 감정 노동을 요구하는 유저는 '국민'인 셈이고, 덴노에게 감정 관리를 요구하는 고용주도 마찬가지로 주권자인 국민이다.

황실에 속한 사람들은 선거권, 직업 및 주거와 국적 선택의 자유, 정치적 발언이 금지되어 있다는 점에서 표현의 자유 역시 보장받지 못하고 있다. 헌법상 '인권'의 예외 규정인 것이다. '개인'으로서의 존재 자체가 금지되어 있다. 그러면서도 감정 노동은 요구받는다.

감정 노동을 무상 노동이나 봉사 정신인 양 대충 얼버무리는 것은 앞서 언급했듯이 본래 이처럼 타인의 감정을 위무하는 행위가 신과 그 대리자인 성직자에게 요구되었기 때문이다. 그런데 덴노는 신체에 한계가 있는 이상, 즉 인간인 이상 한계가 있다며 '개인으로서의 덴노'가 존재한다는 것을 표명하고 '개인'으로서의 '마음'을 이해해 달라고 요청한 것이다. 그런 의미에서 이번 '마음'은 현행 덴노의 인간 선언이었다.

이것이 '인간적으로는' 이해가 간다. 하지만 그렇다면 '인간'을 '상징'으로 만들어 국민 전체를 대상으로 감정 노동을 하도록 강제로 취임시키는 제도가 올바른가. 만약 그 제도를 존속시키고자 한다면 이번에 주장된 상징 덴노제를 어떤 '기능'으로 재정의할 것인가. 이러한 문제에 대해서도 그의 발언이 '마음'일 뿐인 이상 국민에게 도달할 수 없다는 모순이 발생한다. 그리고 무엇보다 얄궂은 것은, 이번 덴노의 '마음'에 국민 90%가 '공감'함으로써 덴노의 감정 노동에 전면적으로 의존하는, '감정의 국민 국가'라고 부를 수 있는 상황이 상징 덴노제의 귀결로 완성되었다는 것이다.

'원숭이로서의 일본'의 재귀

하지만 이것이야말로 예견된 근대 덴노제의 완성형이라고도 할 수 있다. 다만 그렇게 예견한 사람은 외국인이며 그 예견은 인종 차별적인 일본인론에 담겨 있다.

내가 이번 '마음' 사건에 대한 '국민'들의 '공감'을 보면서 바로 떠올린 것은 메이지 24년(1891)에 라프카디오 헌[15]이 쓴 「유코: 하나의 추억」이라는 에세이였다. 이 에세이는 시가현 오쓰에서 경비를 담당하고 있던 경찰관이 러시아 황태자 니콜라이 2세를 갑자기 칼로 찌른, 소위 '오쓰 사건'에 대한 당시 사람들의 반응을 그리고 있다.[16] 헌은 사건 직후의

15 　라프카디오 헌Lafcadio Hearn, 1850~1904. 그리스 출신으로 일본에 귀화한 신문 기자, 기행문 작가, 수필가, 일본 연구가. 1896년 일본인으로 귀화한 뒤에는 고이즈미 야쿠모라는 일본 이름을 썼다. 1890년 미국 출판사의 통신원으로 일본을 방문했다가 일본에서 영어 교사로 살며 일본인과 결혼했다. 마쓰에, 구마모토, 고베, 도쿄 등 일본 각지에서 초기 영어 교육을 펼쳤으며 반대로 서구권에 일본 문화를 소개하는 저서를 다수 출간했다. 주요 저서로『알려지지 않은 일본의 모습』,『괴담』,『일본: 한 가지 해석』등이 있다.

반응을 이렇게 묘사했다.

"천자님 걱정하시다." 하늘의 아들의 신금宸襟[임금의 마음]
이 괴로운 상태에 계시다는 말이다.

마을에는 평소에 보지 못했을 만큼 이상할 정도의 고요함
이 있었다. 만민이 모두 상이라도 당한 듯이 숙연한 정적이
다. 물건 파는 상인들조차 평소보다 훨씬 낮은 목소리로 외
치면서 행상을 한다. 평소에는 이른 아침부터 심야에 이르
기까지 사람들이 우글우글 혼잡한 극장도 지금은 전부 다
폐장한 상태다. 오락장 전부, 구경거리 전부, 꽃꽂이 모임조
차 모두 중지되었다.

……

이처럼 불 꺼진 것 같은 정적은 아마도 큰 천재지변이나 국
가의 위기, 예를 들면 대지진이나 일국 수도의 붕괴 혹은 선
전 포고 등이 보도된 다음에나 있을 법한 일이리라. 그런데
그러한 사건은 전혀 없었다. 다만 천자님께서 걱정하고 계
시다는 공표가 있었을 뿐이다. 겨우 그것만으로 나라 안 수
천 도읍, 수만 채 집이 모두 우수의 구름에 갇혀, 윗분과 함

16　사건 당시 러시아 함대가 고베항에 기항하고 있기도 해 일
본 내에서는 러시아의 무력 보복에 대한 우려가 고조되었다. 이에
메이지 덴노가 직접 황태자 숙소로 위문해 사죄하기도 했다. '유
코'는 이 사건 때 유서를 남기고 자살한 하타케야마 유코畠山勇子,
1865~1891라는 여성을 가리킨다. 몰락 부농 집안의 장녀로 태어나
도쿄로 상경해 하녀로 일했으나 평소 정치·역사에 관심이 있던 유
코는 오쓰 사건이 벌어지자 시국을 걱정해 홀로 교토로 갔고, 그곳
에서 정부에 대한 탄원서와 유서를 남기고 자살했다. 당시 매스컴
이 선전하고 성대한 추도식이 열리는 등 일본에서 큰 화제를 불러
일으켰다(일본어 위키피디아 참조).

께 깊이 나라를 걱정하며 군신이 슬픔을 함께하는 진심을 피력하고 있는 것이다.[17]

즉 사건에 마음 아파하는 덴노와 국민이 "슬픔을 함께하는" 감정의 일체화가 일어났다는 것이다. 그리고 헌은 국민과 덴노의 감정적 일체화를 보여 주는 아름다운 에피소드로 '유코'라는 한 여성의 '마음'을 다음처럼 그려 보였다.

"천자님 걱정하시다." 이 공고를 들었을 때 울림에 부응하듯 순간적으로 유코의 마음에 떠오른 것은 자신도 무언가를 헌상하고 싶다는 타오르는 듯한 바람이었다.[18]

사건 직후 헌은 "국내 각지 방방곡곡의 민초가 보낸 위문의 서면과 전보 혹은 희귀한 헌상품 등이 국빈에게 헌상되었다. 부유한 자도 가난한 자도 다 함께 집안 대대로 내려온 소장품이나 귀중한 가보를 내놓아 부상당한 황태자에게 헌상했다"[19]고 쓰기도 했다. 즉 헌은 국민이 덴노를 대신해 러시아에 일제히 사죄의 뜻을 표했다고 이해했다. 그에 따르면 유코의 심정도 마찬가지로, 덴노의 '감정'에 유코의 '마음'이 '국민'으로서 공명했고, 자해를 통해 스스로를 러시아에 '헌상'하는 행동에 나선 것이다. 그렇게 유코는 자살했고, 헌은 그것을 아름다운 필치로 그려 냈다.

---

17   [원주] 고이즈미 야쿠모, 「유코: 하나의 추억」, 『동쪽 나라로부터·마음』, 고이분샤, 1975.
18   [원주] 같은 책.
19   [원주] 같은 책.

오늘날의 일본인은 이와 같은 일본인상을 보면서 메이지 시절부터 이렇게 국민과 덴노의 마음이 하나였다고 '감동'할지도 모르겠다. 제발 도덕 교과서 같은 곳에 사용되지 않기만을 바랄 뿐이다.

하지만 이것은 메이지 시대 외국인의 인종 차별주의가 낳은 만들어진 일본상이다. 헌이 그런 오쓰 사건 직후의 '고요함'은 대국 러시아가 보복으로 일본을 침공할지도 모른다는 두려움 때문이었음을 당시의 신문 기사나 기록을 통해 판단할 수 있다. 초대국 러시아에 대해 '공러증'이라고 형용할 수 있을 정도의 국민적 두려움이 형성되어 있었다는 말이다. 국민은 덴노의 '마음'에 '공감'한 것이 아니라 대국 러시아의 보복을 두려워했던 것이다. 가게들의 휴업은 근대에서 이른바 '자숙' 무드[20]의 최초 사례지만 그것 역시 두려움의 산물이었다. 덴노의 우려나 슬픔에 국민의 마음이 일치된 것은 전혀 아니었다.

유코의 모델이 된 여성도 실존했는데, 현실 속 유코는 정치를 즐겨 논하고 대학에서 법률 공부를 하고 싶어 했다는 지적도 있다. 헌은 그녀가 아무 사심 없는 사람이었기 때문에 순수하게 덴노의 감정과 일체화했다는 식으로 묘사했으나, 이는 너무 작위적이라는 연구자들의 비판과 검증이 끊이지 않고 있다.

예를 들어 이 '유코'를 모델로 삼은 사건을 당시 자료와 대

---

20   일본에서는 사회적으로 큰 사건이 일어나면 축제적 행사를 기피하고 조용히 지내는 문화가 있고 이를 '자숙 무드'라 한다. 금기나 제도적 금지가 아니라 말 그대로 '자숙'인데, 1989년 쇼와 덴노가 사망했을 때 사회적으로 일었던 자숙 무드가 대표적이다.

비한 오타 유조[21]는 헌의 묘사가 안고 있는 문제점으로 다음 세 가지를 지적했다.

1) 그녀에게 개인으로서의 성격을 부여할 수 있는 요소를 거의 포함하고 있지 않다는 점, 2) 그녀를 서양인과는 전혀 다르기 때문에 내면을 어렴풋이 추측할 수 있을 뿐인 신비로운 존재로 삼았다는 점, 마지막으로 3) 그가 여러 책에서 반복해 온, 살아 있는 자는 무수한 죽은 자의 집합체라는 식의 도그마에 따라 유코의 내면을 그리고 있다는 점이다.[22]

애초에 헌의 묘사에는 '개인'으로서 유코의 성격이나 내력 그리고 내면을 박탈하고 있다는 문제가 있다. '개인'이라면 사심 없는 사람이 될 수 없고, 무엇보다 헌은 일본인의 내면에 '개'個가 성립될 수 있음을 인정하지 않았다.

근대 법과 민주주의, 근대 문학 모두 인간의 내면에서 '개'를 인정했을 때 비로소 성립한다는 것은 말할 나위도 없는 사실이다. 그런데 헌은 유코와 '일본인'에게서 그것을 인정하지 않았다. 이를 인종 차별이라고 비판하는 것이 그리 잘못은 아니리라.

헌은 한사코 유코를 '마음'에 전혀 '사심이 없는' 사람으로 그렸다. 그녀는 '나'私를 더 집합적인 혼에 맡기고 있다는 것이다.

---

21   오타 유조太田雄三, 1943~. 일본의 비교 문학자. 캐나다 맥길대학 교수를 역임한 후 2013년 정년 퇴임해 동 대학 명예 교수로 있다.
22   [원주] 오타 유조, 『라프카디오 헌』, 이와나미쇼텐, 1994.

자신이 죽은 다음에도 세계는 지금까지와 마찬가지로 변함없이 아름답게 남아 있을 것이라 생각해 봐도 딱히 슬픈 마음이 들지 않는다. 불교도의 염리둔세厭離遁世[23]와 같은 사고 방식도 유코의 마음을 그다지 압도하지 못하고 있다. 유코는 다만 예부터 내려오는 신도神道의 신들에게 한 몸을 내맡기고 있는 것이다.[24]

요즘 시대에는 이 묘사에 '공감'하는 사람이 더 많을 듯하다. 일본회의 쪽 사람들이라면 이야말로 '아름다운 일본'[25]이라고 아무렇지도 않게 내뱉을지도 모른다.

반복하지만 이 한 구절에 사람들이 '공감'하는 이유는 여기에 그려진 것이 그녀의 '마음'뿐이기 때문이다. 헌은 근대라는 현실을 살아갔으며 정치적이기까지 했던 '개인'을 전혀 그리지 않았다. 그녀는 오쓰 사건에 대한 자신의 정치적 견해를 가지고 있었으며 대학에서 법률을 공부하고 싶어 하는 등 근대 여성으로서 '개인'의 삶을 살아가고자 했다. 헌의 묘사는 그런 그녀에게서 '개인'을 강탈했다. 우리가 상징 덴노제에 대한 현 덴노 개인의 정치적인 동시에 경험에 기반한 발언을 무시하고 넘겨 버린 것과 마찬가지로, 덴노에게

---

23   불교 용어로 '염리'는 사바 세계의 더러움을 기피해 떠나는 것을, '둔세'는 세속을 떠나 은둔하면서 수행하는 것을 뜻한다.

24   [원주] 고이즈미 야쿠모, 「유코: 하나의 추억」, 『동쪽 나라로부터·마음』.

25   아베 신조의 2006년 저서 제목인 『아름다운 나라로』(발행 부수 50만 부)에서 따온 자민당 총재 선거의 슬로건 '아름다운 나라, 일본'을 가리킨다. 아베 내각이 들어선 후 '아름다운 나라 만들기 프로젝트'를 제창하기도 했다.

'공감'하는 유코의 '마음'만을 본 것이다.

아니, 오히려 헌은 유코의 '마음'을 날조하기까지 한다. '촌탁'하고 있는 것이다. 사실 그의 묘사에는 자료적 근거가 전혀 없다.

하지만 바로 이 '유코'야말로 헌이 생각한 '일본인'이었다. 그는 일본인은 애시당초 '개인'이 될 수 없고 살아 있는 자는 무수한 죽은 자의 집합체라고 생각했다. 이는 다음과 같은 문장에서 확연히 드러난다.

영혼에 관한 서양의 옛 사상과 동양의 사상 사이의 큰 차이점은, 불교에는 우리가 전통적으로 생각해 왔던 것과 같은 소위 영혼, 연기처럼 저절로 뭉게뭉게 피어오르는, 그 둥실둥실 떠다니는 인간의 혼, 즉 유령이라는 존재가 없다는 점이다. 동양의 '아'ego란 '개'와는 다른 개념이다. 또한 신령파神靈派에서 말하는 영혼처럼 숫자가 정해진 복합체도 아니다. 불교에서 말하는 '아'란 실로 상상조차 할 수 없을 만큼 복잡기괴한 통계와 합성으로 이루어진 숫자, 전세를 살았던 백천만억의 사람에 관해 불교가 처음 생각해 낸 사상을 응축한 무량백천만억재아승기라는 숫자인 것이다.[26]

요컨대 헌은 일본인의 '마음' 속에는 서양적인 '아'가 성립되어 있지 않다고 말한다. 일본인에게는 '개'가 존재할 수 없다는 것이다. 그러므로 그가 그려 낸 '아름다운 일본'에 괜한 기쁨을 느끼지 말라고 지적하고 싶다. 이와 같이 유코의 '마

---

26   [원주] 고이즈미 야쿠모,「전세의 관념」, 같은 책.

음'속에서 '개'의 존재를 인정하지 않으며 이 마음이 일본인이라는 집합적인 혼과 일체화되어 있다는 그의 일본론은 일본인이 진화론적으로 열등하다는 전제를 깔고 있는 것이니 말이다.

헌의 일본론에 결정적인 영향을 미친 퍼시벌 로웰[27]은 『극동의 혼』에서 잘 알려진 주장을 펼쳤다.

지구 온대 지역에 남쪽 끝과 북쪽 끝이 일정한 등온선으로 구분되는 일련의 지대를 가정해 보자. 그 온대 지역의 절반 정도가 되는 비교적 좁은 띠 모양의 지역에 과거 및 현재의 유명한 나라 대부분이 들어간다. 이 지역을 잘 조사해 그중에서 각각 서로 다른 지역을 하나씩 비교해 보면 놀랄 만한 사실을 알 수 있을 것이다. 이 지대에 살고 있는 민족은 서쪽으로 가면 갈수록 더 개성적이라는 것이다.……미국, 유럽, 중근동, 인도, 일본 등 각 민족은 바로 지금 이 순서에 따라 '몰개성적'이다. 우리는 이 잣대의 맨 앞쪽에 서 있고 극동의 민족은 반대편 끝에 위치한다. 우리에게 '자아'가 마음의 본질을 규정짓는 혼이라면, 극동 민족의 혼은 '몰개성'이라 할 수 있을지도 모르겠다.[28]

---

27   퍼시벌 로웰Percival Lowell, 1855~1916. 미국의 천문학자이자 동양 연구가. 1880~1890년대에 메이지 일본을 방문해 신도 등을 연구했다. 1883년에는 조선의 미국 수호통상사절단 보좌 및 통역을 맡았고, 이후 고종의 초청으로 조선을 방문한 경험에 기초해『조선, 고요한 아침의 나라』를 썼다. 이 책 제목 때문에 이후 한국이 '고요한 아침의 나라'로 알려졌다. 저서로『극동의 혼』(1888) 외에『신비로운 일본』,『화성과 운하』등이 있다.

로웰은 슈겐도修驗道[29]에 관한 가장 이른 시기의 현장 연구를 남겼고, 화성의 운하를 망원경으로 '발견'하기도 한 인물이다. 그런 인물의 '일본인론'이라는 점을 염두에 둘 필요가 있다. 그에 따르면 서양에서 극동으로 나아가면 갈수록 '자아'가 미발달 상태다. 다른 글에서는 "이 민족의 진화는 진화 도중에 갑자기 멈추어 버렸다"고 쓰기까지 했다.

즉 일본인의 '마음'은 진화론적으로 진화가 멈추어 버린 '원숭이'(라고까지 하지는 않았으나) 상태며, 진화론적으로 열등하다는 것이다. 로웰은 (호의로 말한 것일지라도) 이렇게 생각했고 헌도 그것을 참조했다.

말할 나위도 없겠으나 서양이 식민지 지배를 합리화한 당시의 근거는 비서구 사회가 진화론적으로 열등하며 진화론적 강자가 진화론적 약자를 지배하는 것이 당연하다는 사고방식이었다. 헌은 이처럼 진화론적으로 열등한 미개 민족 일본인을 완상玩賞하며 호의를 표했을 따름이다. 이 일본인관이 지금까지도 이어지고 있다는 느낌을 받을 때가 있다. 로웰의 사고 방식이 현재까지 일본인론의 기조에 존재하는 것이다. 일본인의 집단성이나 균질성 등이 그 변주에 해당한다. 동물화하는 포스트모더니즘[30]이 일본에 제일 먼저 발

28　[원주] 퍼시벌 로웰, 『극동의 혼』, 가와니시 에이코 옮김, 고론샤, 1977.

29　원시 산악 신앙에 외부에서 들어온 밀교(불교), 도교, 유교 등이 혼합되어 헤이안 말기에 나타난 종교 체계. 주술적이고 초자연적인 부분이 많다.

30　아즈마 히로키의 저서 『동물화하는 포스트모던』(2001)을 염두에 둔 표현으로 보인다. 이 책은 영어로 번역되어 일본 오타쿠 문화(혹은 서브컬처)를 '포스트모던'의 선구로 보는 서구권 연구자들

생했다는 식의 논의가 '서양'에서 순식간에 받아들여진 것도 이 같은 일본인관이 암묵적으로 존재하고 있으며 일본인은 자아가 미발달된 원숭이기 때문에 동물화도 빠르다고 암암리에 여겨졌기 때문이다. '오타쿠 문화' 역시 그런 원숭이의 문화 중 하나라고 받아들이는 외국 연구자의 본심이 프랑스 등지의 학계 논의에서 간혹 엿보이는 일도 실제로 있다. 하지만 이제는 거기에 반론도 할 수 없다. 그렇기에 쇼와 덴노가 사망했을 때 아사다 아키라[31]가 했던 '토인' 발언은 감정의 국민화가 발생할 뻔했다는 것을 그가 정확하게 알아차리고 빈정거렸다는 증거로 높이 평가할 필요가 있다.

헌과 로웰이 그린 이런 인종적 편견, 즉 진화론적으로 열등하기 때문에 근대적 개인이 성립하지 못하고, 따라서 개인의 '마음'도 단독으로는 존재하지 못하고 집합적이며, '감정'을 통해 덴노와 집합적으로 공감한다는 편견이 결국 백몇십여 년이 걸려 이 나라에 현실로 실현된 셈이다. 다시 말하지만 헌이 묘사했던 오쓰 사건이나 유코에 관한 기술이

에게 참고가 되기도 했는데(단 아즈마가 오타쿠 문화를 포스트모던의 첨단이나 대표 격이라고 단언한 것은 아니며, 그런 생각을 가지고 있는 일부 연구자 사이에서 이 책이 자주 참조된다는 뜻이다), 지은이는 이에 대해 비판적 시각을 견지하고 있다.

31　아사다 아키라浅田彰, 1957~. 일본의 비평가로 현재 교토조형예술대학 대학원 예술연구과 교수이자 학술연구센터 소장이다. 『구조와 힘』(1983)이 비평서로는 경이적인 15만 부의 판매고로 베스트셀러가 되면서 일약 일본 비평계의 총아가 되었다. 1989년 쇼와 덴노가 와병하자 수많은 사람이 덴노의 거처를 방문하는 것을 보고 "매일같이 뉴스로 고쿄 앞에서 절을 하는 사람들을 보면 내가 정말 '토인'의 나라에 있구나 하는 생각이 들어 소름 끼친다"고 발언해 논란을 빚은 적이 있다.

'허구'임은 여러 면에서 검증되었고, 이는 헌이나 다른 사람들이 가지고 있던 무자각적인 인종 차별주의에서 유래한 것이다. 그렇기에 '원숭이'라고 불리는 데 기뻐하는 것도 웃기는 일이고, 또 문제는 우리가 이제는 진짜로 '원숭이'가 되어 버렸다는 것이다.

나는 지금까지 외국인이 말하는 일본상이 재귀적으로 '일본화'되는 것(말하자면 재귀적 자포니즘Japonism[32])을 주의하자고 촉구해 왔다. 이것은 이 나라의 근대가 현재에 이르기까지 국민 국가로서 자기상을 스스로 그려 내지 못했다는 하나의 증거기도 하다. 자민당의 헌법 개정안이나 일본회의의 일본인상이 전통으로의 회귀가 아니라 '원숭이로서의 일본'의 '재귀'라는 사실을 지적하고 싶다.

공공성을 향하지 않는 '감정'

하지만 당연히 우리가 '원숭이'가 되어 버린 원인이 상징 덴노제에만 있는 것은 아니다.

문제는 역시 근대를 통해 '덴노'에 의존하지 않는 '공공성'을 구축할 기술을 갖추지 못했다는 데 있다. 메이지 시대 이후 야나기타 구니오가 '공민公民의 민속학'이라는 이름으로 그 방책을 모색했으나 지금까지 계속 무시당해 온 경위, 그렇더라도 이를 단념해서는 안 된다는 말은 더 이상 반복하고 싶지 않다.

---

32 19세기 중반부터 20세기 초까지 서양 미술에서 볼 수 있었던 일본 미술의 영향, 일본적인 취향의 유행을 가리킨다.

하지만 지금까지의 논의 문맥에 한 가지 더 덧붙이고 싶다. 앞서도 잠깐 다루었듯 야나기타의 민속학 구상이 사실 애덤 스미스의 『도덕 감정론』과 매우 가깝다는 것이다. 스미스는 공감에 관해 이렇게 썼다.

아무리 이기적으로 보일지라도, 인간 본성 속에는 타인의 운명에 관심을 가져야 하며 타인의 행복을 결코 무시해서는 안 된다는 몇 가지 추진력principle이 포함되어 있다.[33]

스미스가 이 공감을 '관찰'하고 판단하고 규범화하는 내적인 존재를 가정했다는 것은 앞서 설명했다.

여기서 그가 그리고 있는 것은 단순히 감정의 동일화가 아니라 '타자'에 대한 이해다. 하지만 그는 이 이해가 인간 본래의 선천적인 것이라고 말할 뿐이다. 『도덕 감정론』은 보통 사람들이 감정에서 공감으로, 그리고 관찰에서 규범(즉 공공성)으로 나아가게 만들 방책은 제시하지 않는다.

그와 달리 야나기타는 만인이 이 이해를 실행에 옮길 수 있도록 하는 매뉴얼로 본인의 '문학'을 구축하고자 했다. 메이지 시기에 신체시[34]를 버리고 관료가 된 그가 에밀 졸라의 실험 소설을 연상시키는 '관찰'(실험)을 주장하고 범죄 기록

33　[원주] 애덤 스미스, 『도덕 감정론』, 다카 데쓰오 옮김, 고단샤, 2013[박세일 옮김, 비봉출판사, 2009, 3쪽].
34　메이지 시대에 번역되어 보급된 서양 시의 영향을 받아 만들어진 새로운 형태의 시를 뜻한다. 이전까지는 한시 및 와카, 하이쿠 등의 전통 시가가 있었는데, 19세기에 서양 시 번역본이 보급되어 신체시라는 새로운 형태가 만들어졌다.

을 다야마 가타이[35]에게 보여 주면서 '동정'을 구했던 행동은 애덤 스미스를 통해 바라볼 때 비로소 이해할 수 있다. 그가 자신의 학문으로서 '문학' 다음에 경제학을 내세웠던 사실, 그리고 그 후 관찰자라는 입장과 '내성'內省을 연결시켜 마침내 '심의'心意, 즉 '집단적인 마음'을 관찰하는 것을 민속학의 방법론으로 만들고자 했던 사실을 포함해, 그의 '문학'이 나아간 모든 길의 배후에 『도덕 감정론』이 존재한다는 것을 알 수 있다.

사실 내 공부가 부족했기 때문에 애덤 스미스를 통한 야나기타의 재독해는 지금껏 언급한 적이 없다. 기존 야나기타론에서는 흔히 스미스가 방임주의적인 자유주의 경제론자였던 것과 달리 야나기타는 사회 정책론적이라고 지적했으나, 야나기타는 스미스로 다시 돌아가 사회 정책론을 수정함으로써 자신의 '문학'을 이 나라의 근대를 가능케 하는 도구로 만들고자 했다고 보아야 할 것이다. 말하자면 '보이지 않는 손'을 신이 아니라 스스로의 힘으로 만들어 내고자 하는 '유권자', 즉 '공민'을 구체적 매뉴얼에 따라 육성하고자 했다는 점이 스미스와 야나기타의 차이인 것이다. 소위 계몽 사상과의 차이도 바로 이 점에 있다.

그러므로 야나기타는 종래의 민속 문화를 비판적으로 검증해 '감정'(심의)에서 공공성을 이끌어 내는 과정을 찾으려 했고, 또한 그것을 새로이 장래를 향해 설계할 수 있는 유권자를 육성하고자 했다. 이것이 내가 말하는 '공민의 민속

35　다야마 가타이田山花袋, 1872~1930. 일본 자연주의파를 대표하는 소설인 『이불』의 작가다.

학'[36]이다.

야나기타가 이런 의미에서 사회주의 이데올로기로서의 '사회적인 소설'이 아니라 '사회'를 가능하게 만드는 도구로서 자연주의 문학을 받아들였고, 그것이 농정학農政学, 농촌경제학, 향토 연구, 민간 전승론, 민속학 등으로 그 '이름'만 바꾸어 갔다는 사실에 관해서는 더 반복하지 않겠지만, 그의 좌절은 곧 이 '퍼블릭한 것'을 자력으로 구축하려는 언어 구축 운동의 좌절에 다름 아니다. 일본의 문학사는 이런 '문학' 운동이 있었다는 사실을 망각하고 있다.

그 점에서 이 책에 관련된 문학사적 문제를 하나 지적하고 싶다. 바로 언문일치체言文一致体라는 문제다. 야나기타는 이 문체가 타자 간의 커뮤니케이션을 위한 언어, 퍼블릭을 형성하기 위한 도구라고 생각했다. 하지만 이 나라의 근대에 실제로 성립된 것은 그와는 전혀 별개의 언문일치체였다. 그것은 바로 여성 1인칭의 언문일치체, 말하자면 철저히 '내면화'된 문체였다.

메이지 시기 여성 1인칭이 성립되어 가는 과정에서 '신의 시점'(전지적 시점)을 취한 서술자가 사라지는 한편 '내면'만을, 즉 마음만을 말하는 문체가 등장했다. 그것은 사회나 현실 등 외부로부터 절단된 문체였다. 그러므로 다야마 가타이의 『이불』에서 여주인공 요코야마 요시코의 언문일치체 편지는 '신의 시점'에서 '그'(작가)에 관해 쓰는 3인칭 속에 배치될 수밖에 없었고, 미즈노 요슈[37]의 「어느 여자의 편지」

---

36   지은이의 저서 『공민의 민속학』, 사쿠힌샤, 2007을 가리킨다. 이 책은 『'전통'이란 무엇인가』, 지쿠마쇼보, 2004에 보론을 추가한 개정 신판이다.

에서는 세 명의 소녀가 쓴 편지를 시계열에 따라 배치함으로써 관찰자로서의 작가를 그리지 않고서도 상기시킨다. 남성이 객관이라는 이름의 신이었던 것이다. 여성 1인칭의 언문일치체는 그런 식으로 남성에게 관리되는 문체였고, 남성이 여성의 언문일치에 대해 특권적으로 관찰자 시점을 취했다는 사실은 젠더론을 다루는 사람들이 더 검증할 문제지 내 역할은 아니다. 어쨌든 이렇게 '내면'만 존재하는 '문체', 즉 사회나 역사로부터 절단된 '문체'가 남성인 다자이 오사무의 「여학생」[38]까지 이르게 되는 '운명'은 『여동생'의 운명』(시초샤, 2011)이라는 책에서 이미 다루었으니 이 책에서는 말하자면 그 뒤의 '운명'을 써 보려 한다.

'내면'화된 문체는 현재의 문학에서 '서플리먼트화', '다자이 오사무화'라는 형태로 나타나는데, 이것이 바로 '문학의 감정화'다. 문학만이 아니라 대중 음악 가사나 저널리즘, 트위터나 라인[39] 등 감정을 표출하는 도구가 충실해짐에

---

37 미즈노 요슈水野葉舟, 1883~1947. 일본의 시인이자 소설가. 1906년에 첫 시문집을 냈다. 야나기타 구니오에게 설화집 『도노 이야기』의 구술자 사사키 기젠을 소개한 인물이기도 하다(『도노 이야기』에 관해서는 182쪽 주 15 참조).

38 다자이 오사무太宰治, 1909~1948. 일본의 소설가. 1936년 첫 작품을 발표했고, 1948년 여성과 함께 입수 자살했다. 『달려라 메로스』, 『인간 실격』 등의 대표작이 있다. 「여학생」은 1939년 발표한 단편 소설인데, 전해에 19세 소녀 독자가 보낸 일기를 소재 삼아 14세 여학생이 아침에 일어나 밤에 잠들기까지의 하루를 1인칭 독백체로 썼다. 사춘기 소녀의 자의식, 염세적인 심리 묘사 등으로 가와바타 야스나리 등에게 찬사받은 바 있다.

39 포털 사이트 '네이버'를 운영하는 NHN의 일본 법인이 만든 휴대 전화 및 PC용 메신저 서비스. 국내에서는 메신저 서비스로 '카카오톡'이, 북미 지역에서는 '왓츠앱'이 인기가 높지만 일본과

따라 언어의 측면에서 '감정화'는 더욱더 진행되었다. 에토 준[40]처럼 표현하면 '행동하지 않는' 작가의 '문체'가 있다는 말이다.[41]

덴노의 '마음'이 정치로부터 절단된 '감정'으로만 표명될 수 있었던 것은 상징 덴노제가 내포한 비극이지만, 그렇다고 덴노의 '마음'을 받아들여 법을 개정해 버리면 향후 '감정적인 정치 선택'으로 향하는 판도라의 상자를 열게 된다. 그 뒤에는 헌법 개정과 그에 따른 국민 투표라는 정치 일정이 기다리고 있다. 국민 투표가 감정적인 선택 말고는 다른 무엇도 요구하지 않는다는 사실은 두말할 나위도 없겠다.

'감정' 바깥에 서는 '비평'

지금 우리는 우리가 표출하는 모든 것이 감정이라는 형식을 갖추기를 요구받고 있으며, 또한 감정으로 우리 앞에 제시

타이, 타이완 등 동남아시아, 중동, 에스파냐와 라틴아메리카 지역에서는 라인이 대표적인 메신저로 사용되고 있다. '스티커'(일본에서는 '스탬프')는 라인 내에서 상대방과 채팅할 때 사용할 수 있는 감정 표현용 그림인데, 오리지널 캐릭터 외에도 일본 만화나 애니메이션과 제휴해 많은 캐릭터가 등장하면서 특히 인기가 높아졌다.

40   에토 준江藤淳, 1932~1999. 2차 대전 이후 일본의 대표적인 문학 평론가. 정통 보수파 논객으로 알려져 있다. 미국 프린스턴대학에 유학하기도 했는데, 이 경험을 통해 앞으로 미국 사회를 어떻게 마주할지를 오랜 테마로 삼았다. 특히 서양을 모방하는 전후 일본의 근대화를 날카롭게 비판한 것으로 유명하다. 1962년 신초샤 문학상, 1975년 제32회 일본예술원상 등을 수상했고, 일본문학대상, 군조 신인문학상, 분게이상, 미시마 유키오상 등의 선고 위원을 역임했다.

41   에토 준의 문체론에 관해서는 212쪽 이하 참조.

된 것만을 받아들이고 있다. 우리 스스로가 그러기를 바랐고 실제로 그렇게 되었다. 인터넷에서든 현실에서든 제공되는 모든 서비스가 내게 쾌적했는지 아닌지를, 즉 '감정 노동' 차원에서 상대를 평가할 것을 매일매일 요구받는다. '유저'화한 우리는 '마음'만이 아니라 온갖 '기분'이 상품으로 제공된다는 사실에 이미 익숙하다. '감정 노동'에 대한 평가 역시 '감정'의 표출로 이루어진다. '덴노'의 '마음'에 국민 90%의 '좋아요'가 달렸다는 의미다.

그 결과 우리는 '감정'에 대해 이성적이어야 할 언어를 정치에서부터 저널리즘, 문학에 이르기까지 전부 다 파묻어버렸다. 우리는 우리에게 편안한 감정을 주는 언어만을 정치에, 저널리즘에, 문학에 요구했고, 그런 유저의 요구에 그들은 너무나 쉽게 굴복했다.

그렇기에 나는 이 책에서 굳이 불쾌한 언어를 늘어놓으려 한다.

그러면서 다시금 묻고 싶은 것은 '공감'할 수 없는 감정이 불쾌하다는 것의 의미다. 우리는 내면에 자신의 불쾌함을 관찰하는 중립적 제3자를 가지고 있지 못하다. 그러므로 '공감'할 수 없는 것에 대한 비판조차도 '감정'의 수준에서 이루어지게 된다. 즉 타인의 '감정'을 모두가 함께 비웃는 감정의 소비가 한편에서 비대화되고 있다. 예를 들어 통곡 의원[42]이나 오보카타 하루코[43]의 '감정'에 대한 집요한 냉소가 좋은 사례가 될 것 같다. 이들의 감정이 드러나는 찰나를 이 나라

---

42 일본 효고현 의원 노노무라 류타로가 공금 유용 의혹을 해명하고자 연 기자 회견에서 어이없는 발언을 하며 '통곡하는 기괴한 모습'을 보여 그에게 붙은 별명이다.

의 미디어는 도대체 몇천 번 반복해 재생했던가. 구미디어
든 인터넷 미디어든 이 나라의 미디어는 진절머리가 날 만
큼 '감동' 세일즈로 넘쳐 나고 있는 것이다.

우리는 감정 노동을 소비하는 데 익숙할 대로 익숙해져서
재난 피해 지역에 '용기'를 전할 때조차 그와 동시에 재난을
당하지 않은 사람들은 재난 피해자에게도 '감정 노동'을 요
구한다. 지원자들은 재난을 당한 사람들에게 스스로 '용기
를 얻을' 것을 요구할 정도로 탐욕스럽다. 그렇기에 재난을
당한 사람이나 자원 봉사자나 주문을 외듯 서로 '용기'나 '힘'
을 얻었다고 반복하는 것이다. 그에 비해 후쿠시마에 대해
서든 구마모토에 대해서든[44] 부흥이라는 정치적 선택은 '공
감'받지 못한다.

불쾌한 일 상당수는 '감정' 바깥에 존재하는 '현실'이기 때
문이다. 그러므로 현재까지도 과도할 만큼 역사적 현실을
살아가고 있는 오키나와는 '불쾌'함의 대상이 된다. 상대가
자신에게 감정 노동을 제공하지 않으면(오키나와 사람들이
'본토' 사람들의 감정을 쾌적하게 만들어 줄 이유 따위는 어디

43　오보카타 하루코小保方晴子, 1983~. 일본의 국립연구개발법인
이화학연구소에 소속되어 있던 전직 연구원. STAP세포(자극 야기
성 다기능성 획득 세포)를 세계 최초로 만들었다고 발표해 그의 논
문이 2014년 1월 『네이처』 권두에 실렸다. 하지만 논문 조작이 드
러나면서 『네이처』 논문은 2014년 4월에 철회되었고, 2011년의 와
세다대학 박사 학위 논문도 내용과 도판 유용 의혹이 일어나 결국
2015년 철회되었다.

44　'후쿠시마'는 2011년의 '3·11', 즉 '도호쿠 지방 태평양 해역 지
진'(동일본 대지진)을, '구마모토'는 2016년 구마모토 지진을 가리킨
다. 구마모토 지진은 2016년 4월 발생했는데, 3·11 이후 처음으로
진도 7을 기록하며 많은 피해를 입혔다.

에도 없다) '악' 혹은 '반일', 심지어 '정의'의 적으로 간주하기까지 한다.

　간병이나 복지의 대상이 되는 사람을 보면 자신에게 감정 노동을 강요하는 듯 느껴 그것이 정의에 반한다는 식의 피해자 의식조차 드러낸다. 사가미하라 대량 살인 사건[45]의 배경에 있는 것이 이런 '감정'일 것이다. 사건을 일으킨 인물은 지금까지도 스스로의 정의를 의심하지 않고 있다.

　이처럼 우리는 무의식 중에 타인에게 감정 노동을 요구하고, 그것이 이루어지지 않는 경우 혹은 실행해 주지 않는 사람을 악으로 간주한다. 타국에 대한 태도도 마찬가지인데, 우리는 타국이라는 타자를 어떻게 이해할 것인지가 아니라 '외국인'이 얼마나 우리 기분에 맞는 언동을 하는지로 판단한다. '오모테나시'라는 이름의 '감정'적인 보답을 바라는 것이다.

　이런 상황은 당연히 덴노제나 정치 혹은 특정 사건만이 아니라 집적되는 소소한 일상에도 존재한다. 인터넷에서 본 어떤 에세이에서 메일 답장에 쓰던 표현을 '이해했습니다'了解しました에서 '이해했습니다'承知しました로 다들 바꾸게 된 것이 기묘하다는 내용을 읽었다. 그 이유는 '이해'了解라는 단어에 경어가 포함되어 있지 않기 때문이라고 한다. 우리는

45　사가미하라 장애인 시설 살상 사건이라고도 하며 2016년 7월에 벌어졌다. 범행 당시 26세이던 전직 직원이 시설에 침입해 칼로 19명을 살해하고 26명에게 중경상을 입혔다. 2차 대전 이후 일본에서 가장 많은 사상자를 낸 살인 사건이라고 한다. 범인은 사건 후 흉기를 들고 경찰서에 가 자수했다. 중증 장애인 돌봄은 막대한 돈과 시간을 낭비하는 일이며 자신은 "장애인들을 도운" 것이라고 주장해 장애인 '증오 범죄'로 분류되기도 한다.

업무에서나 일상에서나 '감정 노동'을 요구받고 또 요구하며, 그런 언어들만이 매일같이 규범화되고 있다.

이러한 '감정'은 이성적이고 사회적인 경제학적 분석이나 역사학의 집적 같은 것보다 단번에 '감정적'으로 이해될 수 있는 것을 선호한다. 이것이 전 세계에서 진행되고 있는 '반지성주의'라는 이름의, 간신히 존재하던 '지성'마저도 능가하는 '감정'의 정체다. 그 '감정' 앞에 저널리즘도 문학도 비평도 침묵하고 있다.

나는 마지막 문예 비평이라는 생각으로 집필한 『갱신기의 문학』[46]에서 향후 인터넷상에서 '근대'를 재시도하게 될 테니 문학의 수준에서도 퍼블릭한 것을 형성하려면 이 두 번째 기회를 어떻게 살릴 수 있을지가 중요하다고 썼다. '개헌'이라는 형태로 이 나라가 스스로 근대를 재구축하는 순간이 가까운 장래에 분명히 오리라 생각해 그 공정工程도, 야나기타 구니오를 다시 독해하는 방법도 제시했다. 그것들 전부 다 아직, 간신히 유효한 상태라고 본다.

그래서 더 이상 쓸 것이 없다고 생각해 본업으로 돌아와 새로운 직업인 교사가 되었다. 그럼에도 불구하고 출판사의 의뢰로 오랜만에 문예 비평스러운 글을 쓰게 된 것은 '비평'이 지금, 간신히라고 할지라도 '있는' 편이 더 낫다고 생각했기 때문이다.

그렇지만 우리는 정말로 제시간에 닿을 수 있을까.

나는 이번 '마음'으로 인해 '헤이세이 덴노'의 마지막이 제

---

46   오쓰카 에이지, 『갱신기의 문학』, 순주샤, 2005.

시되었는데도 그로부터 역사의 종언을 느끼는 멘탈리티가 희박한 것에 놀랐다. 현행 덴노는 '마음'에서 쇼와 덴노가 사망했을 때의 혼란이 자기 사후에는 일어나지 않으면 한다고 바랐는데 과연 그렇게 될 것인가? 쇼와 덴노가 사망하기 직전에 좌파는 덴노가 숨을 거두게 될 날을 'X 데이'라고 부르면서 그날 무언가 엄청난 일이 일어날 것이라는 기묘한 고양감마저 가지고 있었다. 젊은 시절의 나는 그 X 데이에 일회용 카메라를 들고 무슨 일이 일어날지 덴노의 거처 광경을 촬영하러 갔지만 아무 일도 일어나지 않았다. 그런 에세이를 썼던 기억도 난다.

그러나 나 역시 비슷한 시기에 사망한 데즈카 오사무[47]와 쇼와 덴노를 겹쳐 보면서 하나의 시대가 끝났다는 인식에 관해 썼고, 또 베를린장벽 붕괴와도 겹쳐 보면서 아, 커다란 이야기[48]가 끝난다는 것이 이런 느낌인가 생각했던 기억도

---

47   데즈카 오사무手塚治虫, 1928~1989. 2차 대전 이후 일본 만화계를 대표한 인물로, 스토리 만화라는 장르의 성립에 비평적·대중적으로 중요한 역할을 했다고 평가받는다. 의과 대학 재학 중이던 1946년에 4컷 만화를 신문에 연재해 데뷔했고, 1947년 사카이 시치마 원작으로 단행본 만화『신보물섬』을 발표하면서 첫 베스트셀러를 기록했다. 1950년부터는 만화 잡지에 등장해『철완 아톰』,『정글대제』,『리본의 기사』등의 히트작을 내놓았다. 1963년에 일본 최초의 연속 TV 애니메이션 시리즈「철완 아톰」을 제작하면서 그 이후 현재까지 50년 이상 이어진 일본의 TV 애니메이션 체제에 중대한 첫 단추를 끼웠다. 1970년대 이후의 대표작으로는『블랙잭』,『세 눈이 간다』,『붓다』,『아돌프에게 고한다』등이 있다.
48   프랑스의 철학자 장-프랑수아 리오타르가『포스트모던의 조건』(1979)에서 제시한 용어이다. 그는 사람들이 철학을 '커다란 이야기'로서 필요로 했던 과거(이 시기를 '모던/근대'라고 한다)와 달리 그런 커다란 이야기에 대한 불신이 만연해진 시대를 '포스트모

난다. 나쓰메 소세키[49]의『마음』에 나오는 다음과 같은 감정을 그때 비로소 실감했던 것이다.

여름의 한창 더운 때 메이지 덴노가 붕어하셨습니다. 그때 나는 메이지의 정신이 덴노로 시작해 덴노로 끝났다고 느꼈습니다. 가장 강하게 메이지의 영향을 받았던 우리가 그 뒤에도 계속 살아남는다는 것은 필경 시대에 뒤처진 것이라는 느낌이 격렬하게 내 가슴속 깊이 차올랐습니다.[50]

사람들이 이러한 감각, 즉 '커다란 이야기'가 끝나는 것에 대한 두려움을 이번 퇴위 표명에서는 느끼지 않았다는 점에 주의해야 한다. '덴노제'는 더 이상 '커다란 이야기'가 아닐지도 모른다는 말이다. 혹은 사람들이 더 이상 '그것'(역사)을 요구하지 않는 것인지도 모른다.

던'이라 보았다. 국내에서는 '거대 서사'로도 번역되는데, '서사'라는 번역어가 리오타르의 의도에 더 부합하는 면이 있다고 보지만, 이 단어의 일본어 번역인 '오오키나모노가타리'大きな物語의 경우 일본어 '모노가타리'物語의 의미 때문에 단순히 '서사', '담론'이라는 뜻을 넘어 '이야기', '스토리'라는 뉘앙스를 담아 사용되는 경우가 적지 않다(특히 지은이나 아즈마 히로키 등의 저술에서 그렇다). 때문에 이 책을 비롯한 지은이의 저서에서는 '거대 서사', '거대 담론'보다 '커다란 이야기'(혹은 '거대한 이야기')가 번역어로 낫다고 생각한다.

49   나쓰메 소세키夏目漱石, 1867~1916. 일본을 대표하는 소설가. 대표작으로『나는 고양이로소이다』,『도련님』등 다수가 있다.

50   [원주] 나쓰메 소세키,『마음』, 슈에이샤, 1991[송태욱 옮김, 현암사, 2016, 271쪽].

나는 1980년대 이후의 팝컬처를 비롯해 1990년대에 대두한 역사 수정주의 등이 커다란 이야기의 종언에 저항함으로써 포스트모던을 지연시키고 있는 것 같다고 말해 왔는데, 지금은 '시간' 개념 그 자체가 변질된 듯하다. 요즘은 재귀적 근대란 무한한 자기 언급이 아니라 역사의 무의미한 루프loop일 뿐이지 않나 생각하게 되었다. 그것이야말로 덴노제 자체의 본질이 아닌가 싶기도 했고, 혹은 아예 '커다란 이야기'를 필요로 하지 않는 진정한 포스트모던이 드디어 도래한 것 아닐까 하는 생각을 하며 사무실에서 귀가하다가, 마치 꽃놀이 시즌처럼 공원에 사람들이 꽉 들어차 「포켓몬 Go」[51]를 즐기는 광경 속에 멍하니 멈추어섰다.

아, 다들 찰나적인 이야기만을 원하는구나 싶었다. 그것을 회수하는 것은 커다란 이야기가 아니라 플랫폼이고, 우리는 국가라는 이름의 플랫폼 속에서 유저화된 것이다. 그것이 우리를 '감정화'시켰다. 그런 의미에서는 '감정 덴노제'를 '유저 덴노제'라고 바꾸어 부를 수도 있을 것이다.

바로 그렇기에 '뉴아카'[52]에서 '제로년대'[53]까지의 비평을

---

51 미국의 게임 회사 나이언틱이 개발해 2016년 출시한 스마트폰용 증강 현실 게임.

52 '뉴아카데미즘'의 줄임말로 1980년대 초반 일본의 인문·사회 계열 학계에서 일어난 조류를 뜻한다. 아사다 아키라의 등장으로 일어난 아카데미즘적 유행을 가리켜 당시 언론이 만든 조어며, 엄밀한 정의가 있는 것은 아니지만 보통 구조주의와 포스트구조주의 등의 사상을 이어받았다고 이해된다. 일본에서는 인문·사회과학의 아카데미즘적 주류가 1960년대의 마루야마 마사오에서 1970년대에는 『현대 사상』과 요시모토 다카아키, 가라타니 고진, 하스미 시게히코 등으로 이어지고 있었는데, 거기에 아사다 아키라의 『구조와 힘』이 베스트셀러가 되면서 '스키조', '파라노' 등의 용어가

그저 가상 속에서 열심히 논의된 '현대 사상풍의 비평'처럼 받아들일 것이 아니라 현실로 다가온 '역사의 종말'을 사고할 필요가 있다. 그리고 그러기 위한 도구로서 온갖 표현의 '기능'이 새롭게 요구될 것이다.

우선 '감정' 바깥에 선다. 예전에 우리는 그러한 '기능'을 '비평'이라 불렀다.

사회적인 유행어가 될 정도로 대중적인 영향력을 행사했다. 이를 시작으로 나카자와 신이치 등을 포함해 비평·사상서가 대학생을 중심으로 널리 읽히는 현상이 나타났다. 다만 해외에는 거의 영향을 미치지 못했고, 일본 국내에서도 국지적인 현상에 지나지 않았다는 비판이 있다.

53　일본 비평계에서 2000년대를 가리키는 용어로 자주 사용된다. 이 시기를 대표하는 비평으로는 아즈마 히로키의 『동물화하는 포스트모던』에 대한 비판으로 우노 쓰네히로가 2008년 발표한 『제로년대의 상상력』이 있다.

2장
이야기 노동론
인터넷의 '새로운 노동 문제'에 관하여

포스트포드주의하의 노동 문제

『쿠로코의 농구』 사건 [만화 『쿠로코의 농구』의 작가와 작품에 관련된 이벤트, 캐릭터 상품 제조·판매 기업 등을 표적으로 삼았던 일련의 협박 사건—편집자][1]의 범인인 와타나베 히로시의 '수기'[2]에 관해 몇 번쯤 글을 썼던 이유는 '지금'을 어떻게 정의할 것인지는 제쳐 두고라도 지금 시점에서 매우 자각하기 어려운 '노동 문제'가 그 사건에 어느 정도 언어화되어 있다는 점이 매우 흥미로웠기 때문이다. 그가 쓴 '수

---

1   후지마키 다다토시가 『주간 소년 점프』에서 2009~2014년에 연재한 만화. 전 30권으로 일본에서 발행 부수 3,000만 부를 기록했으며, 2012년에 TV 애니메이션화되었고 극장판 애니메이션은 한국에서도 개봉했다. 특히 2차 창작 '동인지'를 만드는 여성들에게 인기가 높아 대형 동인지 판매전인 코믹마켓 등에서도 수많은 동인지가 나왔는데, 2012년 10월 작가와 출판사, 관계사에 협박장이 도착해 주최 측에서 『쿠로코의 농구』 관련 동인지의 참가를 자중시키는 등 관련 이벤트가 중지되었다. 이를 '『쿠로코의 농구』 협박 사건'이라 한다. 2013년 12월에 용의자이자 범인인 와타나베 히로시가 체포되어 4년 6개월의 실형 판결을 받으며 일단락되었다.
2   [원주] 와타나베 히로시, 『살아 있는 시체의 결말: 『쿠로코의 농구』 협박 사건의 전체 진상』, 쓰쿠루슛판, 2014년.

기'(라기보다는 사실상 '비평')에서 읽어 낼 수 있는 것은 '오타쿠 산업' 주변에 만들어져 있는 미디어믹스media-mix[3]라는 이름의 생태계 안에 존재하는 '소외' 문제를 용케도 적확하게 기술하고 있다는 점이다. 그 소외 문제를 끝까지 따라가면 인터넷상의 '새로운 노동 문제'에 다다를 텐데, 이에 관한 아주 거친 메모로 글을 시작해 보겠다.

과거 평론 비슷한 에세이를 마구 써대던 젊은 시절 내 관심사는 '문학'이나 '만화' 같은 표현에 '소비'나 '경제'의 개념을 집어넣는 것이었다. 그 자체는 1980년대 소비 사회론의 흔한 문맥 속에 위치해 있었다. 1980년대 소비 사회는 이후 찾아올 신자유주의 경제의 '도움닫기' 기간이었는데, '문학' 쪽 사람들도 이를 간신히 어느 정도 실감할 수 있게 된 시기에 쓴 「불량 채권으로서의 '문학'」[4]은 문학이라는 이름의 '기득권'에도 신자유주의가 도래할 것임을 통고한 글로 받아들여졌다(내 의도는 그 도래를 '경고'하려는 것이었지만). 하지만 흥미롭게도 신자유주의화는 '문학'의 '내용'에까지 미쳤다. 그때 내가 무언가를 미처 통고하지 못한 채 남겨 두었다면 그건 바로 '경제'가 '문화'에 미치는 뻔하디 뻔한 역학이 아마도 '문학' 따위는 간단히 변형시켜 버릴 것이라는 예감이었다. '문학'은 그 예감에 상당한 위협을 느꼈을 테고, 그 결과가

---

3 '원 소스 멀티 유즈'와 비슷한 의미로 통용되는 일본식 영어. 주로 만화나 소설 등을 원작으로 삼아 영화, 애니메이션, 게임 등 영상물을 만들 때 사용하는 말이다.
4 [원주] 오쓰카 에이지, 「불량 채권으로서의 '문학'」, 『군상』, 2002년 6월.

이 에세이에 대한 과민 반응이었던 것이라고 지금은 생각한다. 현재의 '문학' 중에서 무라카미 하루키부터 햐쿠타 나오키[5]에 이르는(이 두 사람은 신자유주의적 '문학'이라는 면에서 매우 유사하다. 어째서 아무도 햐쿠타 나오키를 무라카미 하루키의 '하위 호환' 버전이라고 '정당'히 자리매김하지 않는 것인가) 소설이 '신자유주의 사관'화를 선택했던 상황까지를 그 비평에서 다루지 못한 것이 내 실수라면 실수였겠지만.

하지만 나 스스로 과거 작업의 가장 큰 한계라고 느끼는 부분은 이처럼 '소비'나 '경제'를 비평에 도입하면서도 '노동'이라는 문제를 다루지 못했다는 것이다. 이는 내가 비평에서 사회적인 현상('살인 사건'이든 '문학'이든 전부 당연히 이 안에 포함된다)을 마르크스주의가 아니라 기호론으로 논하고자 했기 때문이다. 예를 들어 『소녀 민속학』[6]에서 나는 '소녀'라는 표상을 "가족 제도 안에서 성적으로 사용 가능한 상태에 도달했으면서도 그 사용이 가부장에 의해 유보된 존재", 즉 '생산'으로부터 '유보'된 상태에 놓인 존재로 정의한 바 있다. 따라서 그 일의적 속성이 '생산자'가 아니라 '소비자'라고 본 것이고, 그 전제 위에서 논의를 전개했다.

5   햐쿠타 나오키百田尚樹, 1956~. 일본의 방송 작가이자 소설가. 2006년 『영원의 제로』를 발표하며 소설가로 데뷔했다. 이 작품은 2009년 요시카와 에이지 문학상 신인상 후보에 오르고 제6회 서점 대상 5위에 뽑혔으며 영화화도 되는 등 인기를 끌었다(2012년 100만 부 돌파). 한편 그는 야당을 비난하고 여당인 자민당, 특히 아베 정권을 강력하게 지지하는 등 우익 활동으로도 유명해졌다. 2017년에는 저서 『지금이야말로, 한국에 사과하자』와 공저서 『이제는 제발 눈을 떠라, 일본인!』을 출간하는 등 혐한론을 펼쳤다.
6   오쓰카 에이지, 『소녀 민속학: 세기말의 신화를 잇는 '무녀의 후예'』, 고분샤, 1989.

말할 나위도 없이 이것은, 1980년대에 요시모토 다카아키[7]와 하니야 유타카[8]가 벌인 꼼데가르송 논쟁[9]에서 볼 수 있듯, 비평의 전제가 되는 인간상이 '노동자'에서 '소비자'

---

7   요시모토 다카아키吉本隆明, 1924~2012. 일본을 대표하는 사상가 중 한 명으로, 장녀가 만화가 하루노 요이코, 차녀가 소설가 요시모토 바나나. 평론가 가라타니 고진에게 큰 영향을 주었다고 알려져 있지만, 이후 가라타니에게 비판받기도 했다. 1960~1970년대 일본 사상계에서 압도적인 영향력을 행사했고 수많은 비평서를 출간했으나 한국에서는 거의 알려지지 않았다.

8   하니야 유타카埴谷雄高, 1909~1997. 일본의 정치·사상 평론가이자 소설가. 청년 시절에는 아나키즘과 마르크스주의에 경도되어 일본 공산당에 입당했으나 1932년 사상범 단속으로 체포·수감된 이후 전향했다. 대표작은 1946년부터 1995년까지 단속적으로 발표한 미완의 형이상학적 사변 소설 『사령』이다. 미시마 유키오와 요시모토 다카아키는 그를 높이 평가했으나 하스미 시게히코는 비판했다고 알려져 있다.

9   '꼼데가르송'은 패션 디자이너 가와쿠보 레이가 1969년 설립한 이른바 '프레타포르테'(고급 기성복) 브랜드다. 1981년 파리 컬렉션에 처음 참가해 아방가르드 패션을 선보여 충격적으로 데뷔했다. '꼼데가르송 논쟁'은 1980년대에 하니야 유타카가 친구 요시모토 다카아키에게 우파로 전향한 것 아니냐고 비판하면서 벌어진 설전이다. 요시모토는 2차 대전 책임론을 비롯해 좌파 평론가로 알려져 있었으나, 1980년대 대량 소비 사회에 접어들면서 서브컬처(이때의 서브컬처란 사카모토 류이치나 비트 다케시 등을 가리키며 현재와는 의미가 많이 다르다)를 호평하고 '80년대 소비 사회'를 긍정하는 주장을 펼쳤다. 그러다가 1984년 꼼데가르송 패션을 입고 여성 잡지 『an·an』 지면에 등장했고, 하니야는 "자본주의의 바가지 요금 상품을 입었다"며 그를 비판했다. 말하자면 요시모토가 자본주의로 '전향'했다는 비판인데, 이에 요시모토는 소비 사회가 성숙된 현실에서 자본주의가 고전적인 '좌파' 이념 이상으로 프롤레타리아 계급을 해방시키는 측면이 있다는 것을 인정해야 하며, 자신 또한 좌파로서 이를 고민하고 있는 것이라고 반론했다. 소비를 죄악시한 당대 좌파의 경향에 반대를 밝힌 것으로 볼 수 있을 듯하다.

로 이행한 상황을 순순히 따랐던 것에 지나지 않는다. 이것을 요시모토는 비아냥거리듯 '전향'이라고 자칭했다. 동시에 '소비'라는 개념은 우에노 지즈코[10]가 '수직 혁명'에서 '수평 혁명'으로의 이행이라고 당시 형용했듯, 기호 조작(요시모토식으로 말하면 일본의 '여성 노동자'가 꼼데가르송을 입는 일)을 통해 '계급'이나 '문화 히에라르키[위계, 서열]'가 해체된다는 '기대' 속에서 논의되곤 했다. 그런 1980년대 기호론적 이데올로기를 최근 나는 '보이지 않는 문화대혁명'이라 불렀다.[11] 이 '기호 조작 혁명'론에 '이야기 소비론'이나 '소녀 민속학'이 일정한 정합성을 가졌기에 당시 인기를 얻기도 했다. 그러나 이러한 '노동' 시점의 결여는 내 '과거' 비평의 근본적인 한계점이기도 하다.

하지만 여기서 내 과거 비평이 현재의 격차 사회나 블랙 기업[12]의 노동 문제까지 아우르지 못했다고 '반성'하려는 것은 아니다. 그런 것만 따로 논한다면 거칠게 말해 '고전적인 노동 문제'가 될 뿐이고, 나로서는 그것을 포섭하는 '새로운 노동 문제론'이 필요하다고 느낀다. 과거 내가 거기까지는 다루지 못했기 때문에 이 책에서 그 논점이 어느 쪽에 위치해 있는지를 짚어 보려 한다.

한마디로 내가 '과거'의 비평적 에세이에서 집어내지 못

---

10   우에노 지즈코上野千鶴子, 1948~. 일본의 사회학자. 도쿄대학 명예 교수. 일본에서 페미니즘과 젠더론을 주도해 왔다.『여성 혐오를 혐오한다』를 비롯해 다수의 저서가 국내에도 번역되어 있다.

11   [원주] 오쓰카 에이지,『'오타쿠'의 정신사: 1980년대론』, 세이카이샤신서, 2016.

12   노동자에게 저임금·장시간 노동 등을 강요하는 기업을 가리키는 일본의 조어.

했던 것은 '소비'라는 행위 자체 혹은 인간 감정의 발로 자체가 '보이지 않는 노동'으로 기업이나 사회 시스템에 착취당하고, 말하자면 **충족되면서 소외된다**는 '새로운 노동 문제'의 위치다. 솔직히 내게는 이에 관한 논의를 진행하는 데 필요한 몇 가지 기초적 소양이 없지만, 여기서는 아주 거칠게 문제의 소재를 제시해 두려 하니 그다음은 젊은 누군가가 비평적으로 채워 가면 될 일이다. 그런 기호의 카피 앤드 페이스트로서 '정보 노동'은 젊은 비평가들의 특기 아닌가.

『이야기 소비론』[13]은 '이야기를 하는' 것으로 대표되는 '창작적 행위'가 '관리된 소비'로 변질될 가능성을 지적하는 내용이었다. 당시에 나는 그로 인해 '작가'라는 기득권이 흔들리게 되더라도 상관없다고 생각했다는 점에서는 포스트모더니스트였으나, 그와 동시에 (반복해 말하지만) 그 글은 덴쓰電通[14]와 당시의 가도카와쇼텐角川書店[15]을 위해 쓴 마케팅

---

13   오쓰카 에이지, 『이야기 소비론』, 신요샤, 1989.
14   1901년 설립된 일본의 광고 회사로 광고업에서는 세계 최대급의 매출을 기록하고 있다.
15   1945년 국문학자 가도카와 겐요시가 설립한 출판사. 지금은 영문으로 표기하는 KADOKAWA 그룹의 출판 브랜드 중 하나다. 설립 당시에는 일문학 계열 출판사였는데, 1970년대 가도카와문고에서 요코미조 세이시의 미스터리 소설을 출간한 것이 계기가 되어 일반 대중서로 방향을 전환했다. 특히 1975년 가도카와 겐요시의 장남인 하루키가 사장에 취임한 다음에는 영화 제작에 진출해 자사 작품의 영화화를 추진하는 한편 막대한 홍보 비용을 들여 이른바 '미디어믹스 전략'을 성공시켰다. 1980년대부터는 차남 쓰구히코를 중심으로 게임 사업에 주력했으며(만화 잡지와 게임 잡지 다수 창간), 1988년 가도카와 스니커문고 창간을 필두로 '라이트노벨'이라는 장르를 확립해 커다란 성공을 거두었다. 이후 제각각 나뉘어 있던 관련 출판사를 전부 합쳐 KADOKAWA 통합 브랜드를 설

이론, 더 직설적으로 표현하면 '동원'을 위한 이론이었다. 그 점은 단 한 번도 숨긴 적이 없다.

그럼에도 『이야기 소비론』은 작가가 작품을 '상품'으로 제작하고 독자가 그저 소비할 뿐이었던 과거의 일방통행적인 관계가 향후 근본적으로 흔들릴 것이라는 막연한 포스트모던적 예감을 바탕에 두고 있었다. '수신자'에 의한 '독해의 다양성'이나 '오독'의 가능성을 찾아냄으로써 그런 경직된 발신자-수신자 관계를 무너뜨리자는 주장도 있었지만, 나는 사실 '발신자'와 '수신자'가 공유하는 정보계(이를 '세계'라 부를지 '데이터베이스'라 부를지는 본질적인 문제가 아니다)에 준거해 수신자가 그 안에서 스스로 '이야기를 만드는' 것이 '작가'라는 근대적 틀을 근본적으로 '무너뜨리는' 결과를 초래하리라고 여겼다. 또한 과거 가부키歌舞伎[16]나 『태평기』,[17] 옛날 이야기(민담)의 전승자 등이 '세계'라는 커먼스 commons를 바탕으로 '이야기를 만들었다'는 점을 염두에 두면, 오히려 이것이 '이야기를 만드는 것'의 본모습으로 회귀하는 것 아니냐고 생각하기도 했다. 여기까지가 『이야기 소비론』에서 쓴 내용이다.

립했으며 여러 자회사 및 해외 법인을 산하에 두고 있다.

16   16~17세기경 에도 시대에 생겨난 전통극. 원래 '가부키'란 '기울어져 있다'(가부쿠傾く)는 의미로, 일반적·정상적이라 여겨지지 않는 특수하고 황당한 행동 등을 가리키는 말이었다. 이로부터 화려한 의상과 특이한 모습을 도입한 '가부키 오도리'가 발생했고, 여기서 전통극 '가부키'가 탄생했다고 알려져 있다.

17   일본의 고전 문학 작품 중 하나. 남북조 시대(1336~1392)를 무대로 고다이고 덴노 즉위, 가마쿠라 막부 소멸, 남북조 분열, 무로마치 막부 성립 등을 그렸다. 2차 대전 이후 이 작품을 원작으로 한 소설, TV 드라마 등이 다수 제작되었다.

하지만 지금 다시 생각해 보면 나는 결국 태평스러운 포스트모더니스트였을 뿐이다. 1980년대의 소비 혁명이 포스트포드주의로, 즉 좁은 의미에서 '노동자'의 '노동'만이 아니라 사회 전체가 잉여 가치 생산에 무자각적인 동시에 자발적으로 총동원되는 체제로 이행하는 와중에 나 자신도 그에 포함되어 있다는 사실을 1980년대 말부터 1990년대 초반 시점에는 자각하지 못했기 때문이다(사실상 그 시점에 이를 '자각'했던 사람이 있었을 것 같지는 않지만).

지금 와서는 말하기도 낯간지러운 수준의 이야기지만 포스트포드주의하의 '노동'은 이전까지의 알기 쉬운 '고전적인 노동'과는 느낌이 다르다. 노동 문제를 블랙 기업 같은 '고전적인 노동 문제'로 규정하면 포스트포드주의하에서 인간 활동 자체, 살아간다는 것 자체가 생산에 동원되는 '노동'으로 화하고 있음을 이해하기 어려워진다. 즉 나는 그때 '모든 사람이 이야기를 만드는 행위'를 '소비'가 아니라 '노동'으로 파악해야 했고, 『이야기 소비론』이 아니라 『이야기 노동론』을 써야 했다. 이것이 현 시점에 내가 반성하고 있는 점이다.

물론 1989년 당시 상황에서 『이야기 소비론』을 집필할 때 사례로 제시했던 '아동용 스티커 부록이 들어 있는 식완'[18]

---

18 '식품 완구'의 약어인 식완은 식품에 부록으로 완구를 덧붙이는 판매 전략 및 그 상품을 의미하며 일본에서 본격화되었다. 1899년 무라이형제상회에서 미국의 담배 판촉물을 본떠 만든 '담배 카드'(트럼프, 화투, 서양 여자 그림 등)를 담배에 붙여 팔았던 것을 시초로 보며, 이 방식을 1927년 식품 회사 에자키글리코에서 자사의 캐러멜 '글리코'에 적용해 큰 인기를 모았다. 1964년 메이지 제과에서 마블 초콜릿에 『철완 아톰』 스티커를 부록으로 붙인 전략을 시작으로 인기 캐릭터를 내세운 식완 시장이 폭발적으로 성장했다.

은 '스티커에 부여된 단편을 토대로 이야기를 상상하는 행위'가 식완을 사는 '소비'와 일체화된 것에 불과했다. 하지만 지금 돌이켜 보면 그것이 정보 상품의 각 부분segment을 정교하게 만들고 재결합하는 '정보 노동'의 선구적 존재였다고 할 수도 있을 것 같다. 다만 2차 창작[19]적인 노동으로 창작된 것을 '콘텐츠'로 기업이 회수하는 시스템은 아직 만들어지지 못한 상태였다(이제 와 제3자인 양 행세하면서 남의 일처럼 비판할 생각은 없으므로 솔직히 말하면, 나는 그런 시스템을 만들어야 한다고 생각했고 실제로 실행에 옮긴 적도 있음을 밝혀 둔다). 1990년대 가도카와 쓰구히코[20]의 미디어믹스가 이야기 소비론적 시스템을 포함하고는 있었지만, 이는 수신자의 '창작적 소비'를 '노동화'하고 회수해 현금화할 장치까지는 갖추고 있지 못했다. 따라서 그 시점의 『이야기

---

19 어떤 원전의 캐릭터 등을 이용해 2차적으로 창작하는 행위나 그 작품을 가리키는 용어다. 모든 창작이 그 자체로 '오리지널'일 수는 없기 때문에 2차 창작이라는 것도 존재할 수 없다는 의견도 있다. 반대로 창작은 오리지널이어야만 한다고 이해한다면 2차 창작이라는 용어 자체를 용인할 수 없을 수도 있다. '창작'을 얼마나 신성시하느냐에 따라 의견이 갈릴 수 있지만, 일본 만화·애니메이션계에서는 더 편리한 표현이 없다는 등의 이유로 널리 사용된다.

20 가도카와 쓰구히코角川歷彦, 1943~. 주식회사 KADOKAWA 대표 이사 회장. 가도카와 겐요시의 차남. 1966년 가도카와쇼텐에 입사해 1992년 부사장이 되었으나 1992년 경영 방침에 대한 대립으로 형 하루키에게 해임당하고, 본인이 맡고 있던 게임 분야 사원 대부분과 동반 퇴사해 출판사 미디어웍스를 창업했다. 미디어웍스는 '전격'이라는 이름을 붙인 각종 게임·만화 잡지를 창간했고 미디어믹스를 본격 도입했다. '전격문고'는 이후 일본 라이트노벨 시장 전체의 절반 이상을 차지할 만큼 성장해 라이트노벨 장르의 대표 브랜드가 되었다. 1993년 하루키가 마약 사건으로 입건되어 가도카와쇼텐 사장직에서 해임당하자 다시 복귀했다.

소비론』은 '작가의 해체'라는 흔해 빠진 근대 소설 비판의 범주를 넘어서지 못했다.

처음 『이야기 소비론』을 썼을 때는 포스트포드주의 논의가 일본에 도입되지 않았던 것으로 기억하고, 당시 내가 그저 소비 모델의 해석만이 아니라 '실천'을 시도했던 이유를 역시나 솔직하게 말하면 철저히 포스트포드주의적이지 못하고 있는 모습이 선명하게 '보였기' 때문이다. 그 점에서 내가 신자유주의자였다고도 말할 수 있겠다. 내게는 내 비평적 가설을 '실험'하고 검증하는 습관이 있다. '경제' 문제를 맞닥뜨릴 때마다 나는 피하기 어려운 최악의 시나리오를 계속 지연시키기보다는 오히려 가속시키는 편에 가담하는 선택을 했다. 하지만 그래 봤자 그것은 컴퓨터 게임의 '세계관'을 몇 가지 장치를 한 개방계[21]로서 '수신자'들에게 제시해 2차 창작을 유발하고, 거기에 등장한 '발신자' 및 작품을 출판사가 회수하게 하는 정도의 보잘것없는 '실험'에 지나지 않았다. 그 시절에는 현재와 같은 인터넷이 존재하지 않았고 일본의 출판 시스템이 충분히 '살아' 있었기 때문에 그렇게 회수된 작가들은 적절한 인세나 원고료를 받을 수 있었다. 반대로 말하면 인세나 원고료를 지불함으로써 2차 창작도 '노동'이라는 사실을 제한적으로나마 인지시켰던 셈이다.

하지만 동시에 그 작품[22]의 온리 이벤트[23]가 몇 번인가 개

---

21   이야기의 설정을 철저하게 만들어 놓고 독자에게 제시하는 것이 아니라, 명확한 설정을 제시하지 않고 독자의 상상에 맡기는 방식을 뜻한다.
22   오쓰카 에이지가 스토리를 담당한 만화 『망량전기 마다라』를 가리키는 것 같다.

최되었으니, 무상 노동을 한 2차 창작자가 그만큼은 있었던 것도 사실이다. 이들은 '원작'과 '2차 상품'을 구입하고 이를 '소재' 삼아 2차 창작 동인지를 제작했다. 동인지 '매출'로 이익을 본 사람도 없지는 않았겠지만 '투고자'[24]라는 형태의 무상 노동자, 프리 레이버free labor가 그때 이미 있었던 셈이다. 그러므로 2차 창작자의 활동 자체를 관리하는 비즈니스 모델에 장래성이 있다는 것은 그 시점에도 명확했다. 가도카와 소동[25]이 일어난 와중에 가도카와 쓰구히코가 그 이벤트를 '시찰'했던 것만 봐도 알 수 있다. 직접적인 관계는 없는 이야기지만, 유튜브를 인수하려고 하다가 실패하고 그다음 실질적으로 니코니코동화[26]에 조직을 넘긴 가도카와 그룹

---

23 [편집자] 특정한 캐릭터나 커플링[동인계에서 캐릭터 관계를 나타내는 용어로 일본식 영어. 특정 캐릭터 A와 다른 캐릭터 B 사이의 관계성을 'A와 B의 커플링'이라는 식으로 표현한다]에 특화된 동인지 판매전을 뜻한다.

24 일본에서는 인터넷에 올리는 '유저 제작 콘텐츠'User Genera-ted Contents에 대해서도 '투고'라는 단어를 쓰는 경우가 많다. 즉 블로그나 SNS에 글을 올리는 것도 '투고'며 유튜브에 동영상을 올리는 것도 '투고'라고 한다.

25 1992년 가도카와 하루키가 동생 쓰구히코를 가도카와쇼텐에서 내쫓는 바람에 가도카와쇼텐에서 쓰구히코를 따르는 직원들이 전부 동반 퇴사해 미디어웍스를 만든 사건. 지은이 오쓰카 에이지도 그에 관련되어 있었음은 『일본이 바보라서 전쟁에 졌다: 가도카와쇼텐과 교양의 운명』, 세이카이샤, 2017에 자세히 나와 있다. 이후 1993년 가도카와 하루키가 코카인 밀수 혐의로 체포되어 해임되면서 가도카와 쓰구히코가 미디어웍스 사장을 겸임하는 형태로 가도카와쇼텐에 복귀했다.

26 2006년 12월 오픈한 일본의 동영상 사이트. 화면상에서 가로로 '흘러가는' 형태로 동영상에 직접 댓글을 달 수 있다는 점이 특징이다. 2010년대 후반에 접어들어 일본에서도 유튜브가 10대를 중

의 현재 모습은 여기서 시작되었다고 해도 과언이 아니다.

동인지계 주변에는 동인지 인쇄업자나 행사장으로 물류를 움직이는 택배업자 등 2차 창작자를 보조하는 산업도 형성되었고, 2차 창작자들은 창작자인 동시에 그런 산업의 '소비자'기도 했다. 2차 창작 동인지의 인쇄업자가 과거 문예 동인지를 인쇄하던 인쇄소와 본질적으로 '동일'하다고 말하는 사람이 있을지도 모르겠다. 하지만 1990년대 초에 2차 창작 동인지가 동인지의 주류가 되기 시작하는 한편, 인쇄비 미납금을 다음 동인지를 출간해 판 돈으로 지불하고 그 동인지의 인쇄비는 또다시 미납해 연쇄적으로 인쇄비가 미납되는 구조가 고착화되어 '창작'이 '동인지 인쇄소의 경제 시스템'에 예속되는 형태로 변화했다는 점에 주의할 필요가 있다. 그 정도 '생태계'는 이야기 소비론 시절에도 만들어져 있었다.

이와 같이 창작자가 1차 판권의 소유자와 인쇄 회사라는 기업에 대해 (당사자의 의식과는 별개로) 경제 시스템 안에서 '창작을 강요받는' 종속 관계로 변화해 가는 전환 현상이, 과장같이 들릴지도 모르겠지만 당시 2차 창작 세계에서 이미 엿보이고 있었다는 말이다. 플랫폼에 의해 '투고하도록 만들어지는' 시스템의 징조가 이미 보이고 있었던 것이다.

이런 포스트포드주의 문제는 1990년대 말부터 2000년대에 들어설 즈음 현대 사상 분야에서 하나의 '유행'이 되고 있었다. 하지만 그때는 아직 실제로 어떤 포스트포드주의적

심으로 큰 인기를 끌자 유저 연령층이 점점 높아지는 문제를 안게 되었다.

문제들이 있는지에 대한 이해가 부족했던 것 같다. 예를 들어 '간병'에서는 육체만이 아니라 감정까지도 노동에 동원해야 하는 '감정 노동'이 간병인에게 요구된다는 논의 등이 대표적이다. 인터넷에서 유저에 대한 대응은 유저의 감정적 쾌적함을 창출하는 데 주안점을 두고 있다.

그러나 포스트포드주의적 노동의 전면적 확장과 그 투명화는 우선 '오타쿠 산업' 주변에서 일어났고 그다음에 인터넷으로 확장되었다고 보아야 한다. 이는 물론 이 나라의 현상황이기도 한 신자유주의와도 정합성을 갖는다. 예를 들어 환태평양경제동반자협정TPP[27]에서 2차 창작을 보호해야 한다는 주장을 TPP 추진파, 즉 신자유주의로 분류할 수 있는 재계 인사나 정치가 혹은 IT 기업이 지지했던 이유는 '표현의 자유'를 지키기 위함이 아니었다. '2차 창작'을 '보호'하는 것은 이미 그 2차 창작이라는 것이 일본 경제의 생태계에 포함되어 있었기 때문, 즉 '경제 문제'였기 때문이라는 점은 다른 글에서 다룬 바 있다.[28] 소위 '쿨저팬'으로 떠들썩하던 와중에 이언 콘드리[29] 등은 '오타쿠 산업'에서의 '오디언스 [관객]의 참가'를 통한 창조적 활동(즉 2차 창작이나 하츠네

---

27   참가국 간의 관세 등 무역 장벽의 철폐와 시장 개방을 통한 무역 자유화가 목적인 일종의 다국가 간 FTA 형식의 협정이다.

28   [원주] 오쓰카 에이지, 「〈제6회〉 가도카와 쓰구히코와 미디어믹스의 시대: '2차 창작'은 '표현의 자유'의 문제일까」(http://sai-zen-sen.jp/editors/blog/works/post-1018.html).

29   이언 콘드리Ian Condry, 1965~. 미국의 문화 인류학자. 현재 MIT 교수며 일본 문화를 연구하고 있다. 저서로 『일본의 힙합: 문화 글로벌라이제이션의 '현장'』, 『아니메의 혼: 공동 창작력과 일본의 미디어 성공 스토리』 등이 있다.

미쿠[30])이 일본 팝컬처의 본질이라고 생각했다.[31] 그런 논의는 기존의 표현이 발신자 중심이었던 것과 대비해 새로이 이루어진 대중의 참가를 찬미하고 있어 얼핏 문화 연구적 좌파의 주장처럼 보이기도 한다. 그렇지만 한편 '참가형 미디어믹스'는 기실 '소비자의 창작적 행위를 노동화하는 시스템'이기에 포스트포드주의적으로 '올바른' 것이라는 측면도 있다. 물론 그만큼 노골적으로 주장하지는 않더라도 정재계에서 2차 창작을 옹호하는 사람들의 면면을 살펴보면 (각자 직접 확인해 보기 바란다) 사실 명백하다. 2차 창작, 보컬로이드, AKB[32]적인 아이돌 등의 '콘텐츠'(일부러 이렇게

---

30 일본의 음원 및 음악 관련 회사 클립톤퓨처미디어가 2007년 발매한 음성 합성 보컬 음원이자 그 캐릭터의 명칭이다. 악기 회사 야마하가 개발한 음성 합성 소프트웨어 '보컬로이드'로 개발한 보컬 음원으로, 가사를 입력해 합성 음성으로 노래의 보컬 파트를 만들 수 있는 시스템이다. 캐릭터 일러스트와 함께 일종의 가상 아이돌로 인기를 끌었다. 수많은 가상 아이돌 가운데 하츠네 미쿠가 히트할 수 있었던 이유로는 아마추어 작곡가가 가수를 구하지 않아도 보컬 파트를 합성해 곡을 발표할 수 있는 주요 기능도 있지만, 이외에도 자유로운 2차 창작의 보장으로 인터넷에서 동인 일러스트가 유행할 수 있었다는 점이 있다. 보통 만화나 영화, 혹은 캐릭터 산업에서는 성적인 묘사 등과 같이 '원작을 훼손하는' 2차 창작은 금지하는 경우가 많은데, 하츠네 미쿠의 경우 그런 부분에 대해서도 특별한 제재 조치를 하지 않았다. 일본 동인 문화에 대한 이해가 있었기 때문이라고 평가받기도 한다.

31 [원주] 이언 콘드리, 『일본의 힙합: 문화 글로벌라이제이션의 '현장'』, NTT슛판, 2009.

32 정식 명칭은 'AKB48'로 일본에서 2005년 결성된 여성 아이돌 그룹이다. 'AKB'는 도쿄의 아키하바라에서 유래한다. 팬 투표를 통해 후보생 중에서 정식 멤버를 뽑는 일종의 오디션 방식으로 활동 멤버를 그때그때 교체한다.

표기한다) 창출에 '유저'가 참가하는 시스템이 '오타쿠 산업'
주변으로 얼마나 확대되었는지는 일일히 지적하기도 한심
스러울 정도지만, '발신자'가 제공한 정보계에 '유저'가 피드
백으로 참가함으로써 '콘텐츠'가 성장하거나 재생산되므로,
그 피드백 행위는 '무상 노동'인 정도가 아니라 본인들이 직
접 돈을 지불하는 '소비'이기까지 하다. 그런 점에서 『이야
기 노동론』으로 써야 했던 『이야기 소비론』의 틀에 정확하
게 들어맞는다. 아이돌 산업에서 '유저'를 '프로듀서 님', '클
라이언트 님'이라는 명칭으로 받들어 모시는 것은 '유저'(소
비자)와 '프로듀서'(제작자)가 일체화된 사태에 대한 이야기
소비론적 풍자가 아닌가 싶어 쓴웃음이 나기도 한다.

물론 아이돌의 '유저'는 자발적으로 '참가'하는 것이므로
참가를 그만두는 것도 원칙적으로 당사자의 자유다. 그렇기
에 오디언스로서 '아이돌을 만드는' 행위에 대한 참가는 어
디까지나 자발적인 것이라고 '유저'는 생각할 것이다. 하지
만 얼마 전 AKB의 악수회[33]에서 '팬'('유저')이 갑자기 눈앞
의 아이돌을 칼부림한 사건을 돌이켜 보라. 그 사건은 스토
커처럼 특정한 누군가를 노렸다기보다는 '아이돌이라는 시
스템' 그 자체에 '테러'를 가했던 것이다.

플랫폼과 무상 노동

인터넷, 그중에서도 플랫폼이 사람의 행동 자체를 '노동'으

---

33 아이돌 가수 등 연예인이 팬들과 만나 한 명씩 순서대로 악수
하는 일본의 행사를 가리킨다.

로 착취하는 구조라는 이야기는 2000년대에 접어들어, 예컨대 북미에서 AOL 채팅에 취미로 참가하는 행위가 기실 '무상 노동'이라는 논의가 일어나면서 퍼지기 시작했다. 이것은 일본에도 그대로 적용될 수 있다. 예를 들어 '2채널'[34]에 자발적으로 쓰인 글들은 동시에 그것을 콘텐츠로 열람하려는 사람들을 끌어모은다. 그런 2채널의 창시자가 같은 기획을 '동영상' 분야로 옮겨 놓은(그런 속설이 떠돈다) '니코니코동화'는 플랫폼이라는 명목하에 '개방된 투고의 장場'인 척하지만 실제로는 유저에게 무상으로 콘텐츠를 제공하게 하는 동시에 그 콘텐츠를 보러 오는 열람자에게 '회비'(그 실상은 콘텐츠에 대한 대가)를 받아 수익을 창출하는 비즈니스 모델이다. 또 한편 무상 투고 사이트 대부분의 비즈니스 모델은 '광고' 수익을 중심으로 한다. 이는 구미디어의 수익 모델과 '무상 노동 창작자가 만든 콘텐츠'를 접속시킨 것인데, 동시에 콘텐츠 제작에 대한 대가를 최소화했다는 점에서 획기적이었다. 픽시브[35] 및 '소설가가 되자'[36] 등의 창작 투고 사이트도 마찬가지다. 개인의 자발적 운영인지 기업 주도인

34　일본 최대의 익명 게시판 사이트. http://2ch.net/(현재는 https://5ch.net/). 아이디 등록 등이 불필요한 일본의 익명 게시판으로, 관리자 니시무라 히로유키가 1999년 5월에 개설했다. 다양한 분야와 장르를 포괄하는 방대한 게시판군으로 이루어져 있으며 광고와 게시물 유료 열람 시스템으로 유지된다. 2002년 한일 월드컵을 기점으로 혐한·혐중이 크게 유행했고 혐한 분위기가 2010년대에 오프라인까지 번지는 데 큰 영향을 미쳤다고 평가된다.

35　일본의 일러스트레이션 전문 사이트로, 유저가 그린 일러스트를 통해 상호 교류하는 일종의 SNS다(https://www.pixiv.net/). 2007년 설립되었고 2019년 4월 계정 수 4,000만, 일러스트 8,500만 장을 기록했다고 한다.

지와는 별개로 '투고'라는 무상 노동을 통해 만들어진 콘텐츠가 낳는 수익을 플랫폼이 챙기는 생태계는 인터넷에서 흔히 볼 수 있다. 저작권을 관리하는 운영자 측에서 직접 2차 창작을 투고받는 KADOKAWA형 생태계 역시 그중 한 유형일 뿐이다.

그나마 '만화'나 '소설' 혹은 '동영상' 등과 같이 외견상 제작 콘텐츠에 가까운 것들은 그래도 그 콘텐츠 제작이 '노동'으로 간주되는 경우가 많다. 따라서 저작권은 작가에게 귀속된다는 '근대'의 규범이, 유튜브나 니코니코동화로 하여금 투고자에게 제한적으로나마 이익을 배분하지 않을 수 없게 만드는 '억압'으로 간신히 작용하고 있다. 그러나 모든 투고자에게 재생 횟수에 따라 로열티를 지급하다가는 플랫폼이 파탄 날 것이 분명하다. 엄밀히 말해 지급 자체는 가능하겠으나, 인터넷 기업들은 무상 노동으로 발생한 '제작자들에게 환원되지 않는 잉여'로 투자와 인수·합병을 행하며 기업 규모를 확장한다는 것이다. 이 지점에서 지극히 교과서적인 '자본의 노동자 착취'가 존재하는데, 그것이 현재로서는 '보이지 않는다'.

이와 같이 현 시점에서 플랫폼의 존속과 팽창에는 무상 콘텐츠 투고가 필수라는 점을 망각해서는 안 된다.

---

36 무료로 자작 소설을 인터넷에 공개할 수 있게 해 주는 일본의 소설 투고 사이트로 2014년에 개설되었다. 일본에서 라이트노벨은 잡지에 연재하거나 일반 소설처럼 한 권 분량을 집필해 발표하는 경우가 대부분이었는데, '소설가가 되자'의 등장 이후 이 사이트에 투고한 작품이 출간되어 인기를 끄는 경우가 많아졌다. 대표 사례로 『마법과고교의 열등생』, 『로그 호라이즌』, 『Re: 제로부터 시작하는 이세계 생활』 등이 있다.

하지만 '무상 노동'에 의한 플랫폼상의 콘텐츠 제작은 물론 '창작'에 그치는 것이 아니다. '비평' 역시도 마찬가지다. '타베로그'[일본의 음식점 정보 사이트]의 투고, 아마존의 리뷰, 야후 뉴스의 댓글 등은 전부 일종의 '비평'인 셈이고 이들 플랫폼에서는 콘텐츠의 일부다. 당연히 이것들도 전부 무상으로 투고되고 있다. 일례로 수준 높은 저널리즘을 제공한다고 알려진 북미의 거대 뉴스 사이트 『미디엄』[37]조차 투고 칼럼의 '무상 사용권'을 플랫폼 측이 갖게 되어 있다.

또한 개인이 운영하는 사이트 중에는 인터넷 광고로 수입을 얻는 곳이 적지 않은데, 자작 콘텐츠가 아니라 2채널 게시물이나(그 때문에 2채널 운영자와 마찰이 생기기도 한다) 트위터의 트윗을 무상 콘텐츠처럼 가져다 쓰는 '마토메[정리] 사이트'[38] 형태를 취하는 경우가 매우 많다. 이처럼 인터넷에서는 개인이든 기업이든 콘텐츠 생산을 무상 노동에 의존하는 일이 지극히 일반적이다.

무상 노동 '콘텐츠' 중에는 '사회적 일탈 행위의 콘텐츠화'라는 양태를 띠는 것도 있음을 지적할 필요가 있다. 예를 들어 아르바이트생이 가게 냉장고에서 장난치는 모습을 찍어 트위터에 올렸다가 염상炎上[39]이 일어났던 사건도 수준이 낮다는 점을 차치하면 일찍이 현대 미술에서 유행한 '퍼포

37　트위터 공동 창업자 에번 윌리엄스가 2012년 개발한 블로그형 웹 애플리케이션.
38　특정 정보를 일정한 테마에 맞추어 편집한 일종의 큐레이션 사이트. 주로 타인이 만든 정보(블로그나 SNS 글, 2채널 게시물 등)를 보기 편하게 정리만 하고 트래픽(조회 수)을 모아 광고 수입을 얻는 사이트를 가리키는데, 편집이 자의적이고 정보가 부정확하며 때로는 불법적으로 게시물을 사용해 부정적인 인식이 퍼져 있다.

먼스'의 지극히 퇴화된 버전으로 정의할 수 있을 것이다. 또 '이지메'나 공갈 등 범죄를 저지른 본인이 직접 동영상 사이트에 투고하는 '범죄의 콘텐츠화' 사례도 얼마든지 떠올릴 수 있다. '현대 미술'에는 실제로 이런 수준의 아트가 적지 않다(예를 들어 최근 미술관에 출장 마사지 여성을 호출해 사람들에게 보여 주는 '아트'를 계획해 물의를 일으킨 사례도 있다). 그리고 그렇게 염상이 일어난 트윗이나 게시물이 '마토메 사이트' 등을 통해 간단히 콘텐츠화되는 것이다.

즉 인터넷에 필연적으로 동반되는 '투고' 행위 자체가 그 내용의 수준을 떠나 '콘텐츠'의 창출이기는 하다는 사실을 우선 인정해야만 한다. 여기서 굳이 '콘텐츠'라고 부르는 이유는 그것이 '투고자' 이외의 누군가를 위한 경제적 가치를 낳기 때문이다.

그런데 사람들은 어째서 무상으로 노동하는 것일까. 근대 일본에서 문예지가 결국 '투고 미디어'였던 것과 마찬가지로 '자기 표현'은 근대적 자아와 한 몸이다. 인터넷은 작가라는 특권 계급만이 아니라 만인에게 자기 표현의 기회를 개방했다. 문학가나 예술가 쪽에서 자신을 인터넷 투고자와 똑같이 취급하지 말라고 한다면 '자기 표현'이라는 말을 '자기 표출'로 바꾸어도 상관없다. 그래 봤자 본질은 동일하다. 자기 표출의 민주화는 동시에 자기 표출을 고스란히 무상

---

39   원래는 불길이 번지면서 타오르는 것을 뜻하는 일본의 한자어인데, 요즘에는 SNS 게시물이나 기사, 기타 인터넷상의 화제에 대해 여러 사람의 비난이 쇄도해 큰 문제로 확대되는 일을 가리키는 말로 쓰인다. 한국에서 어떤 뉴스가 있을 때 실시간 검색어에 오르고 SNS나 뉴스 기사에 악성 댓글이 쏟아지는 현상과 비슷하다.

노동에 의한 콘텐츠 제작으로 전환시키는 플랫폼이 성립될 수 있게 만들었다. 그만큼 '나'를 향한 인간의 욕망이 강력하다는 말이다.

이와 같이 '콘텐츠'가 무상 노동에 의존하게 되면 또 다른 문제가 파생된다. 하나는 '콘텐츠' 자체의 무상화·저가격화라는 '억압'(라인에서 음원을 시험 기간 동안 무상 제공하다가 유료화한 순간 일부 유저의 빈축을 샀던 것처럼)이고, 또 하나는 크라우드 워커crowd worker[40] 등으로 불리는 인터넷 블랙 기업 노동자를 낳게 되는 '인터넷 노동 문제'다.

인터넷에는 소위 '상업성'을 배격한다며 창작 행위나 활동에서 이익을 추구하지 않는 무상 봉사의 미덕이 존재한다. 이런 미덕 뒤에는 숭고한 예술과 표현을 위해 창작자는 청빈을 지켜야 한다는, 그야말로 근대 문학과 예술이 낳은 '판타지'가 작용하고 있다. 그 미덕이 기묘한 윤리와도 같이 인터넷에 도입될 때 무상 노동은 '예술'과 '문학'이라는 '신'이 아니라 플랫폼 기업에 봉사하도록 강제된다. 블랙 기업이 숭고한 이념을 내걸고 그에 대한 충성심을 노동의 동기로 뒤바꾸려고 하는 것과 똑같지 않은가. 이는 자원 봉사나 NGO의 '노동'에도 내포되어 있는 문제다.

더불어 문예지가 사라져도 '순문학'이 '문학'이라는 '신'을 위해 무상으로 소설을 계속 쓸 수 있겠느냐가 「불량 채권으로서의 '문학'」의 질문이었다. 하지만 유미리의 원고료 미수

---

40 기업에 직접 고용되지 않고 외주화된 형태로 서비스를 제공하는 개인 사업자. 예를 들어 우버 운전자, 한국에서라면 각종 배달 앱의 요식업 자영업자 및 배달 운전자, 택배업체 배달원 등이 이에 해당할 것이다.

령 문제[41]는 그것이 불가능하다는 직접적 답변으로 여겨졌다. '무상'으로 창작하기 위해서는 누군가에게 기생할 수밖에 없다. 그러나 '투고 플랫폼'으로 이행되어 버린 '출판' 생태계는 '문학'이라는 기득권 집단을 더 이상 기생시켜 줄 수 없는 단계까지 와 있다.

하지만 인터넷에서의 무상 노동이 이미 이런 콘텐츠 제작에만 국한되지 않는다는 점을 짚어 두고자 한다. '자기 표출'의 테크닉이나 깊이와 무관하게 지금은 인터넷에 무언가를 투고하는 바로 그 순간 그것이 무상 노동 콘텐츠가 되어 버린다. 즉 우리는 '일상적 행동 그 자체가 콘텐츠화당하고 있다'는 것을 깨달아야 한다.

물론 인터넷에서의 일상적 행동을 굳이 콘텐츠화하지 않더라도 이미 '노동' 아니냐고 논의할 수도 있을 것이다. 예를 들어 우리가 플랫폼에 참가할 때 제공하도록 요구받는 개인 정보 또는 유저가 인터넷에서 행동함으로써 플랫폼이 수집하게 되는 데이터는 효과적인 광고 판매 도구로서 '가치'를 갖기에 그 자체 '빅데이터'라는 이름의 '상품'으로 광고주에게 판매된다. 즉 인터넷에서의 행동이 가치를 낳으므로 '노

---

41 유미리柳美里, 1968~. 재일 한국인 소설가. 1997년 대표작 『가족 시네마』로 아쿠타가와상을 수상하는 등 특히 사소설 작가로 알려져 있다. 2014년 쓰쿠루숏판의 잡지 『쓰쿠루』에 연재하던 칼럼의 원고료가 몇 년째 체불되어 휴재한다는 글을 블로그에 올리면서 원고료 미수령 문제가 불거졌다. 『쓰쿠루』는 이 책에서도 언급되는 미야자키 쓰토무 사건(206쪽 주 8 참조)이나 『쿠로코의 농구』 협박 사건(54쪽 주 1 참조) 취재, 수기 출간 등으로 일본 '독립 저널리즘'의 한 축을 지켜 온 잡지로 평가받으나, 저널리즘 시장의 축소로 적자가 누적된 끝에 이러한 문제가 발생했다고 인정하고 작가와 독자에게 사과한 바 있다.

동'이라고 볼 수 있지 않겠느냐는 것이다.

광고 대행사 등이 시행하는 대면형 마케팅 조사에 협력하면 형식적으로나마 참가자에게 사례가 지불된다. 광고 대행사는 그 리서치 정보를 집약해 '상품'으로 기업에 판매하거나 마케팅 툴로 사용한다. 그러나 매일같이 인터넷에서 활동하는 대부분의 '유저'는 이와 같은 '빅데이터'의 수집에 참가당하고 있음을 자각하지 못하며 대가도 받지 못한다. 그럼에도 불구하고 우리가 인터넷에서 무언가를 하면 항상 '빅데이터'를 생산할 수밖에 없게 되어 있다.

하지만 이런 논의에서 다루어지는 행위를 '노동'으로 볼 수는 없지 않느냐는 반론이 당연히 나올 것이다. 실제로 이는 블루 칼라든 화이트 칼라든 기업에 고용되어 하루 중 일정 시간을 잘라서 파는 형태의 '노동'과는 외견이 다르다.

그렇지만 구체적인 '사물'(생산물)이 아니라 비물질적인 가치의 창출을 '무형 노동'으로 간주하는 관점도 존재한다. 예를 들어 잘 알려진 '비물질 노동'[42] 개념을 논하면서 마우리치오 라자라토[43]는 상품 속에 내재된 정보나 문화의 내실을 만들어 내는 노동을 '무형 노동'이라 불렀다. 거기에는 '문화'나 '예술'이라는 이름으로 불리던 창작 활동(즉 '콘텐츠'의

42　[원주] 마우리치오 라자라토, 『사건의 폴리틱스: 지식-정치와 새로운 협동』, 라쿠호쿠슛판, 2008[『사건의 정치』, 이성혁 옮김, 갈무리, 2017].

43　마우리치오 라자라토Maurizio Lazzarato, 1955~. 이탈리아 출신의 사회학자. 프랑스 정치 사상지 『다중』편집 위원. 비물질 노동, 노동자의 분열 등을 연구하고 있다. 2004년 출간한 『사건의 정치』는 이탈리아 칼라브리아대학 박사 과정에서 행했던 강의의 성과로 만들어진 책이다.

창출) 및 1980년대에 많았던 기호 조작을 통한 가치 창출(차이화 게임)도 포함된다. 인터넷의 출현으로 이러한 콘텐츠 중 상당수가 책, 시디, 비디오 등과 같은 패키지, 즉 '물질'적인 외형에서 해방된 결과 '가치'만이 단순화되었다. 그리고 '사물'이라는 외형을 갖추지 않기 때문에 이 또한 '노동'의 성과물이라는 사실이 제대로 드러나지 않게 된다.

참고로 라자라토는 형태 없는 노동을 통한 가치 창출에는 콘텐츠나 디자인뿐 아니라 문화와 예술에 대한 소비자의 심미적 규범, 즉 '유저'들이 무엇을 '재밌다', '맛있다', '아름답다'고 느끼고 그것을 원하게 되는지에 관한 '규준' 자체의 창출도 포함된다고 보았다. 즉 '공중의 의견' 자체가 '무형 노동'이 생성하는 가치라는 관점이다. 이와 같이 한편에서는 '집합지'集合知라 불리고 다른 한편에서는 '유저의 의견'이라 불리며 최종적으로는 '빅데이터'라는 이름의 '상품'이 되기도 하는 '가치'의 창출 역시 '무형 노동'이다.

이와 같은 '무형 노동'의 정의를 참고하면 과거와 같은 특권적 지식인이나 작가만이 아니라 인터넷 유저 한 사람 한 사람의 정신적 활동이 '노동' 과정이 되고 있음은 자명하다 할 수 있다.

라자라토는 이때 이러한 '무형의 가치'를 창출하는 '무형 노동'에 사람들을 '무상 노동자'로 참가시키기 위해 '주체성'이나 '자기 표출'이 동기 부여의 수사로 활용된다는 점도 지적했다. 즉 근대적 개인의 욕구 그 자체가 이런 순환적 생태계에 무상 노동으로 참가하는 동기가 된다는 것이다. 이는 플랫폼들이 어이없을 만큼 '유저' 의견에 귀를 기울이는 '척'하는 이유가 무엇인지 냉정히 생각해 보면 쉽게 알 수 있다.

'유저'는 '주체성'을 갖춘 소비자로서 '의견'을 말하도록, 언제나 '자기 표출'의 방향을 향하도록 유도되고 있다. 인터넷은 '주체가 된다', '자기 표출한다'라는 근대의 욕구를 만인에게 개방했고, 또 그것이 드러나기 쉽도록 갖가지 '장치'를 제공하고 있다. 따라서 당연히 그 허들은 대담할 만큼 낮아지게 된다. 얼마 전 트위터의 글자 수 제한이 140자에서 10,000자로 확대된다는 소문이 흘러 큰 반발이 일었다. 이는 대부분의 사람이 140자를 그리 불편하게 느끼지 않는다는 증거겠다. 장문의 '자기 표출' 따위는 과거의 소년 A[44]나 오보카타 하루코가 아니고서야 누구도 원하지 않는다는 말이다. 그렇기에 인터넷은 긴 문장을 쓰는 수고를 유저에게 요구하지 않는다. KADOKAWA의 소설 투고 사이트에서 규정된 글자 수에 미치지 못하는 투고(예를 들어 각 장마다 '후기'를 달아 억지로 분량을 늘린)를 묵인하고 신인상 예선을 통과시킨 사실이 투고자들에게 비판받기도 했지만, 어떻게 보다 간편한 '자기 표출' 공간을 제공할 것인지는 플랫폼들의 중요한 전략적 관심사다.

이렇게 많은 사람이 '자기 표출의 요구'를 받지만 사실 대부분은 자기 표출할 거리를 별로 가지고 있지 않다. 나도 마찬가지다. 그럼에도 불구하고 '자기 표출하라'고 유도되는 역설적인 '근대'가 인터넷에 존재한다는 것이다.

---

44 1997년 고베시에서 벌어진 '고베 연속 아동 살상 사건' 용의자. 당시 14세의 중학생이었는데, 본인을 '사카키바라 세이토'라고 칭하면서 경찰에 도전하는 범행 성명서를 지역 신문사에 우송해 화제가 되었다. 특히 보통 범인상으로 상정되는 것과 달리 평범한 학생이었다는 사실이 주목받았다.

강제되는 감정의 표출

인터넷상의 '확산'이나 '염상' 혹은 '리벤지 포르노'나 개인 정보 폭로 같은 일들은, '자기 표출할 거리'가 없는데 그 도구와 '억압'은 존재하기 때문에 상습화된다. 말할 것이 없는데도 말하지 않으면 안 된다는 억압화된 욕망만이 존재하는 것이다.

그렇기 때문에 인터넷상의 '자기 표출'은 지극히 직접적인 감정의 토로가 될 수밖에 없다. '감동'이나 '혐오', 즉 '눈물 난다'나 '혐××'(이 '××'에는 '중국', 요즘이라면 심지어 '오키나와'도 들어가곤 한다) 등과 같이 너무나도 척수 반사적인[45] 감정 토로가 파블로프의 개만큼이나 인터넷상에 언어화되어 있다. '감정'의 표출에 논거나 묘사 따위는 불필요하기 때문이다. 이는 소설의 서플리먼트화, 즉 '눈물 난다', '무섭다', '감동적이다', '참고가 된다'는 식의 '즉효성'을 마치 기능성 식품마냥 요구받는 것과도 병렬적인 관계가 아닐까 싶다. 즉 소설의 '감정화'인 셈이다. '기능성 문학'의 어떤 부분은 '감정 소설'이라고 불러도 좋을 것 같다.

마찬가지 의미에서 역사 또한 감정화된다. 중국이나 한국 때문에 '명예가 더럽혀졌다'며 일본을 무조건 '자랑스러워하는' 감정 표출이 인터넷에서 '집합지'가 되어 '역사'를 대하는 '가치', 즉 역사 인식을 형성하고 있다. 신자유주의적 역사 인식 자체가 과거를 철저히 부인하고 스스로에게 기분 좋은

45　원래는 의학 용어지만 일본 인터넷에서는 '뇌를 거치지 않고 바로 나오는 응답', 즉 '아무 생각 없는 대답'이라는 비하적 의미로 유행하는 표현이 되었다.

감정적 역사를 만들어 내는 '역사의 감정화'임은 굳이 더 설명할 필요도 없을 것이다. 이렇듯 '국가상' 자체가 '감정화'하고 있다는 점에서 아베 신조는 이 나라의 최고 권력자에 걸맞은 인물이다. 정치 역시도 당연히 '감정'화되는 것이다.

반면 '감정'을 표출하면서 굳이 문학적 레토릭을 많이 활용하는 등 어느 정도 '노력'을 기울인 소년 A의 소설[46]은 '서플리먼트'로 기능하지 못한다. 마찬가지로 오보카타 하루코가 STAP세포 작성법을 인터넷에 공개했지만 그에 대한 검증보다는 그녀의 '감정'이 표출된 '수기'에 더 관심이 쏠렸고, 이어진 반응 역시 그녀의 '감정'에 대한 말하자면 '감정비판'이었다.

정치 뉴스, 탤런트의 불륜, 인스타그램 사진, 고양이 동영상에 이르기까지, 또한 갖가지 상품에 대한 반응까지 포함해, 우리는 '감정'을 순식간에 표출할 수 있도록 훈련받았다. 이렇게 사람들은 인터넷에서 '감정 표출'이라는 형태로 '노동'하도록 항상 요구받고 있다고 말할 수 있다. 그 밖에도 사람들은 온갖 형태로 자신의 '삶'을 플랫폼에 무상 콘텐츠로 제공할 것을 지속적으로 요구받는다. 인터넷에 연결되는 순간 '창작'이나 '소비'만이 아니라 '살아간다'는 것 자체가 무상 노동화되는 셈이다.

이러한 '새로운 노동 문제'는 앞서 언급했듯 2000년 전후 시점에 등장했으나 결국 '현대 사상' 속 유행으로 끝났고, 오히

---

46 '전 소년 A'라는 명의로 2015년에 출간된 『절가』를 말한다. 초판 10만 부가 발행되었다.

려 표현의 민주화나 집합지에 대한 기대 같은 낙관적인 관점의, 굳이 이름 붙이면 '포스트포드주의적인 코뮤니즘'론 (현재 이 나라는 신자유주의적 공산주의를 달성했다고 할 수 있을 것이다)이라 할 만한 것에 흡수되었다.

이 유토피아를 환대하는 이들은 아무에게도 강제받지 않고 인터넷이나 2차 창작을 통해 '자유'롭게 자기 표출을 하고 있으니 괜찮은 것 아니냐는 식으로 반론할 것 같다. 하지만 마르크스주의가 등장하기 전에는 '노동자'가 '착취'당하고 있다는 사실을 노동자들 스스로도 깨닫지 못했듯 노동에서의 소외란 원래 알아보기 어려운 법이다. 포스트포드주의 하의 '감정 노동' 및 기호를 조작하는 '정보 노동', 심지어 인터넷상의 행동 자체가 '노동'화되어 있다는 사실은 비평이나 사회 이론 없이는 실감하기 힘든 것이다.

그러나 실감하지 못하는 것과 문제가 존재하지 않는 것은 전혀 다른 이야기다. '실감하지 못하는' 것은 실감하기 어렵도록 '구조'가 짜여 있기 때문이다. 자주 나오는 이야기지만 노숙인을 공원에서 내쫓으려면 굳이 물리적인 힘으로 배제할 필요가 없다. 벤치 가운데에 팔걸이 하나만 만들어도 벤치에 눕기가 어려워져 그들은 모습을 감추게 된다. 이 경우 언뜻 보면 노숙인은 '자발적'으로 떠난 셈 아닌가. 물론 유쾌한 마음으로 떠난 것은 아니겠지만.

이와 같이 요즘 사회에서는 '관리'처럼 보이지 않는 관리를 하는 테크닉이 여러 분야에 걸쳐 진화하고 있다. 인터넷도 예외가 아니다. 굳이 하나하나 검증하지는 않겠으나 인터넷이 항상 유저에게 최적화된 보다 나은 서비스를 제공하는 것처럼 보이는 이유가 무엇인지 한번 생각해 보면 알 수 있을 것이다.

게다가 포스트포드주의적인 무상 노동은 소비나 자기 표출 같은 쾌락을 동반하며, (사려 깊은 표현이 아닐 수도 있지만) 사람들의 '지적 부하'를 가능한 한 억제해 준다는 점에서 더더욱 쉽지 않은 문제가 된다. 즉 '보이지 않을' 뿐 아니라 무엇보다 '마음 편한' 상태라는 말이다. 방금 언급한 '자발적'으로 떠나는 노숙인과 달리 '불쾌함'조차도 느끼지 않게 된다. 반지성주의 비판자들은 '반지성의 쾌락'과 그런 쾌락을 유발하는 구조를 이해하지 못하고 있다. '반지성'은 '지성' 이상의 쾌락인 것이다.

내가 『쿠로코의 농구』 사건의 와타나베에게 흥미를 가졌던 이유는 그가 예외적으로 이런 시스템 속에 있는 것이 '불쾌하다'고 느꼈다는 점, 그리고 '시스템' 자체를 싸구려 테러리즘의 대상으로 삼았다는 점 때문이다. 마침 그의 앞에 『쿠로코의 농구』와 그것을 둘러싼 미디어믹스 시스템이 있었던 것뿐이지만, 십수 년 전에 활발히 논의되었던 이런 포스트포드주의 문제는 플랫폼과 '유저'의 관계 속에서 비로소 간신히 '보이게' 되었다고도 할 수 있다. 그리고 거기서 만들어지고 있는 '노동'의 쾌적한 전인격화, '소비'의 '무상 노동'화가 현실 사회의 '노동'으로 반전되어 피드백되면서 '노동관'을 형성하고 있음을 고려하지 않으면, '블랙 기업'이나 '개호 노동' 문제도 '낡은 노동 문제'로밖에 보이지 않을 것이다.

우리는 인터넷 안에서든 밖에서든 그 자체가 무상 노동인 삶을 살기를 전인격적으로 그리고 암묵적으로 요구받고 있다.

2부

감정화하는 문학

3장
스쿨 카스트 문학론

수평 혁명의 반동으로서 '스쿨 카스트'

소설 장르 가운데 '스쿨 카스트 문학'이라 부를 수 있는 영역
이 만들어졌음은 예를 들어 소설 투고 사이트 '소설가가 되
자'에 투고된 소설 중 '스쿨 카스트'[1] 태그가 달린 작품이 이
글을 쓰고 있는 2016년 6월 중순 시점에 77편이나 된다는 사
실로도 알 수 있다. 이 문제를 가장 이른 시기에 다룬 스즈키
쇼의 『교실 카스트』에 따르면 소학교[초등학교]의 '서열' 구
분을 주제로 한 지로마루 시노부[2]의 소설 『하늘의 상처』가
1999년, 중학생들의 '랭킹'을 모티프로 삼은 고도 시[3]의 『열
두 명의 고민하는 중학생』이 2008년, 고등학교를 무대로 한
아사이 료[4]의 『내 친구 기리시마 동아리 그만둔대』가 2010

---

1   학생들 사이에서 발생되는 학급 내의 위계를 인도의 신분 제도
인 카스트에 비유한 일본의 조어.
2   지로마루 시노부次良丸忍, 1963~. 소설가이자 아동 문학가. 『하
늘의 상처』 외에 『렛츠!』, 『무지갯빛 티아라』 시리즈 등의 작품이
있다.
3   고도 시木堂椎, 1988~. 17세이던 2006년 제1회 야성시대 청춘문
학상 대상을 수상하며 데뷔했다. 학창 시절의 이지메 문제 등을 다
루었다. 대표작으로 『열두 명의 고민하는 중학생』 등이 있다.

년에 간행되었다. 그리고 이들 작품을 논의 도입부에 제시하면서 '스쿨 카스트'에 사회학적으로 접근한 스즈키 쇼는 저서가 간행된 2012년 당시 도쿄대학 대학원 박사 과정에 있었다. 그 책에서 언급된 작품을 이렇게 시간 순서대로 늘어놓아 보니, 이 방면에 어둡던 나도 이 주제가 21세기가 시작된 시점에 부상해 소설 주제가 되었고 동시에 사회 문제가 되었음을 이해할 수 있을 것 같다.

스즈키 쇼는 소녀 만화에서도 2000년경부터 이러한 모티프가 등장했다고 보았고, 또 인터넷에서는 '문학' 가운데 사토 유야[5]의 『에나멜을 바른 혼의 비중』(2001), 와타야 리사[6]의 『발로 차 주고 싶은 등짝』(2003), 사쿠라바 가즈키[7]의 『추

---

4 아사이 료朝井リョウ, 1989~. 2009년 『내 친구 기리시마 동아리 그만둔대』(한국어판은 이수미 옮김, 자음과모음, 2013)로 제22회 소설 스바루 신인상을 수상하며 데뷔했다. 이 책은 2012년 영화화되기도 했다. 2013년에 남성 수상자로는 사상 최연소로 제148회 나오키상을 수상했다.

5 사토 유야佐藤友哉, 1980~. 2001년 『플리커 스타일』로 제21회 메피스토상을 수상했으며 『에나멜을 바른 혼의 비중』(2001, 한국어판은 주진언 옮김, 학산문화사, 2007) 등의 작품이 있다. 엔터테인먼트 소설 작가로 데뷔했으나 이후 순문학 쪽 활동이 늘어났고, 2007년에는 제20회 미시마 유키오상을 사상 최연소로 수상했다.

6 와타야 리사綿矢りさ, 1984~. 고등학생 시절 발표한 『인스톨』(2001)로 제28회 분게이상을, 대학 재학 중 발표한 『발로 차 주고 싶은 등짝』(2003, 한국어판은 정유리 옮김, 황매, 2004)으로 제130회 아쿠타가와상을 최연소 수상하며 화제를 불러일으켰다. 『발로 차 주고 싶은 등짝』은 밀리언셀러를 기록하기도 했다.

7 사쿠라바 가즈키桜庭一樹, 1971~. 1999년 제1회 패미통 엔터테인먼트 대상 소설 부문 가작을 받으며 데뷔했고, 「EVE The Lost One」, 「두근두근 메모리얼 Girl's Side」 등 게임 시나리오를 집필한 바 있다. 2003년 라이트노벨 『GOSICK』 시리즈로 주목받았으며,

정 소녀』(2004) 등이 스쿨 카스트를 주제로 다루었다고 보
는 이들이 있다. 역시 내가 소설에 관심을 잃은 시점을 전후
해 등장한 주제라는 말이다.

이런 '서열 짓기' 문화가 세상에 널리 퍼진 계기는 AKB의
'총선거' 아닐까 싶어 위키피디아를 찾아봤더니 AKB '총선
거'는 2009년에 시작된 것이고, 결국 '서열 짓기'란 '제로년
대', '로스제네'[8]라 칭해지던 2000년대 비평과 문학에서 표
면화된 문화이자 주제였다는 점을 새삼 느낄 수 있었다. 그
리고 이 글을 쓰다가 방금 떠올랐는데, 사토 유야가 데뷔하
고 얼마 되지 않았던 시절 그가 홋카이도의 더스킨[일본의
청소 기업]인가 어딘가에서 일하던 때, 그에게 직접 말했는
지 아니면 담당 편집자 오타 가쓰시[9]에게 말했는지는 잊어

2004년 『추정 소녀』 등이 높은 평가를 받으면서 활동 영역을 일반
소설로 확장했다. 2007년 『아카쿠치바가의 전설』로 제60회 일본추
리작가협회상 장편 부문을, 2008년 『내 남자』로 제138회 나오키상
을 수상하기도 했다.

8 '잃어버린 세대', '상실의 세대' 등으로 번역되는 '로스트 제너
레이션'의 일본식 약어. 원래는 1차 대전 이후 1920~1930년대에 미
국에서 활동한 헤밍웨이, 피츠제럴드, 포크너 등의 소설가를 가리
킨 말이었는데, 일본에서는 2007년에 버블 경제가 붕괴한 뒤 소위
'잃어버린 10년'(당시의 표현) 동안 사회에 진출한 청년 세대 가운데
프리터, 니트, 히키코모리 등이 많다고 설명하면서 『아사히신문』
이 이 명칭을 사용했다. 2007년 당시 25~35세 정도의 연령이었으
므로 대략 1972~1982년생이 이에 해당한다고 할 수 있다.

9 오타 가쓰시太田克史, 1972~. 일본의 편집자. 1995년 대형 출판
사인 고단샤에 입사했고 1998년부터 문예국에서 교고쿠 나쓰히코,
세이료인 류스이, 가도노 고헤이, 마이조 오타로, 니시오 이신, 나스
기노코 등 유명 작가를 담당했다(이들의 단행본은 주로 '고단샤 노벨
스'로 출간되었다). 2003년 사내 공모에 제출한 문예지 『파우스트』
기획이 최우수 평가로 선정되어, 1인 편집부 체제로 이 잡지를 담당

버렸지만, 그렇다면 그 내용으로 뒤늦은 '프롤레타리아 문학'을 써 봐도 좋지 않겠냐고 말했던 기억이 난다. 그때 사토는 그리 긍정적이지 않았는데, 아마 내가 영 엉뚱한 방향으로 이야기했기 때문이겠다. 그때 이미 '계급'은 노동에서가 아니라 학교 안에서 부흥하고 있었구나 싶고, 내 견식이 모자랐음에 쓴웃음이 난다.

하지만 '제로년대'에 이르러 학교 안의 격차가 소설과 만화, 사회학의 주제로 발견된 상황 자체는 1980년대를 살아온 사람으로서 지극히 납득이 간다. 이미 1990년대에 접어든 시점부터 계급의 부활이 예견되었기 때문이다.

1980년대에 일어난 '보이지 않는 문화대혁명'의 배후에는 요시모토 다카아키가 종전 후 최대의 성취라 믿었던 '1억 총중류화'가 있었고, 당시 그가 보기에는 일본의 '여공'이 꼼데가르송을 입을 수 있게 된 격차 없는 사회 시대가 달성된 '듯'했다. 하지만 우에노 지즈코는 당초 '수평 혁명'을 찬미했으면서도 이를 가장 빨리 철회했고(올바른 생각이었다), 1990년대에 들어설 무렵 단괴團塊 세대가 그 주니어[10]에게 자산을 상속하는 과정에서 '계급'이 발생할 것이라는 통계 데이터에 주의를 촉구했다. 재'계급'화가 도래하리라고 지적했던 것이다. 그 시점에는 버블 시기의 부동산 가격을 '자산'의 전제로 삼았지만, 버블 붕괴는 부동산 가격 상승이 지탱해

하며 주목할 만한 성과를 남겼다. 2010년 고단샤의 자회사인 세이카이샤의 부사장으로 취임했다.

10   단괴 세대는 1945년을 전후해 출생한 일본의 1차 베이비 붐 세대를 가리키며, 단괴 세대 주니어는 그 자식 세대에 해당하는 1971~1974년생(2차 베이비 붐 세대)을 뜻한다.

주던 '중류화'를 무너뜨리고 자산이 많은 이와 그렇지 못한 이 사이의 격차를 선명하게 만들었다. 그렇게 '잃어버린 20년' 속에서 '계급'이 부흥했다. 지금 수중에 책이 없어 확인할 수는 없지만, 제로년대의 어느 무렵 내가 보수 논단을 떠날 준비를 하기 시작했을 때『Voice』[11] 증간호에서 젊은 세대의 선거를 독려하는 매뉴얼[12]을 만든 적이 있다. 그때 스스로의 '계급'을 고려해 투표해야 한다고 글에서인지 대담에서인지 말한 기억이 난다. 이미 당시부터 '계급'화는 나 같은 범용한 인물조차도 예감할 수 있는 상황이었던 것이다.

그리하여 '사회' 영역에서 '격차'가 부활했는데, 이는 현실적인 '경제' 문제였지만 애초에 '문화' 영역에도 '평등'(요시모토 다카아키의 '중층적 비결정')은 부재했고 히에라르키에 대한 욕망만이 존재했다. 1980년대 시점에 이미 무의미한 '태그'였을 뿐인 '신인류'[1961~1970년생]와 '오타쿠' 사이에 상하 관계를 설정해 '차별'화하려는 욕구를 '신인류' 태그가 붙었던 쪽은 가지고 있었다. '신인류'와 '오타쿠'는 기호일 뿐이라는 의미에서 동등한 위치여야 했지만, 당시 나카모리 아키오[13]나 이후 미야다이 신지[14]는 상하 관계의 히에라르

---

11 PHP연구소가 발행하는 월간 논단지로 1977년에 창간했다. 일본의 대표적인 보수지다.
12 [원주] 오쓰카 에이지·후쿠다 가즈야,「선거 가기 전에 읽어라」,『Voice』2001년 8월 특별 증간호, PHP연구소.
13 나카모리 아키오中森明夫, 1959~. 일본의 칼럼니스트이자 평론가. 1983년 오쓰카 에이지가 편집장을 맡고 있던 잡지『만화 부릿코』칼럼에서 만화·애니메이션 팬에 대한 일종의 멸칭으로 '오타쿠'를 사용했는데, 이것이 '오타쿠'라는 단어를 현재와 같은 의미로 사용한 최초 사례다.

키를 설정해 양쪽을 차별화하는 데 얽매였다. 또 내가 쓰는 글을 두고 그런 것은 학문이 아니라고 아카데미즘 쪽에서 두들겨댔던 것 역시 마찬가지 현상이다. 그때 우리 세대 자체가 문화의 중층적 비결정을 견디지 못했던 것이다.

그렇기에 균질화된 기호의 집적이었을 뿐인 1980년대를 선구적으로 그렸다고 평가받은 다나카 야스오[15]의 『어쩐지, 크리스틸』에 만화도 애니메이션도 나오지 않는다는 데서, 그와 마찬가지로 도쿄 23구 바깥의 세이부신주쿠선[16] 선로 근방에서 나고 자라 아마도 가까운 소학교를 다녔을 나는 위화감을 느꼈다. 1980년대 당시 순문학이 아닌 SF 작가 레이 브래드버리의 책을, 즉 하기오 모토[17]와 애니메이션을

---

14   미야다이 신지宮台真司, 1959~. 일본의 사회학자. 수도대학도쿄 교수. 주요 저서로『교복 소녀들의 선택』,『끝없는 일상을 살아라』등이 있다. 1990년대 서브컬처와 오타쿠 문화에 대해 학자로서 많은 발언을 했다.

15   다나카 야스오田中康夫, 1956~. 일본의 소설가이자 정치인. 1980년 첫 작품인 소설『어쩐지, 크리스틸』을 발표하고 분게이상을 수상했다. 1991년 가라타니 고진, 나카가미 겐지 등과 함께 일본의 걸프전 참천에 반대하는 성명을 발표했다. 1995년 한신 대지진이 일어난 이후 자원 봉사 활동 등을 하면서 1998년부터 고베시의 공공사업 문제에 관심을 갖게 되었고, 2000년 나가노현 지사 선거에 출마해 당선되면서 본격적으로 정치인의 길을 걷기 시작했다.

16   도쿄 23구 내 지역의 서쪽 거의 끝인 신주쿠부터 서북쪽을 향해 사이타마현 가와고에시로 이어지는 사철私鐵(민간 기업의 철도) 노선.

17   하기오 모토萩尾望都, 1949~. 일본의 만화가. 1969년 데뷔해 다른 여성 작가들과 공동 생활을 하면서 1970년대 동안 이후 '쇼와 24년조'라고 불린 여성 만화의 새로운 무브먼트를 이끌었다. 대표작으로『포의 일족』,『토마의 심장』,『11인이 있다!』,『잔혹한 신이 지배한다』등이 있다. 참고로 '쇼와 24년조'는 쇼와 24년, 즉 1949년을

좋아하는 문학 소녀(요즘이라면 '부녀자'腐女子[18]라 할 법한) 취향이었던 책을 히로인이 '일부러' 삐딱하게 읽는 묘사를 보며, 이 소설이 수백 개의 주석을 달아 '수평적 차이'를 억지로 만들어 낸 소설이라 느꼈고 다나카 야스오란 인물도 어지간하다 생각했던 기억이 난다.

이와 같이 '히에라르키의 상실'을 견디지 못한 사람들은 결코 소수파가 아니었는데, 1950년대 말부터 1960년 사이 약 2년 정도 시기에 집중적으로 태어난 '오타쿠'와 '신인류' 세대도 히에라르키를 무심히 무너뜨리는 '오타쿠'와 '계급'을 사수하려는 '신인류' 양쪽으로 나뉘었던 것일 뿐이라고 지금은 생각한다. 실제로 이토요카도[일본의 대형 소매 유통점]의 티셔츠와 DC 브랜드[19]의 차이에 나 같은 사람은 아예 관심이 없었고, 그 시점에는 '오타쿠'가 오히려 더 포스트모더니스트였다고 할 수 있다.

전후해 출생한 일군의 소녀 만화가를 지칭하는 명칭이다. 하기오 모토 외에 오시마 유미코(1947년생), 야마기시 료코(1947년생), 아오이케 야스코(1948년생), 기하라 도시에(1948년생), 다케미야 게이코(1950년생) 등이 포함된다.

18   부녀자는 '야오이', 'BL'(보이즈 러브) 등 남성 사이의 연애를 다룬 소설이나 만화를 선호하는 여성 팬을 가리킨다. '부녀자'婦女子라는 단어에서 첫 글자를 같은 발음의 '썩을 부' 자로 바꾼 말장난에서 유래했다. 일본어 위키피디아에 따르면 1990년대 말부터 인터넷에서 사용되었고 대략 2005년을 전후해 널리 퍼졌다고 한다. 원래는 BL 팬들의 자기 비하적인 표현이었으나 지금은 BL 팬 자체를 지칭하는 용어처럼 사용되고 있다.

19   디자이너의 개성을 살린 패션 브랜드를 뜻한다. 1970년대 일본에서 기성복의 획일화 경향으로 패션 산업이 정체되자 1980년대 들어 패션 전문지와 대형 패션 매장을 중심으로 DC 브랜드 붐이 일어났다.

그렇게 생각해 보면 2000년대에 이르러 학생들이 의식하기 시작했다는 '스쿨 카스트'는 1980년대 말까지 진행된 '수평 혁명'에 대한 반동이라 할 수 있고, 동시에 신자유주의 경제를 배경으로 학교 밖에서 진행 중이던 재'계급'화가 불러온 두려움 혹은 예감에 대한 적응이었다고 해도 좋겠다.

사람들이 '수평적 차이'에서 안심을 얻지 못하고 히에라르키라는 '수직적 차이'를 통해 안심하게 되는 현실에서, 스쿨 카스트를 사회학적으로 분석하는 일과는 별개로 인간의 본질적 '야비함'을 발견할 수 있다. 내 세대는 도쿠가와 막부가 피지배자들이 지배층에 품은 불만을 피차별 부락部落[20]이라는 차별 대상을 제공함으로써 억눌렀다는 '설명'을 중학교 사회 수업 시간에 배웠다. 인간은 다른 인간을 낮잡아 볼 수 있기만 하면 계급에 대해서는 이의를 제기하지 않게 된다. 과거에 '문학'이 그런 욕구를 비판적으로 그린 적도 있으나(예를 들어 시마자키 도손[21]의 『파계』) 지금은 긍정적으로 반영하는 경향이 강하다. 바로 이 점이 스쿨 카스트 문학의 특징이라고 할 수 있다.

그렇기 때문에 아사이 료의 스쿨 카스트 소설 『내 친구 기리시마 동아리 그만둔대』(이하 『기리시마』)가 '획기적'이었던 것인데, 그 이전 스쿨 카스트 소설이 '상'과 '하'의 역전(즉 '계급 투쟁')을 주제로 삼았던 데 비해 이 작품은 계급에 대한 이의를 주제로 삼고 있지 않다. 카스트의 상하에 무심한 태

---

20   일본의 불가촉 천민 거주 지역. 흔히 '부라쿠'라고 부른다.
21   시마자키 도손島崎藤村, 1872~1943. 낭만주의 시인으로 활동하다가 『파계』 등의 소설을 발표하며 일본 자연주의를 대표하는 작가가 되었다.

도를 보이며 스쿨 카스트를 그대로 '감수하는' 학생들을 주로 그리고 있는 것이다. 마지막까지 작중에 등장하지 않는 스쿨 카스트 최상위 인물 '기리시마'가 농구부에서 모습을 감추고, 그 사실로 인해 학내 '상하' 관계가 흔들리게 된다는 플롯은 잘 알려져 있다. 하지만 내게는 카스트에서 사라진 인물이 이미 소설 속에 존재하지 않는다는 사실이 오히려 공포 소설처럼 느껴진다. 하지만 실제로 기리시마의 행방은 아예 문제가 되지 않으며, 소설의 모티프는 카스트 내에서의 지위 변화에 머문다. 예를 들어 기리시마가 '사라진' 뒤의 새로운 자기 포지션을 이런 식으로 고민하는 인물이 있다. 이 인물은 '상'에 속한다.

분명히 기리시마는 리베로고, 뭐 나도 리베로라서 팀 전체를 가장 잘 볼 수 있는 위치에 있지만,
"자세를 더 부드럽게 잡아. 평소보다 너무 반응이 느리잖아."
하지만 정말로 팀을 가장 잘 볼 수 있는 위치에 있던 것은,
"다른 때처럼 깡충깡충 코트를 뛰어다닌 다음에 자세를 잡아! 긴장 풀고!"
벤치에 있던 나였다.[22]

팀 내에서 기리시마 역할을 이어받게 된 '나'는 여기서 그렇지만 처음부터 자기가 기리시마보다 전체를 더 잘 보고

---

22 [원주] 아사이 료, 『내 친구 기리시마 동아리 그만둔대』, 슈에이샤, 2012[이수미 옮김, 자음과모음, 2013, 45~46쪽].

있었다고 말한다. 자신이 '위'였다고 스스로에게 말하는 것이다. '스쿨 카스트'도 결국은 '감정'이구나 싶기는 하다. 하지만 여기서 흥미로운 점은 어느 쪽이 '팀'이라는 전체를 보다 잘 부감할 수 있는 위치에 있느냐는 포지셔닝이 문제시되고 있다는 것이다. 즉 '학교'(이 경우에는 팀)라는 '카스트' 외부에서 특권적으로 그 안을 들여다볼 수 있는 위치를 취하려는 게임이 그려진 것처럼 보인다. 이것은 '스쿨 카스트'론에서 논의되는 '상하' 히에라르키와는 다르다.

'상'에 속하는 이들이 경쟁하는 포지션이 바로 '사회학자'의 포지션이라고 나는 생각한다. '현상'을 바깥에서 부감함으로써 당사자 입장이 아닌 자기를 입증하려는 욕구를 나는 1990년대 이후의 사회학이나 비평, 그리고 '논쟁'에서 강하게 느껴 왔다.

이와 같이 '스쿨 카스트'에서 '상'에 위치한 이들은 히에라르키의 상하를 따지는 것이 아니라 '상대화' 게임을 하고 있다. 이는 '부감' 능력이야말로 카스트 내에서 강자가 될 수 있는 조건이라는 일련의 스쿨 카스트론과도 일치하는 지점이다. 그러므로 『기리시마』에서도 '상하'를 '계급'으로 의식하는 것은 언제나 '하'에 속한 이들이다.

나는 누구보다 '상'이고 누구보다 '하'라는 것은 어쩐지 교실에 들어가자마자 바로 알 수 있다. 영화부에 들어갔을 때 다케후미는 나와 '동급'이라고 느꼈다. 그리고 우리 둘 다 '하'라는 걸 누가 말해 주지 않아도 이해할 수 있었다.[23]

---

23 [원주] 같은 책[86쪽].

이렇게 '스쿨 카스트'는 어디까지나 '하'에 속한 이가 일방적으로 품는 자의식으로 그려진다. 그리고 이러한 '하'의 모습은 그 행동을 '부감'하는 '상'에 속한 인물의 시점에서 그려진다.

얌전한 아이들, 아아, 더 이상 단어를 고르는 것도 귀찮네. 촌스런 애들은 매우 조심스럽게, "우린 우리끼리 조를 짤 테니까 괜찮아"라는 말을 하면서, 여섯 명이서 시선을 교환하며 무리에서 떨어져 나갔다. 아무래도 무리의 아이들과 떨어져 우리 네 명 그룹에 추가로 두 명만 들어오는 것은 싫겠지. 그야 그렇다. 나라도 그런 건 싫으니까. 체육 시간 내내 일부러 눈치를 보는 쪽을 택할 리가 있겠나. 아, 눈치 볼 일을 만들고 있는 건 우리구나. 그럴 생각은 없는데 말이지, 난.[24]

즉 이 소설이 그리는 것은 '스쿨 카스트'라는 시스템의 '상하'가 아니라, 누가 더 '외부'에 서느냐는 포지셔닝 게임을 '상'에 속한 학생들이 하고 있는 모습인 셈이다. 내가 이 소설을 읽고 받은 느낌이 지독히 나빴던 이유도 사실 이 '사회학'스러움에 있었다. 이런 사회학스러움 때문에 이 소설에서는 '스쿨 카스트와 그 내부에 있는 사람들'을 '부감'하는 캐릭터가 상위에 놓인다. 그리고 이것이 결국 작가의 위치를 결정하게 된다. '위'로 갈수록, '바깥'으로 갈수록 '관찰자'라는 특권성을 획득하게 되고, 최상위에는 '작가'라는 위치가

---

24   [원주] 같은 책[144쪽].

놓이는 것이다. 이는 창작론에서 자주 언급되는 '전지적 시점'이나 '관찰자 시점'과는 조금 다르다. 제도를 관찰하거나 부감할 수 없는 바깥으로 나간 기리시마가 작중에 그려져 있지 않은 것은 작가가 기리시마처럼 세계의 바깥으로 나가는 것을 소설가의 역할로 전혀 인식하고 있지 않기 때문이다. 작가나 작중 인물 모두가 세계의 안쪽에서 보다 우위에 서는 포지션을 취하려 하는 인상인 것이다. 작가는 스스로가 소설 속 세계에서 부감자로 카스트 최상위에 포지셔닝하고 있음을 조금도 의심하지 않는다. 그 태평스러움이 이 작가의 미덕인 것 같다.

그렇기에 이 스쿨 카스트 소설은 '부감'은 하지만 '제도'를 의심하거나 반전시키려 하지 않는다. 계급 투쟁이 존재하지 않는다. 소설은 카스트 '상'인 미소녀가 '하'인 영화부 소년에게 '말을 걸어 보자'고 결의하는 독백으로 끝을 맺지만 이 것은 '혁명'이 아니다. '상'의 인물이 '하'의 밑바닥 계층에게 말을 건다는 것, 감정 노동을 베푼다는 것은 나쁘게 말하면 황족과 서민의 관계인 셈이고, 황족 사람들에게 악의가 없 듯이 이 마지막 장의 히로인에게도 악의는 없다. 그녀는 그 선의를 이렇게 말할 뿐이다.

나는 『조제와 호랑이와 물고기들』을 좋아하고, 같은 반에도 그걸 좋아하는 애가 있어. 단지 그뿐이야. 그렇다면 말을 거는 편이 훨씬 더 재미있을 거야. 분명 재미있어질 거야. 그렇게 단순한 일인데 어째서 여태까지 나서지 못했을까.[25]

---

25 [원주] 같은 책[226쪽].

하지만 공주님의 선의로 사회 시스템이 바뀌는 일은 없다. 공주님이 가난한 사람들에게 말을 걸어 자기 세계를 아주 약간 넓히는 것일 뿐이다. 이처럼 이 소설은 시종일관 계급이 더 높고 부감하기 쉬운 입장에서 서술된다.

작가는 『누군가』라는 소설에서 무대를 고등학교에서 대학으로 옮겨 보다 '외부'에 서고자 하는 대학생들의 포지셔닝 다툼을 더더욱 '바깥'에서 부감하는 모습을 보여 준다.

너는 네 트윗을 너무 좋아하잖아. 자기 관찰과 분석은 최고로 날카롭다고 생각하잖아. 가끔씩 다시 읽기도 하고 그러지? 너한테 그 계정은 따스한 이불 같은 거야. 신경 안정제지. 버릴 수 있을 리가 없어.[26]

트위터에서 친구들을 비평적으로 부감하는 '나'를 그 위에서 다시 부감한다. 이렇게 더 바깥으로 향하려는 '상대화' 속에서 '독자'는 보다 우위에서 부감할 수 있는 포지션에 계속 동조하게 된다. 소설 안에서의 전지적 시점 쟁탈이라는 기묘한 동기가 이 소설을 지탱하고 있다. 그리고 이런 포지셔닝 다툼에서 단숨에 자기 긍정으로 전환하는 것이 아사이 료 소설의 특징이기도 하며 바로 거기서 '공감'이 생겨난다고 생각한다. 하지만 그는 '제도'를 의심하는 내색은 해도 부정하지는 않으며, '상'의 시점에서 글을 쓰기 때문에 애초에 '제도'의 해체를 원하지 않는다.

---

26 [원주] 아사이 료, 『누군가』, 신초샤, 2012[『누구』, 권남희 옮김, 은행나무, 2013, 277쪽].

이처럼 아사이의 소설에 결핍된 것은 '혁명'이라는 주제다. 물론 결핍된들 아무 상관없지만 말이다. 그런데 사실 이런 인상이 더 강했던 것은 이번 장을 쓰며 스쿨 카스트 논의의 토대로 삼으려 처음 읽어 본 스즈키 쇼의 『교실 카스트』였다. 아사이 소설의 '사회학스러움'과 스즈키가 사회학자로서 취하는 위치는 매우 비슷하다. 아무리 봐도 대학원생이 나름대로 잘 쓴 리포트(실제로 그렇기도 하다) 수준인 『교실 카스트』에서 스즈키는 자신의 책을 이렇게 정리한다.

이 책에서는 '이지메'라는 문맥을 벗어나 새롭게 학생들의 인간 관계에 초점을 두고 같은 학년 학생들 사이에 존재하는 생생한 서열 구조를 그렸습니다.
하지만 그처럼 생생한 서열 구조를 그리면서 지금 학교에서 생활하는 아동·학생이나 교사 개개인을 공격할 의도는 전혀 없었습니다.
다만 이대로는 곤란하다고 이 책의 집필을 통해 아플 만큼 깨닫고 있습니다.[27]

스쿨 카스트의 "생생한 서열 구조"를 그렸다고 자평하는 모습이 『기리시마』에서 팀 전체를 부감하고자 하는 농구부원과 닮았다. 아마도 젊은 독자들은 이 '자기 평가'에 위화감을 느끼지 않겠지만 나는 느낀다. 거기에 단절이 있다. 그리고 그는 누군가를 비판할 생각은 없다면서도 "이대로는 곤

---

27 [원주] 스즈키 쇼, 『교실 카스트』, 고분샤, 2012[김희박 옮김, 베이직북스, 2013, 246~247쪽].

란하다"고 말한다. 하지만 '곤란한' 것이 '시스템'이라고 언명하지는 않는다. 스쿨 카스트 안의 '교사'나 '아동·학생'에게 '개인적 공격'을 하려는 것이 아니라는 식의 말투는 오히려 은근히 그들 개인에게 문제가 있다고 하는 것처럼 보이기도 한다.

이 사회학자는 세 가지를 제언한다. 아무 말도 하지 않는 것에 대한 비판에 미리 답하고 있다는 점에서 실로 주도면밀하다. 물론 여기에도 악의는 없다.

그는 제안은 다음과 같다.

1) 학교에 있는 동안은 '감정을 컨트롤한다'(즉 참아라).

2) '학교와는 다르게 평가하는 곳'에 간다(그러나 구체적 예시가 성적이라는 '단순 평가'를 할 뿐인 '보습 학원'이다).

3) '아무 데도 가지 않는다'(즉 중학교나 고등학교를 자퇴해도 대안 학교에 가면 된다).

즉 '스쿨 카스트'라는 시스템을 정밀하게 분석한 끝에 '곤란하다'고는 생각하면서도, 이를 어떤 형태로든 해체하는 방책을 가설로라도 제언하는 것이 아니라, 제도는 그대로 둔 채 '개인' 차원에서 참든지 바깥의 학원에 가서 수험 공부나 하든지, 아무래도 '히키코모리가 돼라'고는 할 수 없으니 대입 검정 고시라도 보라는 식으로 '제도를 비판하지 않는 해결책'을 내놓고 있다. 말하자면 하위 카스트에 속한 이들에게 '감정 관리'를 요구하는 것이다.

이는 빈곤을 사회 시스템의 개선이 아니라 개인 스스로의 자구 노력으로 해결하라는 이른바 자기 책임론[28]과 동일한 구도다. 제도를 바꾸는 것이 아니라 자기 자신을 바꾸라는 실로 비사회학적 사고라는 점이 대단히 흥미롭다. '감정', 즉 마음을 어떻게 갖느냐에 따라 세상을 바꿀 수 있다는 식의 논리다.

스즈키는 자기 논리가 자기 책임론이라고 생각하지 않았을 것이다. 그렇지만 그가 하는 말은 학교라는 제도나 교사에 대한 제언도, '상위' 카스트에 대한 경고도 없이 그저 '하위'에 속한 이들에게 참는 방법을 가르쳐 주는 것에 불과하다. 그러나 중학교에서 참아 보더라도 카스트는 고등학교와 대학교까지 이어지고, '수험'은 더더욱 리얼한 카스트화 절차며, '대입 검정 고시'를 보라는 것은 사회 속 카스트에서 하위로 가라는 말밖에 되지 않는다. 현실적으로 검정 고시를 통해 얼마나 학력이 리셋되는가. 완전히 자기 책임, 자구 노력에 불과하지 않은가. 이것이 실제 '현실'일지라도 그런 현실을 '용인'하라는 말을 사회학자나 문학이 한다는 것에 나는 강력한 위화감을 느낄 수밖에 없다.

하지만 젊은 세대는 느끼지 않을 것이다.

예를 들어 방금 컴퓨터를 켰더니 '음악에 정치를 끌어들이지 말라'는 이야기를 담은 사이트 기사가 눈에 띄었다. 요새 음악은 정치가 담겨 있지 않은 록이나 포크나 랩이란 말

---

28 일본에서 유행한 용어. '자업자득'과 비슷한 의미로, 『신어新語 시사 용어 사전』(2015년 1월 26일)에 따르면 "자기 행동의 결과로 위기에 빠졌다면 스스로 책임을 져야 하는 법이며 타인에게 도움을 구해서는 안 된다는 논리에 기반한 사고 방식"이다. 특히 청년층과 서민층에 폭넓게 퍼져 있으며, 빈곤층, 난민, 재일 외국인, 위안부 피해자 같은 사회적 약자나 소수자가 겪는 어려움의 원인을 개인에게 돌리고 그 해결 역시 사회 복지적 접근이 아닌 개인적 노력으로 이루어져야 한다는 주장으로 나타나고 있다. 일부 서점에서는 이런 주장을 담은 서적이 추천서가 되기도 하는 등 나름대로 영향력을 발휘하고 있다.

인가, 하고 새삼 어이없어지기도 한다. 요즘 젊은이들에게 '체제를 의심하는 서브컬처'는 '악'인 듯하다. 그렇기에 일본의 대항 문화가 '체제'에 대한 저항이 아니라 '반체제'에 대한 카운터를 표방하는 것이다. 니코니코동화 같은 것이 전형적인 사례다.

이처럼 '스쿨 카스트'라 불리는 학급 내의 상하 관계는 '스쿨 카스트'라는 단어가 존재하지 않던 시절에도 소설 속에 그려져 왔다는 사실을 떠올려 보자.

「세븐틴」은 스쿨 카스트 문학이다

아사이 료의 '스쿨 카스트 문학'을 읽으면서 나는 오에 겐자부로[29]의 「세븐틴」을 떠올렸다. 사회당 위원장을 찔러 죽인 우익 소년[30]을 모델로 삼은 이 소설이 '반체제' 문화가 사라진 지금 과연 어떻게 읽히고 있는지는 제쳐 두고, 주인공 '나'

29   오에 겐자부로大江健三郎, 1935~. 일본의 소설가. 1958년 「사육」으로 당시로서는 최연소인 23세에 아쿠타가와상을 수상했으며 1994년에는 노벨문학상을 수상했다. 친구이자 사회파 영화 감독인 이타미 주조(1933~1997)의 여동생 이타미 유카리와 결혼해 아들 오에 히카리를 두었다. 장애를 가진 아들과의 관계는 그의 주요 테마 중 하나기도 하다. 덴노제와 핵 무기, 자위대 해외 파병 및 평화 헌법 9조 개정 반대 등 다양한 사회 운동에 참여했다.
30   1960년 10월 일본사회당 당수 아사누마 이네지로를 연설회장에서 살해한 극우 청년 야마구치 오토야(1943~1960)를 가리킨다. 야마구치는 고등학교 재학 시절 대일본애국당에 입당한 우익 운동가로, 친중국·친노조 성향의 사회주의자라는 이유로 아사누마가 연설하던 단상에 뛰어올라 단검으로 살해했다. 미성년자라 도쿄소년감호소에 수감되었는데 거기서 '덴노 폐하 만세'라는 유서를 남기고 자살했다.

가 다니는 학급의 시험 뒤 광경에 주의를 기울여 보자. 이것은 1960년대의 광경이지만 명문교에서는 이런 모습을 1970년대의 어느 시기까지도 쉽게 볼 수 있었다.

> 시험이 끝난 뒤의 교실은 그로테스크하다. 다들 고개를 숙이고 열심히 답안을 써낸 뒤라서 뺨이 홍조를 띠고 눈은 젖어, 마치 페팅을 한 것처럼 외설적인 표정을 짓고 있다. 그리고 매우 흥분하거나 의기소침해진다. 나는 의기소침해지는 쪽이다. 모두들 끼리끼리 모여 시험 결과에 관해 이야기를 나누기 시작한다. 그때도 나는 의자에 앉아 녹초가 된 채 고개를 숙이고 있었다. 우등생 아이들은 저희끼리 모여 냉정하게 대화하고 있었다. 나는 작년까지만 해도 그 그룹이었다. 하지만 지금은 거기에 끼어들 용기가 나지 않았다.[31]

여기에 존재하는 것은 '성적'이 아니라 '수험'이라는 게임에 얼마만큼 속물적인 태도를 취하고 어떻게 그 '제도'를 부감할 것인지의 투쟁이다. 하지만 잘 보면 『기리시마』가 그렇듯 현재의 '스쿨 카스트'는 처음 '반에 들어가자마자' 부여되는데, 이 작품에서는 최소한 계급을 둘러싼 '투쟁'이 존재한다는 것을 알 수 있다. 그리고 '나'는 그 '상' 위 그룹에서 탈락한 것이다. 학생들은 시험 문제에 관해 논평하는데 그것이 바로 이들 '투쟁'의 일부다. 얼마나 거북한 느낌인지는 직접 소설로 읽어 보기 바란다.

---

31 [원주] 오에 겐자부로, 「세븐틴」, 『성적 인간』, 신초샤, 1968 [『오에 겐자부로: 사육 외 22편』, 박승애 옮김, 현대문학, 2016, 220쪽].

그리고 물론 이 '상하' 포지셔닝에서 일부러 떨어져 나와 '상대화'를 시도하는 경우도 있다.

이 친구는 머리는 좋지만 성격이 특이하고, 또 그것을 항상 의식하면서 행동한다. 별명이 '신도호'新東宝[32]다. 다른 회사 영화를 절대 보지 않고, 에로·그로[33] 세 편 동시 상영만을 변두리 극장까지 쫓아다니기 때문이다. 때로는 지바현까지 찾아가기도 한다.[34]

별명이 '신도호'인 이 학생은 항상 야한 농담을 연발하는데 그런 행동 역시 보다 외부로 나가려는 '투쟁'이다. 이처럼 소설 「세븐틴」에서는 말하자면 '스쿨 카스트'의 '하'위로 떨어진 '나'가 느끼는 초조함이 그의 자의식이 되며, 그것을 호리에 다카후미[35]가 싫어하는 '묘사'라는 방식으로 그리고 있다. 아사이 료였다면 몇 줄 정도로 끝낼 번뇌가 문고본 열 쪽

---

32 신도호는 일본의 대형 영화사 도호의 노동 쟁의 과정에서 노동 조합을 탈퇴한 배우와 직원 들이 1947년 설립한 영화사다. 1960년대에 도산했으나 남아 있던 배급망을 바탕으로 '신도호흥업'이 설립되었고, 이후 '신도호영화'로 개명해(1964) 본격적으로 제작을 시작했다. 이때 제작된 영화들은 저예산과 단기 촬영을 바탕으로 대량 생산되는 성인 영화인 '핑크영화'였다. 이후 도에이와 닛카쓰 등 대형 영화사도 '로망포르노'라 불린 성인 영화의 제작·배급을 시작해 1980년대 후반까지 성인 영화 붐이 일었다. 이 시기에 이러한 장르를 통해 독립적이고 작가주의적인 성향의 감독이 다수 등장하기도 했다.

33 '에로틱'과 '그로테스크'의 일본식 약칭으로, 선정적이고 괴기스러운 장르를 가리킨다.

34 [원주] 같은 책[221~222쪽].

분량으로 그려져 있으니, 이 역시도 꼭 오에의 소설을 직접 읽고 확실하게 진절머리를 내 주면 좋겠다.[36]

아무튼 이 '신도호'는 어째서인지 '나'에게 흥미를 보이고는 이렇게 말을 걸어 온다.

> "'우파'의 사쿠라 한번 안 할래?"라고, 등 뒤에서 누가 다가오며 말을 걸었다.[37]

앞서 살펴본 스즈키 쇼의 '스쿨 카스트' 탈출법에 따르면 '나'는 학교 '바깥'으로 나가자는 권유를 받은 것이다. 그런데 그게 학원도 대안 학교도 아니다. '나'에게 들어온 권유는 우익 단체 당수의 연설장에서 능청스럽게 박수를 치는 '바람잡이' 역할이다. 그런데 여기서 '나'는 그 '바람잡이'와 에워싼 청중의 냉소 속에서 홀로 고함치는 우익 정당 당수에게 동조하게 된다. 그런 '나'에게 이런 말이 던져진다.

---

35 호리에 다카후미堀江貴文, 1972~. IT 기업 라이브도어의 전 CEO. 2005년 라디오 방송국 닛폰방송 주식을 대량 매수해 적대적 M&A를 시도했다. 닛폰방송은 규모가 매우 작지만 사실 대형 민영 TV 방송국인 후지TV의 최대 주주였기 때문에, 이 M&A는 사실상 후지TV 매수를 위한 움직임이었고, 이는 곧 '인터넷 기업의 TV 방송국 매수'로 해석되어 사회적으로 큰 뉴스가 되었다. 결과적으로 이 M&A는 실패했고, 호리에 다카후미는 2006년 증권거래법 위반 혐의로 검찰의 수사를 받은 끝에 2011년 2년 6개월의 실형 선고를 받고 수감되었다. 현재는 로켓 및 인터넷 관련 사업을 하면서 파워 트위터리언이자 집필가 및 방송인으로 활동 중이다. 만화 캐릭터 '도라에몽'에 빗댄 '호리에몽'이라는 별명을 갖고 있다.

36 [원주] 오에 겐자부로, 「세븐틴」, 『성적 인간』.

37 [원주] 같은 책[230쪽].

"저 사람, '우파'야. 저렇게 젊은데 말야. 직업 꾼인 거 아냐?" 확 뒤돌아보았더니, 나를 비난하던 세 명의 여사무원이 순간적으로 동요했다. 그래, 나는 '우파'다. 갑자기 격렬한 환희에 젖어 몸이 떨렸다. 나는 스스로의 진실을 깨달은 것이다. 나는 '우파'다! 나는 그 여자들 쪽으로 한 걸음 내디뎠다. 여자들은 서로의 몸을 껴안고 떨면서 작게 항의하는 소리를 냈다. 나는 여자들과 그 주위 남자들 앞에 버틴 채 그 모두를 적의와 증오를 담은 시선으로 노려보며 아무 말 없이 서 있었다. 그들 모두가 나를 쳐다보았다. 나는 '우파'다! 나는 타인들의 시선을 받으면서 당황하지도 않고 얼굴도 붉히지 않는 새로운 나 자신을 느꼈다.[38]

즉 '나'는 '우파'라는 이름을 얻음으로써 '좌파'에게 말하자면 깔보였다고 느낀다. 이 소설이 쓰인 당시 '우익'은 지금보다 훨씬 더 멸시받고 있었다. '깔보임'으로써, 즉 '카스트'의 하위나 히에라르키의 '바깥'으로 나감으로써 그는 오히려 '나'라는 존재의 근거를 찾아냈다. 스스로 카스트의 하위 혹은 바깥으로 나갔다는 자부심이 '나'라는 존재를 만들어 낸 것이다. 그러므로 우익 당수는 그것을 특권화하듯 '나'에게 이런 말을 한다.

사카키바라 구니히코는 이렇게 말했다. "너에게 우리의 사상을 집어넣는 것은 다 완성된 병에 술을 붓는 일과 다름없다. 그리고 네 병은 깨지지 않으니 이 순수한 미주美酒는 넘

38　[원주] 같은 책[238~239쪽].

치는 일이 없지. 너는 선택받은 소년이고 '우파'는 원래 선택받은 존재야. 곧 그 사실이 세상의 눈먼 자들한테도 태양처럼 확실히 보이게 될 거야. 그게 정의지."[39]

이와 같이 스쿨 카스트 바깥에 있는 히에라르키 중에서도 '최하위'에 위치한 '우파'를 선택함으로써 소년은 '선택받은 소년'으로 변화한 것이다. 오에가 여기서 그려 낸 것은 히에라르키 최하층의 존재야말로 히에라르키와 제도를 회의하고 반전시킬 특별한 위치에 있다는 참으로 그리운 '추억 속의' 혁명 사상이다. 이는 '우파'에게도 '좌파'에게도 다르지 않다.

게다가 '나'의 '우익' 입회는 결과적으로 스쿨 카스트 내에서의 지위를 비약적으로 상승시키게 된다.

내 회심은 학교에서 가장 극적인 성공을 떨치게 되었다. 수다쟁이 신도호는 내가 정식으로 황도파에 입회하게 되자 결국 자기가 황도파 안에서 그저 심정적인 동의자에 불과했다는 사실을 내게 들켰음을 깨닫고는 그 후 나를 위한 선전 담당이자 위인전 작가가 되었다.[40]

이렇게 우연찮게도 '스쿨 카스트' 내 계급 반전에 성공한 '나'는 계속해서 제도의 파괴자=혁명가로 '각성'하게 된다.

그러나 「세븐틴」이 스쿨 카스트의 반전을 통해 '나'라는

---

39 [원주] 같은 책[244쪽].
40 [원주] 같은 책[245쪽].

인물이 '우익'으로 각성할 뿐인 이야기라 여기는 것은 이 소설에 대한 정확한 이해가 아니다. '나'는 '우익'으로 성장하는 동시에 신체의 성장도 겪게 된다. 「세븐틴」은 '정신'보다도 '신체'의 빌둥Bildung을 더 강렬한 모티프로 삼는 작품이다. 이 시대의 '문학'에서 특권적으로 발견되는 '육체'에 대한 욕구는 오에와 동년배인 이시하라 신타로[41]에게도 공통적이다. 그리고 이를 일부러 지나치게 표출했던 인물이 바로 그들보다 연상인 미시마 유키오[42]였다.

'육체'는 예를 들어 다음과 같이 묘사되곤 한다.

나는 어른 성기의 포피가 벗겨져 발가벗은 검붉은 부분이 질색이다. 그리고 아이 성기의 풋내 나는 식물 같은 부분도 질색이다. 벗기려면 벗길 수 있는 포피가, 발기되면 장밋빛인 귀두를 부드러운 스웨터처럼 감싸면서 그걸로 열에 녹

---

41 이시하라 신타로石原慎太郎, 1932~. 일본의 소설가이자 정치가. 대학 재학 중이던 1956년 『태양의 계절』을 발표해 제34회 아쿠타가와상을 수상했다. 이 작품은 즉시 영화화되어 '태양족'이라는 유행어도 낳으며 인기를 모았다. 그 후로도 사회성 짙은 작품을 발표하다가 1989년 『NO라고 말할 수 있는 일본』을 소니 회장 모리타 아키오와 공동 집필해 미국의 비판을 받기도 했다. 1968년 참의원에 당선되어 정치가로 입문했고 이후 환경청 장관 등을 역임했다. 1999~2012년에는 도쿄 도지사로 재임했는데, 내각제를 택한 일본에서 도쿄 도지사 선거는 수도의 수장 선출이라는 의미 외에도 일본 내 최대 규모의 직접 선거라는 중요한 의미가 있으며, 이시하라의 4선 연임은 2019년 현재까지 최장 기록(공동)으로 남아 있다.

42 미시마 유키오三島由紀夫, 1925~1970. 일본의 소설가이자 극작가, 평론가. 『가면의 고백』, 『금각사』, 『우국』 등의 대표작이 있다. 1970년 일본 자위대의 궐기를 주장하며 할복 자살해 세계적으로 충격을 안겼다.

은 귀두지를 윤활유 삼아 수음할 수 있는 상태의 성기가 좋고, 그게 바로 나 자신의 성기다.[43]

푸르게 그늘진 희고 부드러운 포피에 감싸인 채 발기된 내 성기는 로켓탄과 같이 힘찬 아름다움으로 팽팽해졌고, 지금에야 비로소 깨달았지만 그걸 애무하는 내 팔에 근육이 생기고 있었다. 잠시 망연자실해져 갓 만든 고무막 같은 근육을 바라보았다. 내 근육, 진짜 내 근육을 잡아 본다. 기쁨이 흘러넘친다. 나는 미소를 지었다. 세븐틴. 시시하구나.[44]

물론 『기리시마』에서는 이런 식의 과도한 '신체' 묘사를 찾아볼 수 없다. 반면 오에가 그린 '나'는 본인의 신체가 '형성'되기 시작했으며 그것이 '우익'이라는 정신을 보충해 준다는 것을 깨닫는다. 즉 「세븐틴」은 정신과 신체의 빌둥을 그린다는 점에서 교양 소설적이다. 다만 그 '신체'가 한결같이 '남근'이니 '수음'이니 하는 것뿐이라는 점이 오에답다고 할 수 있다. 그러나 종이 문으로 '남근'을 내밀었다가 여자가 책인가 무언가를 던진 데서 유열愉悅을 느낀다는 이시하라 신타로의 『태양의 계절』 속 마조히즘에 비하면 오에 겐자부로가 훨씬 더 남성 원리적이라고 나는 『서브컬처 문학론』[45]에 쓴 바 있다. 이 '남근'의 빌둥스로만Bildungsroman[46]은 오

---

43 [원주] 같은 책[193쪽].

44 [원주] 같은 책[193~194쪽].

45 오쓰카 에이지, 『서브컬처 문학론』, 아사히신문사, 2004. 이 책은 에토 준의 '서브컬처로서의 문학'이라는 시점을 지은이가 독자적으로 이어받아 다시금 '서브컬처 측에서' 논한 비평서다.

에 겐자부로에서 무라카미 하루키로 이어지는 한심스러운 부분이기도 하다. 하지만 그것이 좋든 나쁘든 간에 빌둥스로만 요소가 아사이 료의 청춘 소설에는 결여되어 있다. 운동 능력도 성적도 스쿨 카스트 안에서는 처음부터 결정되어 있으니 '빌둥'이 성립하지 않는 것이다. 아사이 료의 소설은 교양 소설이 될 수 없는 '문학'에 속한다고 할 수 있다.

라이트노벨은 플랫폼을 회의할 수 없다

그러면 다시 한번 '아사이 료 이후'의 소설로 돌아가 보자. 라이트노벨[47] 투고 사이트에는 아예 '스쿨 카스트'라는 태그가

---

46 독일어로 일본에서는 '교양 소설', '자기 형성 소설' 등으로 번역된다. 주인공이 여러 체험을 통해 내면적으로 성장하는 과정을 그리는 소설을 말하는데, 독일 철학자 빌헬름 딜타이가 괴테의 소설 『빌헬름 마이스터의 수업 시대』를 비롯해 그와 비슷한 작품들을 이 용어로 지칭하면서 널리 알려졌다.

47 일본에서 생겨난 특정한 소설 장르를 가리키는 표현으로 영어 'light'와 'novel'을 합친 일본식 조어다. 서구의 청소년 문학Young adult fiction이 일본화되면서 '주브나일'이라는 SF 중심의 혼성적 장르가 만들어졌고, 거기에 1980년대 유행한 롤플레잉 게임의 영향으로 판타지 장르의 요소들이 도입되어 라이트노벨이 탄생했다고 할 수 있다. 주브나일의 대표작으로는 『크러셔 죠』(다카치호 하루카, 1977), 『뱀파이어 헌터 D』(기쿠치 히데유키, 1983), 『너무 멋진 재퍼네스크』(히무로 사에코, 1984, 한국어판은 『내겐 너무 멋진 그대』) 등을 꼽을 수 있고, 『시간을 달리는 소녀』(1967)를 비롯한 쓰쓰이 야스타카의 청소년 대상 작품도 주브나일 소설이라고 보는 경우가 있다. 1990년대에 한국에도 번역되어 인기를 끌었던 『은하 영웅 전설』(다나카 요시키, 1982)과 『로도스도 전기』(미즈노 료, 1988) 등은 '라이트노벨의 뿌리'라고 일컬어진다. 그 후 발표된 『슬레이어즈』(간자카 하지메, 1989), 『마술사 오펜』(아키타 요시노부, 1994) 등

있고, 아사이의 소설에서도 영화 동아리가 최하위 카스트였으며, 인터넷에서 '스쿨 카스트' 이미지를 검색해 보면 그 피라미드 가장 아래 '오타쿠'와 '부녀자'가 놓인다. 마찬가지로 라이트노벨계 스쿨 카스트 소설에서는 '학내 스쿨 카스트'를 일종의 무대로 설정하며, 나아가 주인공이 '오타쿠'나 '부녀자'기 때문에 항상 하위 카스트 시점을 취하게 된다.

라이트노벨 작가들을 얕보는 것이 아니라 오히려 높이 평가하고자 하는 말인데, 아사이 료의 카스트 문학이 '상위 카스트'를 위한 문학이라면 라이트노벨은 '하위 카스트'를 위한 문학인 것이다. 과거에는 상위 카스트에 위치한 사람들의 문학이 '전위적'으로 혁명에 매진했으나 이제 그런 의미의 '전위'는 존재하지 않는다. 앞서 살펴보았듯 상위 카스트의 문학은 스쿨 카스트에서 발생하는 문제를 '제도' 탓이 아닌 '자기 책임'으로 돌릴 뿐이다. 그렇다면 하위 카스트의 '문학'인 '라이트노벨'은 당연히 계급 '혁명'을 추구하지 않으면 안 된다.

이 초기 라이트노벨의 대표작이라 할 수 있다. 이런 작품들의 성공에 힘입어 일본의 주요 만화 출판사들이 1990년대 이후 라이트노벨 출간에 힘을 기울이게 되었다. 한편 한국의 매스컴과 장르 문학을 제외한 출판업계 일각에서는 가벼운 장르 소설, 나아가서는 웹소설도 그저 '가벼운 소설'이라고 생각해 뭉뚱그려 '라이트노벨'이라 지칭하는 경우가 있는데, 이는 엄밀하게 보면 적합하지 않은 표현이라고 생각한다(심지어는 중국의 번역어인 '경소설'을 무분별하게 가져다 쓰는 오류도 있었다). 한국에 라이트노벨의 명확한 정의가 있다고 하기는 어렵겠으나, 실제 라이트노벨 팬덤과 관련 서브컬처 커뮤니티 내에서는 분명하게 카테고리를 구분하고 있기 때문에 외부에서도 충분한 이해를 갖춘 후에 용어나 정의를 사용할 필요가 있다.

하지만 과연 그것이 가능할까. 이 에세이를 쓰고 있는 시점에 최신 스쿨 카스트 라이트노벨인 마쓰무라 료야의 『그저 그것만으로 좋았습니다』[48]는 그나마 작중 인물의 입으로 '스쿨 카스트'에 대한 '혁명'을 말한다는 점에서 흥미롭다. 「후기」를 보니 지은이가 사회학과 대학원생이어서 순간 『교실 카스트』의 저자가 소설을 썼나 싶었지만 소개에 따르면 열 살 가까이 어렸다.

먼저 확인해 두자면 이 소설은 '라이트노벨'의 틀을 지극히 충실하게 따르고 있다. 즉 무대가 '학교'인데, 책 띠지에 써 있는 '교실'이라는 한자를 '세카이'セカイ[49]로 읽도록 가타가나로 표기해 놓은 것만 보더라도 알 수 있듯 '닫혀 있는 학

---

48 마쓰무라 료야, 『그저 그것만으로 좋았습니다』, 김봄 옮김, 노블엔진, 2017.

49 세카이는 '세계'를 뜻하는 일본어인데, 원문에서 한자가 아닌 가타카나(보통 외래어나 강조어를 표기할 때 쓰인다) 'セカイ'로 표기한 경우에는 이른바 '세카이계'를 가리키는 것이므로 '세계'가 아닌 '세카이'로 번역했다. '세카이계'란 일본에서 2000년대('제로년대') 인터넷을 중심으로 한 오타쿠 문화 논의에서 자주 사용된 용어이다. 일본어 위키피디아에 따르면 세카이계는 "주인공의 개인적인 행동이나 성질, 대인 관계, 내면적 갈등 등이 일상 생활만이 아니라 세계 자체의 존속을 좌우한다는 설정"을 특징으로 하는데, 이런 작품이 『신세기 에반게리온』 이후 일본 애니메이션이나 만화에서 특히 많이 등장했다. 마에지마 사토시의 『세카이계란 무엇인가: 포스트 에바의 오타쿠 역사』(김현아·주재명 옮김, 워크라이프, 2016)에 따르면 명확한 용어 정의는 어렵지만 신카이 마코토의 애니메이션 「별의 목소리」, 타카하시 신의 만화 『최종 병기 그녀』, 아키야마 미즈히토의 라이트노벨 『이리야의 하늘, UFO의 여름』 등을 대표작으로 들 수 있다고 한다. 결국 일종의 유행어일 뿐 실체가 없는 용어라는 평가도 있지만, 2000년대 일본 서브컬처의 주요 경향 중 하나인 것은 분명하다.

교' 안이 이야기 속 세계의 전부다. 서술은 대화 중심이고 묘사가 적으며 캐릭터는 '말투'(예를 들어 남성 말투로 이야기하는 여성 캐릭터)에 따라 구분된다. 캐릭터를 '묘사'하는 대신 삽화로 그리는 것이 라이트노벨의 특징인데, 작중 인물의 자살이나 '이지메'로 시작되는 전반부 전개 와중에 실린 캐릭터 일러스트에 나는 위화감을 느꼈다. 그것은 작가가 묘사하지 않은 '신체'성을 소설에서 무의식적으로 읽어 내려 했기 때문일 것이다. 오에 겐자부로의 작품에서처럼 마스터베이션이나 페니스가 그려지는 건 아니지만, 이 소설에는 애니메이션풍 그림에서 아주 약간 일탈해 있는 부분이 한두 개 정도 있으니 각자 찾아보기 바란다.

이 작품은 잡지 『파우스트』[50] 이후 정착된 라이트노벨 스타일 중 하나인 미스터리 형식을 취하고 있다. 화자가 남동생을 자살로 몰아넣은 범인을 찾아가는 구성이며, '범인'은 미스터리 장르의 고전적인 금기 중 하나다. 줄거리도 교과서적인 이야기 구조를 취하는데, 화자의 일상이 무너지고 주인공이 미션에 참가하게 되며 멘토와 정보 제공자가 등장하는 조지프 캠벨[51] 스타일의 도입 구조를 가지고 있다. 화자가 두 사람인데 그중 한 명은 '혁명'에 실패하지만 끝에 가

---

50   오타 가쓰시(86쪽 주 9 참조) 1인 편집부 체제로 제작된 고단샤의 문예 잡지(2003~2011). '세카이계'와 미스터리에 '현대 판타지'가 조합된 내용, 혹은 '신전기'新伝綺라고 이름 붙은 장르가 주요 경향이었다. 소설을 중심으로 했지만 문예 비평에도 많은 페이지를 할애해 아즈마 히로키 등이 참가했다. 또 해외 문화에 관심이 많아 옮긴이 역시 외국인 필자로 한국 문화를 소개하는 칼럼을 기고한 바 있다. 일본 문예지로는 드물게 한국판(학산문화사, 2006~2009)과 타이완판, 미국판이 출간되기도 했다.

서 소녀와 인연의 끈을 만든다는 점도 '라이트노벨'이라는 장르의 특성에 부합한다. 주인공이 제도 앞에서 자기가 얼마나 무력한지 깨닫게 되는 결말에 대해서는 체제를 거역하는 것이 무의미하다는 네거티브한 해석도 가능할 듯하다.

하지만 그러면서도 주인공이 자기를 소외시키는 시스템을 '혁명'이라는 표현으로 부정하고자 시도한다는 점에는 주의를 기울여도 좋을 것이다. 반면 동시에 그것이 '혁명'의 좌절과 모성적 존재에 대한 회귀로 끝난다는 점에서, 즉 과거 비평가 야마시타 에쓰코[52]가 일본 근대 소설의 '전향'이란 어머니 무릎으로의 귀환일 뿐이라고 지적[53]한 바를 벗어나지 못한다는 점에서 최신 '전향 소설'이라 부를 수 있다는 것도 첨언해 두겠다.

이 소설은 한 소년을 자살로 몰아넣은 진상을 소년의 누나와 친구가 각자 추적하는 구성을 취하며 이 두 명의 1인칭으로 그려진다. 작중에서는 학교를 운영하는 제도가 바로 스쿨 카스트라는 식의 '설정'이 만들어져 있다. 작중 세계가 항상 '설정'이라는 사회적 시스템에 의해 통치된다는 점은 이 소설만이 아니라 라이트노벨 전체에 있어 한 가지 가능

---

51 조지프 캠벨Joseph Campbell, 1904~1987. 미국의 신화학자. 비교 신화학, 비교 종교학 등이 전문이다. 주요 저서로『천의 얼굴을 지닌 영웅』,『신의 가면』등이 있다. 지은이는『스토리 메이커』(선정우 옮김, 북바이북, 2013)와『캐릭터 메이커』(선정우 옮김, 북바이북, 2014)에서 영화 감독 조지 루카스가 영화「스타 워즈」를 만들면서 캠벨의 신화론을 참고했다고 지적하기도 했다.

52 야마시타 에쓰코山下悅子, 1955~. 일본의 문예 비평가이자 일본 고대사와 여성사 연구자.

53 [원주] 야마시타 에쓰코,『마더콤 문학론: 저주로서의 '어머니'』, 신요샤, 1991.

성이라 할 수 있겠지만 이 자리에서는 더 논하지 않겠다. 학교 안에서는 스쿨 카스트의 수치화, 즉 각 학생에게 등급을 매기고 점수를 채점하는 '인간력 테스트'가 벌어진다.

인간력 테스트는 두 종류의 질문으로 구성되어 있다.

"요즘 시대에 ○○에게 중요한 능력은 무엇이라고 보십니까? 다음 중 세 가지를 고르시오."

"같은 학년 중에서 ××를 가진 인물을 나열하시오."

이 두 종류다.

○○에는 리더, 상사, 인기인 등과 같은 단어가 들어간다. 리더에게 필요한 것은 무엇인가? 친구가 되고 싶은 사람은 무엇을 가진 사람인가? 문화제에서는 어떤 능력을 가진 사람이 쓸모 있는가? 장래에 직장에서 활약하기 위해서는 어떤 능력이 필요한가? 등이다.

그리고 ××에는 착함, 모범적 태도, 잘생긴 외모 등이 들어간다.

학생들은 각자의 이상형이나 그 이상에 맞는 사람을 답안지에 쓴다. '리더십에는 근면함, 착함, 카리스마', '우리 학년에서 가장 근면한 것은 가나코, 둘째는 다에코'라는 식으로. 마지막으로 그 전부를 점수화한다. 현재 학생들이 중요시하는 능력을 가진 인물일수록 고득점을 받는 셈이다. 학생 전원의 순위를 공표하진 않지만, 학생들은 자신의 순위와 점수를 직접 눈으로 확인하게 된다.[54]

---

54   [원주] 마쓰무라 료야, 『그저 그것만으로 좋았습니다』, KADOKAWA, 2016[김봄 옮김, 노블엔진, 2017, 13쪽]

이와 같이 학교를 운영하는 시스템 자체에 스쿨 카스트가 포함되어 있다고 설정하게 되면, 현실에서도 교사들이 스쿨 카스트라는 시스템을 나름대로 '활용'하고 있다는 연상을 불러일으킬 수 있음을 작가 자신도 사회학자인 이상 염두에 두었을 것이다. 그렇지만 다른 한편 사회학을 전공한 대학원생인 작가가 지금 살아가고 있는 대학 사회나 인터넷 플랫폼 역시 이러한 종합 평가 시스템을 '활용'해 운영되고 있다는 사실도 부인할 수 없다. 무엇보다도 이 소설이 투고된 '라이트노벨' 분야 자체가 이런 평가 시스템을 통해 운영되고 있다는 사실 역시 작가는 충분히 이해하고 있을 것이다. 그런 의미에서 '인간력 테스트' 설정은 '라이트노벨' 제도 자체에 대한 '비유'로도 읽힌다. 이 작품을 간행한 '전격문고'電擊文庫[55]는 그래도 '신인상'이라는 형식은 갖추고 있으나, '전격문고' 레이블의 발행처인 KADOKAWA 그룹은 소설 투고 사이트 '카쿠요무'ヵクヨム[56]를 운영하고 있다. KADOKAWA만이 아니라 출간되는 라이트노벨의 삽

---

55   지금은 KADOKAWA 그룹 산하에 들어간 구 아스키미디어웍스 출판사가 만든 라이트노벨 레이블이다. 청년층을 겨냥한 문고 레이블로 1993년부터 판타지 계열 작품 및 게임·애니메이션 '노벨라이즈'(소설화) 작품을 주로 출간했다. 1994년 신인상 '전격소설대상'(당시 명칭은 '전격게임소설대상')을 만들어 많은 인기작을 배출했는데, 특히 1997년 제4회 전격소설대상 대상작인 가도노 고헤이의『부기팝은 웃지 않는다』는 일본 라이트노벨의 흐름 자체를 바꾸어 놓을 만큼 큰 영향력을 발휘했다. 대표작으로는 시리즈 누계 발행 부수 1,000만 부를 돌파한『어떤 마술의 금서 목록』(가마치 가즈마),『소드 아트 온라인』(가와하라 레키) 등이 있으며, 대부분의 인기 작품은 애니메이션화·만화화 등 '미디어믹스'가 이루어지고 있다.

화 작가 대부분이 일러스트 투고 사이트에서 인기를 끈 사람 중에서 선발되곤 한다. 인터넷상의 '평가'를 기준 삼아 블로그나 투고 사이트를 통해 저자를 자동 선택해 수많은 출판물이 만들어지고 있는 것이다. 즉 '출판' 그 자체와 이 소설 속의 제도가 완전히 유사한 모습이라는 점은 두말할 나위가 없다. 이 소설이 정말로 '라이트노벨'이라는 제도, KADOKAWA라는 플랫폼 기업에 대한 '회의'에서 시작되었을지는 흥미로운 문제지만, 이 책을 간행한 편집자에게는 스스로를 의심하는 소설을 펴냈다는 자각이 없을 듯하다.

요즘은 소설의 결말을 밝히는 것이 무슨 윤리적 문제인 양 규탄받기까지 하지만(이는 '문체'나 '주제' 등 '과거'에 소설을 읽을 때 중점적으로 독해되던 포인트가 사라지고 오직 '결과'만 찾는 현재를 보여 주는 것이기도 하다), 아무튼 이 소설의 결말에서는 반 친구를 자살로 내몰았다고 지목된 동급생 한 명이 이러한 '제도'를 파괴하려고 '혁명'을 일으켰으나 오작동으로 좌절하고 심지어 본인이 사실 '제도'의 운영자에게 비호받고 있었다는 사실이 그려진다. 즉 '혁명'의 실패는 '상대화'의 실패로 그려진다.

사건의 '흑막'은 '혁명'에 실패한 소년에게 이렇게 말한다.

"거기까지 조사해 놓고 몰랐던 건가. 인간력 테스트를 파괴하면 어떻게 될까? 그렇게 하면 인간 관계가 편해질 것 같나? 그럴 리 없지. 현대 사회의 사람들은 평가 기준을 타인

---

56   KADOKAWA에서 2015년부터 운영 중인 소설 투고 사이트. 출판사가 직접 운영하기 때문에 KADOKAWA에서 출간되는 일부 라이트노벨 작품의 2차 창작 투고가 가능하다는 점이 특징이다.

에게 의존할 수밖에 없어. 조금만 공부하면 금방 이해할 수 있는 내용이야."[57]

"잔혹한 사실이지만 교육에는 항상 실패가 따르기 마련이지. 악몽이라 부를 만한 파탄도 몇 번이고 경험했네. 하지만 우린 한 번의 실패에 좌절하지 않고 그 경험을 양식 삼아 나아가지 않으면 안 돼. 기시타니 마사야, 그리고 스가와라 다쿠, 귀중한 데이터를 제공해 주어 고맙네. 이렇게 말하긴 좀 그렇지만…… 수고했어."[58]

이 같은 '제도' 측의 노골적인 '통고'에 '혁명'을 기도했던 주인공은 빌둥스로만의 실패를 간단히 인정한다.

어정쩡하다고 생각했을 것이다.
나는 성장하지 않았어.
마사야가 자살한 의미도 없어.
그런 것들은 나도 몰라.[59]

즉 '성장하지 않는다'는 이 나라 근대 소설의 선택을 충실히 따르는 결말임을 소년이 자기 입으로 말하는 것이다. 그런데 이 소설의 '소년'에게는 「세븐틴」의 '나'에게서 볼 수 있는 정신이나 육체의 빌둥에 대한 욕구가 희박한 듯하다. '성장'을 그다지 희구하지 않았음에도 불구하고 성장이 실패했

---

57   [원주] 같은 책[237쪽].
58   [원주] 같은 책[238쪽].
59   [원주] 같은 책[239쪽].

음을 스스로 발언하는 것이다.

그러나 마지막으로 고백하는 것은 '나'의 인정 욕구다.

조소해 줬으면 좋겠다. 멸시해 줬으면 좋겠다. 내 옆에만 있
어 준다면, 무슨 짓을 해도 상관없으니까.
나를 봐 주길 바랐다.
내 말을 들어 주길 바랐다.
어떤 내용이라도 상관없으니 '너'와 몇 번이고 말을 나누고
싶었다!
"내 소원은 그저 그것뿐이었는데……"[60]

이 작가가 얼마나 '사회학자'로서 자각을 가지고 이 단락
을 썼는지는 모르겠으나, 바로 이 부분에서 '나'라는 인물은
이러한 '인정 욕구'에 해당하는 '말'이야말로 근대에 투고 공
간으로 성립된 '소설'의 본질('언문일치'가 인정 욕구에 따라
문예지에 투고된 말의 군집으로서 이 나라 근대에 출현했음은
더 말을 보탤 필요도 없을 것이다)이며, 그것을 인터넷상에서
보다 가시화한 것이 '라이트노벨' 내지는 인터넷에서의 온
갖 말과 표현을 둘러싼 평가 시스템이라는 사실을 '긍정'하
고 있는 것이나 다름없다. '혁명'이라는 목표를 내세웠으나
좌절하고 오히려 '제도'를 긍정하게 되었다는 점에서 이 소
설은 앞서 말한 대로 잘 만들어진 '전향 소설'이라고 부를 수
있다. 당초 소설이라는 장르의 동기였던 '사회'에 대한 이의
제기라는 측면이 완전히 방기된 셈이다.

---

60 [원주] 같은 책[246쪽].

근대 소설이 '개인의 인정 욕구'로 지탱된다는 것은 메이지 시대의 투고 소설 이후 일관적으로 있어 온 문제다. 가와바타 야스나리[61]의 『이즈의 무희』에서 주인공이 '순례'를 떠나는 이유도 그러하다.

스무 살의 나는 스스로의 성격이 고아였던 탓에 비뚤어졌다고 엄격히 반성에 반성을 거듭한 후, 그 숨막히는 우울을 견디지 못하고 이즈로 여행 온 것이었다. 그렇기에 세상의 일반적인 의미로 나 자신이 좋은 사람처럼 보인다는 것은 더할 나위 없이 고마운 일이었다. 산등성이가 밝은 것은 시모다의 바다에 가까이 왔기 때문이었다. 나는 아까 받은 대나무 지팡이를 휘두르면서 가을 풀의 머리를 잘랐다.[62]

즉 '고아'라서 '성격'이 주눅들었기 때문에 어떻게든 스스로의 정신을 성장시키고 싶다는 교양 소설적 동기가 밑바탕에 있다. 마찬가지로 무라카미 하루키의 소설이나 에세이를 읽어 봐도 그가 가진 심적 결손이 기껏 '외동 아들이라는 것' 정도뿐이라는 사실이 연상되기도 한다. 그리고 나는 '사회'라는 존재를 필요로 하지 않는 이 나라에서는 '사회'가 성립

---

61   가와바타 야스나리川端康成, 1899~1972. 일본의 소설가로 『이즈의 무희』, 『설국』, 『산소리』, 『잠자는 미녀』 등의 대표작을 남겼다. 1968년 일본인 최초로 노벨문학상을 수상했다. 1972년에 자살했다고 알려졌으나 사고사라는 설도 있다. 국내에는 주로 노벨문학상 수상 작가로 알려져 있지만 소녀 소설 등 일종의 장르 소설도 집필한 바 있다.
62   [원주] 가와바타 야스나리, 『이즈의 무희』, 신초샤, 1950[『이즈의 무희·천 마리 학·호수』, 신인섭 옮김, 을유문화사, 2010, 38쪽].

되지 않음과 '몰아'로 귀환하는 내용을 그린 반교양 소설이 하나의 형식으로 확립되어 있다고 이미 여러 번 이야기했는데, 이 스쿨 카스트 라이트노벨도 그런 '전통'에 충실하다고 볼 수 있다.

그런데 이 '전향 소설'을 '성장하지 않는 빌둥스로만'이라는 계보에 같이 넣을 수는 있으나, 마찬가지로 '성장'이 실패한 결과로 주인공에게 주어지는 '신체'에 어떤 차이가 있는지를 『이즈의 무희』와 대비해 볼 필요가 있다.

'서생'은 무희의 신체를 손에 넣지 못하고, 그 대신 그녀와 같은 '가오루라는 이름의 구강 청결제'를 형에게 받는다. 그리고 무희의 신체 대신 서생이 얻은 것은 무엇인가. 『이즈의 무희』 마지막 부분은 다음과 같다. 서생은 이즈의 선착장에서 한 광부로부터 자식을 잃은 노파와 그 노파가 데리고 있는 아기 그리고 한 소년을 도쿄까지 데려가 달라는 간청을 받는다. 그리고 그 소년의 신체를 끌어안고 도쿄로 향하게 된다. 무희의 신체가 '소년'의 신체로 바뀐 셈이다.

바다는 어느 틈에 해가 졌는지도 모르겠지만, 아지로와 아타미에는 등불이 보였다. 추워서 몸이 떨리고 배가 고팠다. 소년이 대나무 껍질 포장을 벗겨 주었다. 나는 그게 남의 것이라는 사실을 잊은 듯이 김밥 등을 먹었다. 그리고 소년이 입은 학생 망토 안으로 기어들어 갔다.[63]

선실의 램프가 꺼져 버렸다. 배에 실은 생선과 파도 냄새가

---

63 [원주] 같은 책[45쪽].

강해졌다. 컴컴한 가운데 소년의 체온으로 따스함을 느끼며 나는 눈물이 흐르도록 내버려 두었다. 머리가 맑은 물이 돼서 주르륵 흘러넘치고, 그 뒤엔 아무것도 남지 않은 것처럼 달콤한 상쾌함이었다.[64]

이 묘사는 BL[65] 같은 것이 아니라 그가 미성숙한 자기 자신을 감싸 안는다는 표현으로 보아야 할 것이다. 반면『그저 그것만으로 좋았습니다』는 이렇게 마무리된다.

사요가 내게 부드러운 미소를 지으며, 끌어안아 줬다.
나는 그런 사요의 따스함을 느끼면서, 언제까지고 언제까지고 울었다.[66]

이렇게 비교해 보면 두 소설의 묘사가 생각보다 훨씬 더 유사하다는 것을 깨달을 수 있다. 하지만 결정적인 차이점은 [『이즈의 무희』에서] 미성숙한 자기 자신의 비유로서 소년을 끌어안은 것과 달리 [이 소설에서는] 성장하지 못한 자기 자신을 모성적 신체가 끌어안는다는 것이다.

사실 이 소설은 작중에서 매우 존재감이 없던 부모로부터 주인공이 해방되었다는 사실을 결말 중 하나로 보여 준다.

64　[원주] 같은 책[46쪽].
65　남성 캐릭터 간의 연애를 그린 만화나 소설 등을 가리킨다. '보이즈 러브'의 약어. 일본식 영어기 때문에 영문 표기가 정해져 있지는 않으며 'boy's love'나 'boys love' 등 다양한 형태를 취한다.
66　[원주] 마쓰무라 료야,『그저 그것만으로 좋았습니다』[246쪽].

하지만 이는 주인공도 인정하듯 '성장'이 아니다. 이 소설은 주인공 소년이 진정한 아버지('수'라는 이름으로 불리는 인터넷 상담 상대)나 '어머니'(흑막의 조카)를 바란다는 점에서 '가족 로망스'라 할 수 있다. 그리고 그런 주인공은 '흑막', 즉 작중의 상징적인 '부성'을 살해하지 못한 채 오히려 굴복하고, 또한 작중에서 '모성'을 대행하는 여성 캐릭터 품에 안긴다. 그러므로 이것은『이즈의 무희』보다 오히려 무라카미 하루키가『해변의 카프카』에서 '아버지 살해'를 다른 사람에게 대행시키고 '어머니'와 잘 뿐이었던 것과 매우 비슷하다고 할 수 있다.[67]

이때 소년이 무엇인가를 "들어 주길 바랐던" 상대는 '아버지'였지만 그는 들어 주지 않는 '아버지'에게 거부당하고 '어머니'에게 안긴다. 이 결말은 앞서 내가 결론으로 이미 제시했던 '어머니 무릎'으로의 전향 내지는 회귀일 뿐이라는 것이 명백하지 않은가.

소녀 소설, 즉 당시의 '라이트노벨' 격이었던『이즈의 무희』(다케히사 유메지[68]의 삽화와 함께 간행된)에서는 '나'를 안아 주는 존재가 달랐다는 것은 '성장하지 않는 빌둥스로만'이라는 형식에 대한 두 작가의 입장 차이에 따른 것이리라. 그리고 '끌어안은' 것과 '끌어안긴' 것의 사소한 차이도

---

67   상세한 설명은 오쓰카 에이지,『이야기론으로 읽는 무라카미 하루키와 미야자키 하야오』, 선정우 옮김, 북바이북, 2017, 3~4장을 참조하라.

68   다케히사 유메지竹久夢二, 1884~1934. 미인화를 주로 그린 낭만파 화가이자 시인. 아동 잡지 등의 삽화를 많이 그렸고 광고 미술 등 그래픽 디자인 분야에서도 활동했다.

'성장 거부'에 대한 비평적 거리의 차이라고 볼 수 있다. 적어도 오에 겐자부로와 이시하라 신타로 사이 정도의 '차이'는 충분히 있어 보인다. 오에는 오로지 '자위'를 하고 이시하라는 사실 여자에게 '안기는' 것이다.

이와 같이 사회학자가 쓴 『그저 그것만으로 좋았습니다』는 '스쿨 카스트'라는 제도 혹은 '소설이라는 제도'를 정확히 내다본 작품이지만 그 제도를 파괴하고자 시도하지는 않는다. 가와바타는 소설의 '구조'를 바탕에 두고서 그것을 '변형'시켰고, 말하자면 형식의 미학을 그야말로 형식주의자[69]답게 그려 냈다는 점에서 소설이라는 제도를 다룬 '작가'였다고 할 수 있다. 거기에 '그저 들어 주길 바랄 뿐인 작가'와 '소설이라는 형식을 잘 구사하는 전문가로서 작가'의 알기 쉬운 차이가 존재한다. 그리고 과거 이 나라의 문학자들은 전자로부터 후자를 향한 '성숙'의 길을 걸었다. 라이트노벨 작가를 포함한 현재의 소설 집필자들이 다시금 그 뒤를 따를지 아닐지는 그들 자신의 문제다.

이런 식으로 스쿨 카스트 문학을 개관해 볼 때 새삼 발견되는 공통점은 '사회학자적 입장'과 '제도에 대한 긍정'이다. 이것들이 의외로 현재 각 플랫폼에서 창작되는 문학의 특징 같기도 하다.

'문학'이 '문단'을 의심할 수 없듯 라이트노벨은 플랫폼을 의심할 수 없다. 그리고 『그저 그것만으로 좋았습니다』가

---

69 형식주의는 예술 작품의 내용보다 표현 형식에 더 가치를 둔다. 특히 1910~1930년대 러시아에서 일어난 문학 운동을 '러시아 형식주의'라고 하며, 이후 미술에서는 미래파, 입체파와 영향 관계를 갖고 사상사적으로는 구조주의에 영향을 미쳤다.

'제도'를 회의하는 이의 패배와 '나'라는 감정의 위무를 소설의 결말로 삼은 것에 대해, 이는 현재 이 나라에서 발화되는 목소리가 강자의 목소리, 승자의 목소리라는 사실과 관련된 문제라고 논지를 이어 나가야 할 것이다.

이제 소설이 평가 시스템의 서열 매기기가 되어 버린 이상 애시당초 하위(패자)는 상위(승자)가 될 수 없음을 입증하는 것이 소설의 역할이다. 따라서 거기서 논해지는 것은 기껏해야 승자가 패자에게 보내는 위로나 인정일 뿐이다.

이렇게 돌이켜 보면 현재의 '문학' 혹은 '말'이 '승자'의 것과 '패자'의 것으로 분류되고, 또 '패자'는 '패자의 언어'를 승자 앞에 바침으로써만 '승자'에게 인지되는 구도를 여러 곳에서 확인할 수 있을 것이다.

'패자의 문학'의 죽음

지금부터는 '소설'의 문제에서 벗어나 보겠다. 이 나라에서 지금 나오는 말들은 '승자의 언어'와 '패자의 언어'로 구분되고, 우리는 '패자의 언어'에 의한 고발에 귀를 닫고 있다. 오키나와 위안부, 재일 교포나 피차별 부락, 장애인 등을 '패자'라 형용하는 것이 부적절하다는 점은 충분히 알고 있으나, 이들의 '목소리'를 일부러 '패자의 목소리'라 칭하겠다. '약자'를 '패자'로 간주하는 암묵적 동의가 있는 것은 신자유주의가 결국은 사회 다원주의에 바탕을 두기 때문이다. 약자란 곧 '생존 경쟁'의 패자라는 것이다. 자기 책임론이 약자를 향하는 순간 약자는 곧 패자가 된다. 어느 쪽 목소리에 귀를 기울이는지에 따라 '승자'와 '패자'가 구분되며, 약자의 목소리를 들으려 하면 곧장 패자로 분류된다고 할 수 있다. 여기서 이러한 '약자의 목소리의 문학'이 전후 일본 문학사에서 얼마만큼 다양하고 풍요로웠는지 밝힐 시간은 없지만, 지금 그런 목소리를 들으려 하면 '좌익'이나 '매국노'라 매도되는 것이 현실이니 그렇게 매도당하는 문학을 당신이 용기 내어 집어 들면 될 따름이다.

그러나 지금 대부분 사람이 여러 의미에서 승자의 문학에 손을 뻗음으로써 강자 쪽에 가담하고자 한다. 베스트셀러나 '문학상' 역시 그러한 '가치'의 증명일 뿐이다. 이런 식의 '승자의 언어'에 귀의하고자 한 최신 사례가 히로시마에서 있었던 오바마의 연설에 이 나라 사람들이 보인 반응이다.

오바마의 연설이 그 어떤 정치적 비전도 제시하지 않고 그저 '이야기를 이야기한', 전혀 정치가답지 못한 것이었음은 굳이 더 말하고 싶지도 않다. 그러나 오바마의 연설 이후 『분게이슌주』 2016년 7월호 차례에 '오바마는 히로시마에서 나를 감싸 안아 주었다'라는 제목이 튀어나온 것은 역시 신경이 쓰인다. 미군 포로 피폭자를 조사한 이 '수기' 저자의 작업을 부정할 생각은 없다. 오히려 히로시마나 나가사키가 '피해자로서 일본'이라는 모습을 특권화시켜서는 안 된다는 점에서 중요한 수기라고 생각한다. 하지만 이 수기의 요점은 그러한 역사의 세부를 마주하려는 것이 아니다.

나는 말문이 막혔지만 작은 목소리로 답했습니다.
전해야 할 말은 그 밖에도 많이 있었습니다. 그렇지만 오바마 대통령이 내게 직접 위로의 말을 건넨 탓에 감정이 북받쳐 말을 이을 수 없었습니다. 식이 끝난 후 미디어에 "머릿

속이 새하얘졌다"고 말한 것도 그런 의미였습니다.

내 눈을 지긋이 바라보던 오바마 대통령과 나 사이에는 더이상 언어가 필요하지 않았습니다. 마음과 마음이 이어졌던 것입니다. 모든 것을 헤아린 대통령은 가만히 손을 내밀어 나를 감싸 안아 주었습니다. 더 이상 눈물을 억누를 수가 없었습니다.[70]

내가 말할 수 있는 유일한 것은 이제 '승자'에게 감싸 안기고, 인정받고, 눈물 흘리는 것으로 '패자의 목소리'가 변질되어 버렸다는 것이다. 『그저 그것만으로 좋았습니다』에서 '나'를 끌어안은 이는 스쿨 카스트 제도를 조종하는 흑막의 친족 여성이고, 그 속성은 선의로 가득 찬 '승자'인 오바마와 다르지 않다.

하지만 승자의 품에 안기고, 눈물 흘리고, 거기에 '마음'밖에 남지 않게 되었을 때, 이 나라 전후 문학의 한 영역이었던 '패자의 문학'은 확실히 죽어 버린 것이다.

---

70 [원주] 모리 시게아키, 「오바마는 히로시마에서 나를 감싸 안아 주었다」, 『분게이슌주』, 2016년 7월.

4장
라인은 문학을 바꾸었는가

라인이 가시화한 '문학'

라인 등 인터넷상의 언어가 만화의 말풍선처럼 표시된다는
사실이 나 같은 구세대에게는 흥미롭게 느껴진다. 라인 노
벨에는 아이콘으로 작중 인물을, 말풍선으로 대사를 표시하
는 형식이 있는데(〈그림 1〉), 이는 그림이 없는, 더 정확히 말
하면 배경은 없고 인물 그림과 말풍선만 존재하는 만화를
보는 것 같은 인상을 준다. 이 화면을 임의로 컷 분할해 보면
그대로 만화처럼 된다(〈그림 2〉).

　실제로 이것은 인터넷상의 새로운 만화 형식을 바로 연
상시킨다. 대화 중심으로 배경이 최대한 생략되고 캐릭터
는 아이콘적 역할에 가까우며 화면 구성은 평면flat이고 컷
과 컷의 접속 논리는 몽타주(영화적 수법)를 사용하지 않은
채[1] 세로로 스크롤되는 식의, 예컨대 코미코comico[2] 같은 비
출판사 계열 웹 코믹에서 중점적으로 채용되는 수법(〈그림

---

[1]　만화에 도입된 몽타주 기법과 영화적 수법에 관해서는 오쓰카
에이지, 『세계 만화 학원』, 선정우 옮김, 북바이북, 2016, 38쪽 이하
를 참조하라.
[2]　한국 자본이 일본에서 만든 인터넷 만화 플랫폼 기업.

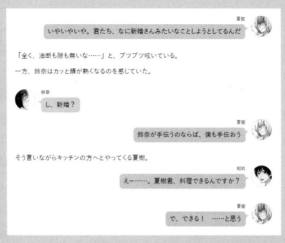

〈그림 1〉 사나다 하쓰네, 「93화: 너희, 무슨 신혼 부부 같은 짓을 하려는 거야!」, 『그 목소리, 유료인가요?』(http://novel.comico.jp/4102/99/) © さなだはつね/comico.

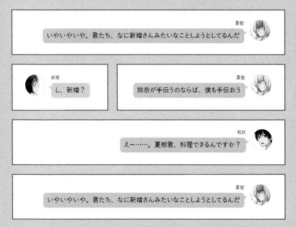

〈그림 2〉 위 〈그림 1〉을 지은이가 해석해 임의로 컷 분할 후 재구성한 모습.

〈그림 3〉 야요이 소, 「report95. 우리들 남자 고등학생」, 『ReLIFE』(http://www.comico.jp/detail.nhn?titleNo=2&articleNo=102) ⓒ 夜宵草/comico. 주식 회사 NHN코미코는 2016년 6월 23일 "comico, 전 세계 누적 2,000만 다운로드 돌파!"라고 발표했다(http://www.nhn-comico.com/press/index.nhn?m=read&docid=9801121).

3))은, 라인에서 '나'가 발화하는 '아이콘상의 대사'가 위에서 아래로 스크롤되는 느낌과 닮았다.

많은 인터넷 만화에서는 하나하나의 에피소드가 기껏해야 몇 페이지 이내(대개는 한 페이지)의 화제로 묶이고, 예를 들어 그 상위에 '이야기의 구조'라는 차원이 꼭 필요한 것도 아니다. 라인에서의 대화도 마찬가지라 내게는 이것들이 지극히 현실감 없는 캐릭터 사이의 대화처럼 느껴진다.

사망 사건이 생겼을 때 미디어는 갑작스런 죽음으로 대화가 도중에 끊긴 피해자의 라인 화면을 보여 주곤 하는데, 부적절한 발언이겠으나 이럴 때마다 나는 마찬가지 인상을 받는다. 이러한 아이콘의 불행한 '죽음'은 근대의 만화·애니메이션사가 기호로서의 캐릭터에 갑자기 죽음을 도입했던 찰나, 즉 내가 자주 인용하는 데즈카 오사무가 열여섯에 그린 습작에서 '만화 기호설'적 서식으로 만들어진 캐릭터가 기총 사격으로 갑작스레 죽음을 맞이했던 순간[3]을 연상시킨다. 당연하게도 아이콘의 배후에는 만화 표현상의 '죽음'과는 다른 현실 영역의 '죽음'이 존재한다. 나는 전후 일본 만화사에서 데즈카의 캐릭터가 '기호와 신체의 이중성을 살아간다'고 여러 차례 논했다. 하지만 이는 물론 만화 표현에 국한된 이야기였다. 그런데 여기서는 저 라인의 발신자가 봇bot[4]이 아닌 이상 그와 같은 이중성을 받아들일 수밖에 없다. 당

---

3 오쓰카 에이지, 『세계 만화 학원』, 39쪽의 〈그림 5〉(데즈카 오사무, 『유령 남자·승리의 그날까지』)를 참조하라.
4 '로봇'에서 따온 단어로 '인터넷 봇'의 약칭. 인터넷상에서 어떤 작업을 '자동적으로' 실행하는 소프트웨어 또는 인공 지능을 가리킨다.

장 라인 속 아이콘 간 대화가 현실의 육체 위로 월경한 몇 가지 사건을 떠올려 보라.

그러나 이와 같은 인터넷 대화의 서식이 소설까지 변화시킬 리는 없으리라는 반론도 충분히 가능하다. 이는 워드프로세서가 나왔을 때부터 시작된 논의고, 그 과정에서 가로쓰기[5] 형태의 소설 등 몇 가지 표층적인 시행 착오는 존재해 왔으나 그럼에도 불구하고 최종적으로 '소설', 그중에서도 '문학'에 속하는 것들은 흔들림 없다는 견해가 주류적 사고 방식 아니었는가. 워드프로세서도 퍼스널 컴퓨터도 '도구'에 불과할 뿐 그런 '문방구'의 변화가 문학에 변화를 일으킬 리가 없다는 주장이 '작가'라는 특별한 존재를 옹호하는 쪽에서 당연히 나올 것이다. 하지만 '쓰기'라는 행위가 인터넷이라는 새로운 환경에 적응하기를 요구받을 때 그것이 소설이든 문학이든 변화시키리라는, 적어도 변화시키려는 압력으로 작용하리라는 생각을 한 번쯤은 해 봐야 하지 않을까.

물론 그 변화란 구세대 창작자들이 '가로 쓰기'나 '이모티콘' 같은 인터넷 언어를 모방해 '젊은이들의 언어'를 글 속에 차용하는 것을 의미하지 않는다. 더불어 인터넷 환경에서 자라 소설 같은 것(부정적인 의미로 쓴 것이 아니다)을 쓰기 시작한 세대의 소설에서는 너무나 자명해 눈에 잘 띄지 않

---

5 일본의 책은 세로 쓰기가 기본으로, 잡지나 일부 서적에서 가로 쓰기 편집을 채용하기도 하지만 특히 소설은 거의 대부분 세로 쓰기로 되어 있다. 그러나 영미권에서 만들어진 인터넷은 자연스럽게 가로 쓰기를 기준으로 잡았기 때문에 일본에서도 인터넷 문장은 가로 쓰기가 기본이 되었다. 그 때문에 인터넷을 통해 발표되는 웹소설에서도 가로 쓰기를 쓰는 사이트가 많아졌다.

는 문제일지도 모르겠다. 애초에 구'문학'과 인터넷상의 소설 같은 것은 '전혀 다른 것'이라고 구별함으로써 '문학'에 대한 변화 압력을 없는 것처럼 만들 수도 있다. 그러려면 '문학'에 발생한 변화를 '문학' 안에서 설명할 수 있기만 하면 되니, 요즘 소설에서의 '묘사 소멸 문제'에 대해서도 능수능란한 비평가가 문학사 안에서 정합성 있는 이유를 만들어 줄지도 모르겠다.

하지만 그 '압력', 적어도 '알력'이 존재함을 우리가 확인하기는 그다지 어렵지 않다. 예를 들어 '문호메신저'라는 웹 서비스가 있다. 아오조라문고[6]에 망라된 근대 소설을 라인 서식으로 표시하는 앱인데 소개 기사에는 이렇게 나온다.

라인에서 친구들과 메시지를 주고받는 것처럼 아오조라문고 소설을 읽을 수 있는 것이 '문호메신저'입니다. 짧은 마디로 된 대화 부분이 자기와 작가의 발언처럼 표시되기 때문에 마치 문호와 직접 대화하는 듯이 이야기가 전개되고, 왠지 일반적인 소설보다 술술 읽히는 느낌도 듭니다.[7]

예를 들어 기사에 인용된 〈그림 4〉를 보면 다자이 오사무 아이콘이 '대화' 부분을 말풍선 위에 표시해 주고 있다. 소설의 서술부를 작가의 '대화'처럼 표시하고 그 밖의 다른 작중

---

6   저작권이 소멸된 작품을 인터넷상에 공개하는 전자 도서관. 미국의 '프로젝트 구텐베르크'와 유사하다.
7   [원주] 「아오조라문고의 소설을 문호와 라인으로 대화하는 것처럼 읽을 수 있게 해 주는 '문호메신저'」(http://gigazine.net/news/20140904-msgr-novel/).

〈그림 4〉 '문호메신저'의 대화 부분(http://
msgr-novel.herokuapp.com)

대사를 독자의 코멘트처럼 말풍선 안에 표시한다. 각 대사
별로 작중 인물 각자의 아이콘을 따로 만들어 주는 기능은
없지만(언젠가는 가능하리라), '묘사가 없는 만화'라는 형식
으로 '문학'을 변환시켰다는 말이다. 인용한 소개 기사에서
"일반적인 소설보다 술술 읽히는"이라고 설명한 부분도 주
목해 보자. 이런 '읽기 편함'은 호리에 다카후미가 주장하는
'읽기 편함'과 정확히 일치한다.

그러므로 이 앱은 '일반적인 소설'(아오조라문고를 데이터
베이스로 하는 만큼 결국 '근대 문학' 전반을 망라한다고 이해
해도 될 것이다)의 '읽기 불편함'도 노골적으로 가시화한다
(〈그림 5〉). 기사에서는 이 그림을 "대화가 없는 파트에 들어
서면 본 적도 없을 만큼 긴 안내 메시지가 표시"된다고 설명
하고 있다. 이렇게 직접적인 형태로 보여 주면 이런 장문이
라인에서는 "본 적도 없는" 문장임을 납득할 수밖에 없다.

メロスは、また、よろよろと歩き出し、家へ帰って神々の祭壇を飾り、祝宴の席を調え、間もなく床に倒れ伏し、呼吸もせぬくらいの深い眠りに落ちてしまった。眼が覚めたのは夜だった。メロスは起きてすぐ、花婿の家を訪れた。そうして、少し事情があるから、結婚式を明日にしてくれ、と頼んだ。婿の牧人は驚き、それはいけない、こちらには未だ何の仕度も出来ていない、葡萄の季節まで待ってくれ、と答えた。メロスは、待つことは出来ぬ、どうか明日にしてくれ給え、と更に押してたのんだ。婿の牧人も頑強であった。なかなか承諾してくれない。夜明けまで議論をつづけて、やっと、どうにか婿をなだめ、すかして、説き伏せた。結婚式は、真昼に行われた。新郎新婦の、神々への宣誓が済んだころ、黒雲が空を覆い、ぽつりぽつり雨が降り出し、やがて車軸を流すような大雨となった。祝宴に列席していた村人たちは、何か不吉なものを感じたが、それでも、めいめい気持を引きたて、狭い家の中で、むんむん蒸し暑いのも怺え、陽気に歌をうたい、手を拍った。メロスも、満面に喜色を湛え、しばらくは、王とのあの約束をさえ忘れていた。祝宴は、夜に入っていよいよ乱れ華やかになり、人々は、外の豪雨を全く気にしなくなった。メロスは、一生このままここにいたい、と思った。この佳い人たちと生涯暮して行きたいと願ったが、いまは、自分のからだで、自分のものでは無い。ままならぬ事である。メロスは、わが身に鞭打ち、ついに出発を決意した。あすの日没までには、まだ十分の時が在る。ちょっと一眠りして、それからすぐに出発しよう、と考えた。その頃には、雨も小降りになっていよう。少しでも永くこの家に愚図愚図とどまっていたかった。メロスほどの男にも、やはり未練の情というものは在る。今宵呆然、歓喜に酔っているらしい花嫁に近寄り、

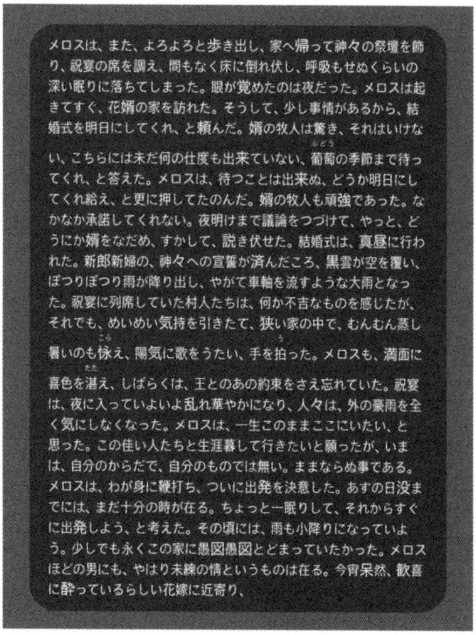

〈그림 5〉'문호메신저'의 장문 묘사 부분

이런 '장문'은 서적 형태에서는 흔한 긴 문장일 뿐이고 '읽기 불편함'을 느끼지도 않을 것이다. 그러나 이렇게 라인으로 표시된 순간 나조차도 그 '읽기 불편함'을 실감하게 된다.

얼마 전에 트위터의 글자 수 제한이 140자에서 10,000자로 바뀔 것이라는 관측 기사가 인터넷에 돌았다. 부정적인 반응이 많다가 결국 개편이 이루어지지 않았는데, 라인에서 장문 '묘사'가 이렇게 된다는 것을 보니 나도 그 거부 반응을 생리적으로는 공유할 수 있었다. 확실히 읽기 귀찮을 것 같다. '읽는' 행위의 생리적 리듬을 라인으로 형성한 독자가 소설을 포함한 '언어'의 독자 중 일부를 이루고 있는 만큼, 이러한 생리는 당연히 '문학'에 변화를 요청하는 압력이 될 수밖

에 없을 것이다.

이 '문호메신저'에는 다른 앱과 마찬가지로 '추천' 표시가 있는데, 거기에는 '추천 작품 리스트(대화가 많은 것)'라고 쓰여 있다. 즉 라인 독자의 '생리'에 맞추어 아오조라문고 내의 근대 문학이 재선택되고 있다는 말이다. 이 작품들은 한층 더 호리에 다카후미적인 소설이라고 할 수 있겠다.

참고로 기사 속 화면에서 "대화가 많은" "추천 작품"으로는 미야자와 겐지[8]의 『주문이 많은 요리점』, 나카지마 아쓰시[9]의 『산월기』, 유메노 규사쿠[10]의 『도구라마구라』, 아서 코난 도일의 『빨간 머리 연맹』, 하야시 후미코[11]의 『시타마치』, 우미노 주조[12]의 「30년 후의 도쿄」, 다야마 가타이의 『소녀병』, 가사이 젠조[13]의 「부랑」이 있었다. 도대체 지금까

---

8   미야자와 겐지宮沢賢治, 1896~1933. 일본의 동화 작가이자 소설가. 대표작 『은하 철도의 밤』은 한국에서도 애니메이션으로 유명한 「은하 철도 999」의 '상상력의 근원'이라고 일컬어진다. 그 밖에도 『주문이 많은 요리점』, 『첼로 켜는 고슈』 등 다수의 동화와 소설을 창작했다. 법화경 신앙과 전통 농경 문화에 기반해 창작을 했다.
9   나카지마 아쓰시中島敦, 1909~1942. 일본의 소설가. 한문학과 서양 문화, 일본적 유미주의에 기반한 창작으로 평판을 얻었으나 33세의 나이로 요절했다. 『산월기』 역시 중국 고전에서 제재를 취한 작품이다.
10   유메노 규사쿠夢野久作, 1889~1936. 일본을 대표하는 SF, 환상 문학 작가. 대표작으로 『소녀 지옥』, 『도구라마구라』 등이 있다. 일본의 우익 정치 집단 겐요샤의 거물 스기야마 시게마루의 아들이기도 하다.
11   하야시 후미코林芙美子, 1903~1951. 일본의 소설가. 여성 문학가로서는 드물게 1931년 혼자 조선과 시베리아를 거쳐 파리까지 여행하면서 기행문을 일본 잡지에 보내 연재했다. 1937년 난징 전투(난징대학살의 계기가 된 중일전쟁의 전투)에 신문사 특파원으로 파견되기도 했다.

지의 문학사나 문예 비평에서 이 소설들을 하나의 카테고리에 담았던 문학관이 있었을까, 아마 없지 않았을까. 그런데 라인은 '읽기 편함'이라는 심미 기준에 따라 이 소설들을 이어 읽을 만한 소설로 선택하고 표시해 준 셈이다. 그렇게 앱의 형태를 취한 '비평'이 그런 비평 따위는 인정할 수 없다고 할 구세대의 생리와는 별개로 이미 존재하며 기능하고 있음을 알 수 있다. 이런 식으로 근대 문학사 가운데서 무엇이 읽혀 나갈지가 선택된다면, 그것이 '문학'에 변화를 요구하는 (반복하지만 그 요구가 좋다 나쁘다 하는 말이 아니다) 억압으로 작용한다는 사실을 인정하지 않을 수 없다. 이렇게 독자들이 '라이트노벨'이 아니라 하야시 후미코나 가사이 젠조를 읽고(이 점에서는 '문학'을 읽지 않는 사람들에 의해 '문학'이 쓰일 것이라는 에토 준의 절망에 찬 걱정이 의외로 회피될 수도 있겠다) 그러한 근대 문학의 재독해나 재계승(내가 일관되게 반복해 온 주장이지만 지금 인터넷에서 일어나고 있는 현상은 근대 문학사를 처음부터 새로 쓰는 것이다)을 진행해 갈 가능성이 있다. 그 작업에 구'문학', 문단적 '문학'이 참가할지 여부(꼭 인터넷에 대응해 변화해야 한다는 것이 아니라 우리가 근대 문학 자체를 처음부터 새로 쓰고 있는 것이라는 문제 의식을 공유할지)는 각자의 선택이다.

---

12 우미노 주조海野十三, 1897~1949. 일본 SF의 시조 중 한 명으로 불리는 소설가. 1928년 탐정 소설로 문단에 데뷔한 후 태평양전쟁 이전까지 다수의 군사 과학 소설을 발표했다. 1941년 해군 종군 작가로 영장을 받아 남태평양 순양함 '아오바'에 승선한 바 있다.

13 가사이 젠조葛西善蔵, 1887~1928. 일본의 소설가. 1912년부터 본격적으로 활동한 작가로 본인의 경험에 기반해 가난과 곤궁을 진솔하게 그린 사소설을 주로 집필했다.

나카가미 겐지가 살았던 소설의 끝

이렇게 생각해 볼 때 비로소 나카가미 겐지[14]가 만년에 '극화 원작'[15]으로 집필한 『남회귀선』의 문학사적 의미가 명료해진다. 『남회귀선』은 가라타니 고진[16] 등이 편집한 『나카가미 겐지 전집』(전 15권)에 수록되지 않았는데, 내가 『남회

14 　나카가미 겐지中上健次, 1946~1992. 일본의 소설가. 1965년 도쿄에 상경해 문학을 목표로 했고, 1968년 알게 된 가라타니 고진에게 미국 소설가 윌리엄 포크너를 추천받아 큰 영향을 받았다. 결혼한 후 하네다 공항 화물 하적 등 육체 노동에 종사했고, 1976년 『곶』으로 아쿠타가와상을 수상했다. 그의 소설 다수는 일본 혼슈 남단 태평양에 면한 기슈 지역의 구마노를 무대로 한 토착적인 세계관을 공유하는데, 이 작품들을 '기슈 사가'라고 통칭한다. '피차별 부락' 출신이기도 하다. 자기 출신지인 피차별 부락을 '로지'路地(골목)라 칭하며 작품에서 자주 다루었다. 나카가미의 작품은 가라타니 고진이나 하스미 시게히코에게 높이 평가받았고 뉴아카데미즘과 연관된 발언도 많이 했다. 미국 등 세계 각지를 방문해 장기 체류하기도 했는데, 1978년 판소리 등의 취재를 위해 한국을 방문한 이후 서울에 체재하며 김지하 등과 교류한 바 있다.

15 　주로 성인 취향의 사실적 그림체와 진지한 내용으로 전개되는 만화를 '극화'劇畵라고 부른다. 참고로 일본 만화계에서 '원작'이라는 명칭에는 두 가지 의미가 있다. 우선 만화나 소설이 먼저 나와 있고 나중에 그 작품을 애니메이션이나 영화로 영상화했을 때 영상화의 바탕이 된 작품을 '원작'이라고 부른다. 다른 하나로 만화 작품에서 작가명이 '원작: 나카가미 겐지, 만화: 다나카 아키오' 같은 식으로 표기되는 경우가 있는데, 이때의 '원작'이란 그림을 그리고 연출한 만화가와 별도로 '스토리 작가'가 있다는 뜻이다. 이 경우 '원작'은 보통 시나리오 형태를 취하거나 '콘티' 형태로 만들어진다. 한국에서는 '원작'이라는 단어의 이 두 가지 의미를 잘 구분하지 못해 오해하는 경우가 있는데, 여기서 나카가미가 『남회귀선』 원작을 썼다는 말은 후자의 의미며 소설 『남회귀선』이 별도로 존재하지는 않는다.

귀선』을 자비 출판한 뒤 편집 위원 중 한 명에게 그것이 '극화'에 대한 차별 의식 때문은 아니라는 해명을 메일로 받았으나, 그렇다면 나카가미 겐지의 이 '시도'를 비평적으로 받아들일 만한 축이 그들에게 (혹은 '문학'에) 존재하지 않음을 오히려 고백한 셈이 된다.

여러 번 다룬 바이므로 여기서는 요약만 하겠는데, 나카가미 겐지는 이 극화 원작을 '소설' 형식으로 집필했다. 하지만 당연한 귀결이겠으나 극화화를 유일한 목적으로 한 소설을 쓰게 되면 소설 안의 묘사, 예컨대 '비유'를 포함하는 표현은 극화로 시각화되는 순간 의미를 잃게 된다.

툭 하고 종이가 떨어진다.
꾸깃꾸깃 구겨진 종이가 뒹군다.
줍는 손.
종이를 펼친다.
도쿄의 지도.
민들레 솜털처럼 지도의 구겨진 자국이 솜털처럼 보인다.
도쿄의 지도를 쥔 손가락. 지저분한 손톱의 검지가 움직인다.[17]

---

16   가라타니 고진柄谷行人, 1941~. 일본의 사상가, 문예 평론가. 1969년 발표한 나쓰메 소세키 평론으로 제12회 군조 신인문학상을 수상하며 문예 비평가로 데뷔했다. 1970년대 이래 하스미 시게히코와 함께 일본 사상사에서 중요한 역할을 했고, 1980년대 '현대 사상 붐'(뉴아카데미즘)의 기반을 닦았다고 평가받는다. 잡지『비평공간』을 주재하며 아즈마 히로키 등 신진 비평가를 발탁하기도 했다. 대표 저서로『반문학론』,『일본 근대 문학의 기원』,『비평과 포스트모던』,『트랜스크리틱』,『근대 문학의 종언』등이 있다.

나카가미는 이 '원작' 서두의 한 문장에서 갑자기 "~처럼"
이라는 단어를 두 번 쓰는 실수를 저질렀다. 하지만 이 부주
의한 실수는 "민들레 솜털처럼" 작중의 "지도의 구겨진 자
국"을 묘사하기가 극화의 기술로는 불가능함을 예견하는
것"처럼" 읽힌다. 이 원작에서는 그가 기슈 사가에서 특권화
한 작품 무대의 고유명이 자아내던 '묘사' 역시 필요하지 않
다. 풍경 묘사는 산이나 해안선 같은 극화 배경으로 대체된
다. 반면 '마이크 타이슨', '양귀비' 같은 캐릭터 '이름'이 상징
하듯 작중 인물 하나하나가 '아이콘화'되고, 더불어 이야기
론적으로 말하자면 '귀종'에 해당하는 주인공, 그리고 흑막,
원조자, 증여자, 여신 등 프로프[18]나 캠벨적인 캐릭터(행위
자)[19]의 단순한 속성만이 두드러지는 느낌이다. 요모타 이
누히코[20]가 지적했던 대로 만년에 나카가미가 보인 "스테

17　[원주] 나카가미 겐지, 『남회귀선』, 가도카와학예출판, 2005.
18　블라디미르 프로프Vladimir Yakovlevich Propp, 1895~1970. 러
시아/소련의 민속학자이자 예술 이론가. 대표작인 『민담 형태론』
(1928)이 1958년에 영어로 번역되면서 세계적인 인지도를 얻었고,
이후 구조주의의 선구적 존재로 인정받았다.
19　귀종은 민속학자 오리구치 시노부(261쪽 주 1 참조)가 제시한
개념인 귀종 유리담을 지시하는 표현이다. 주인공이 특별한 혈통,
즉 '귀종'이지만 어떤 상황으로 인해 부모나 고향과 멀리 떨어져 자
라는 이야기를 귀종 유리담이라고 한다. 오이디푸스나 헤라클레
스, 혹은 늑대 젖을 먹고 자랐다는 로마 건국 신화의 로물루스와 레
무스 등이 이에 해당한다. 이에 관한 상세 및 프로프, 캠벨적 캐릭터
와 관련된 이야기론은 지은이의 『스토리 메이커』와 『캐릭터 메이
커』 등을 참조하라.
20　요모타 이누히코四方田犬彦, 1953~. 일본의 비교 문학자, 평론
가. 대표 저서로 『만화 원론』, 『아시아 속에서의 일본 영화』 등이 있
고, 한국 문화에도 밝아 『서울의 풍경』, 『아주 좋아하는 한국』 등 관
련서를 여럿 집필하기도 했다. 영화와 만화 등 대중 문화가 학계의

레오타입화"[21]는 "구조밖에 없는 이야기"[22]를 철저히 지향해 문학으로 구현한 결과기도 하지만, '문장' 수준에서 일어난 현상은 캐릭터의 아이콘화, 묘사의 소멸, 말풍선용 대화 등 라인이 소설에 요구하는 적응 방식과 매우 닮아 있지 않은가.

구체적인 사례를 하나 들어 보자.『남회귀선』에는 나카가미의 초기 작품「다케오와 미쓰코」한 장면이 그대로 유용되어 있는데, 그 두 장면의 '묘사'를 대비해 보면 '묘사의 후퇴' 문제를 쉽게 알 수 있다.

"죽었어."

나는 이 괴롭기 그지없는 울림을 지닌 말의 의미를 순간적으로 이해하지 못하고 다시 물어보았다.

"네 친구 미쓰코와 다케오는 아까 죽었어. 그것도 치사량의 세 배나 되는 수면제를 먹고."

이렇게 말한 경찰관은 내 얼굴을 바라보며 따뜻한 침을 삼켰다.

나는 당황스러웠다. 경찰관의 말과 "돈이 50만 정도 모이면 남쪽 지방에 가서 작은 배를 사서 놀 거야"라고 말했던 다케오의 얼굴 사이의 단층을 이해할 수 없었다.

주목을 받기 전부터 관심을 두었으며 문학과 연극, 음악, 미술, 여행 등 폭넓은 분야를 다루었다.

21 [원주] 요모타 이누히코,『귀종과 환생: 나카가미 겐지』, 지쿠마학예문고, 2001.

22 [원주] 오쓰카 에이지,『이야기론으로 읽는 무라카미 하루키와 미야자키 하야오』, 가도카와쇼텐, 2009[선정우 옮김, 북바이북, 2017].

경찰관을 향해 다시 한번 물어보려고 했지만, 말이 목구멍에 걸려 나오지 않았다. 다케오와 미쓰코가 죽었다. 어째서? 치사량의 세 배나 되는 수면제를 먹고. 어째서? 답이 없는 질문이 뇌 세포의 주름 하나하나를 휘돌아 간다. 눈물이 천천히 흘러나와 눈동자를 덮었다.

"젊은데……" 원장이 말했다.

열여덟 살인 다케오와 미쓰코. 청춘을 살아가는 또래인 우리. 젊은 다케오. 어째서? 다케오와 미쓰코는 치사량의 세 배나 먹고 죽었을까? 아직 젊은데?

원장실 한가운데 멍하니 서 있는 나를 원장은 바라보았다.

경찰관은 "괜찮은 세상인데"라고 중얼거리며 의자에 걸터앉아 담배를 물었다.

원장실 안에는 시간이 멈춰 있다. 움직이지 않는다. 모든 것이 멈춰 있다.

"현대에 대한 반항이란 것일까요……" 원장은 확연한 비웃음기를 띠고 중얼거렸다.

나는 나 자신이 가진 슬픔을 이해할 수 없었다. 여자 아이처럼, 그것도 사춘기의 로맨틱한 감상으로 뒤덮힌 여자 아이처럼 나는 눈물을 흘리고 있다. 죽는 게 별 거 아니라고 생각하던 두 사람이었다는 건 나도 안다. 하지만, 정말로 죽었다는 것은, 모르겠다.[23]

지나가 다케시의 얼굴을 들여다본다. "그 애는?" 다케시가

---

23   [원주] 나카가미 겐지, 「다케오와 미쓰코」, 『열여덟 살, 바다로』, 슈에이샤, 1977.

묻는다.

지나, 가만히 바라본다. "그 애는?" 다케시, 지나가 답하지 않으니까 일어나려고 한다.

준 "죽었대." 다케시 "죽었다고?" 준 "응" 하고 바라본다.

"배고파"라고 다케시는 말한다. 다케시는 냉장고에서 우유를 꺼내 마신다. 빵을 먹는다.

"어째서 마리안느, 죽은 건데?"

"이젠 싫어진 거지. 재미있는 일이 아무것도 없으니까."

"거짓말인 줄 알았어."

"거짓말 아냐." 지나는 ◎의 유언을 떠올린다.

길을 가는 센타로. 뒤를 쫓는 준과 지거.

인파를 벗어났을 때쯤 둘은 센타로를 놓친다.

센타로, 어쩔 줄 모르는 두 사람을 구석에서 몰래 보고 있다.[24]

'문학'으로 쓰인 전자와 비교해 '극화 원작'인 후자에서 '묘사'가 명백히 줄어든 것을 알 수 있다. 극화 원작에서는 인물 표정이나 동작, 심리의 묘사가 거의 소멸되어 있다. 예를 들어 「다케오와 미쓰코」에서 "경찰관"이 "의자에 걸터앉아 담배를 물었다"는 묘사는 그것을 바라보는 "나"의 심정을 반영한 것이다. 하지만 "다케시는 냉장고에서 우유를 꺼내 마신다"라는 『남회귀선』의 문장은 단순히 동작을 설명하고 있을 뿐이다. 작중 인물에 관련된 묘사 대부분은 캐릭

---

24 [원주] 나카가미 겐지, 『남회귀선』.

터를 그릴 극화가에게 맡겨지기에 나카가미가 개입할 수 없었던 것이다. 애시당초 극화를 포함해 시각 미디어는 작중 인물의 아이콘화를 요구한다. 이는 애니메이션, 극화, 실사 등으로 구분 짓는 '외관상의 리얼리즘'의 층위와는 무관하다. 이는 에이젠시테인[25]이 배우가 등장 인물 '답게' 연기하는 것보다 딱 보기에도 프티부르주아인 공장주, 아주 가난해 보이는 늙은 농부 등 등장 인물의 '겉모습'으로 꾸민 아마추어를 카메라 앞에 두는 편이 더 리얼리티가 높다는 '티파주'typage[26] 수법을 확립한 시점에 이미 명백해진 결론이다.

'티파주'로 아이콘화된 '아마추어'에게 연기를 요청하지 않듯 아이콘화된 작중 인물은 묘사를 필요로 하지 않는다. 즉 『남회귀선』은 문학에서 극화로 월경함으로써 문학을 '문학'답게 해 주던 기법 대부분을 포기한 셈이다. 소설이 라인으로 월경할 때 발생할 변화를 예견했다고도 할 수 있다.

이와 같이 나카가미 겐지는 지난 세기 말미에 앞으로 닥쳐올 소설의 운명을 미리 살아 보았던 것이고, 요즘 마구잡이로 남발되는 '탈구축'이라는 용어는 자폭이라고도 할 수

---

25   세르게이 에이젠시테인Sergei Mikhailovich Eisenstein, 1898~1948. 소련의 영화 감독. 러시아제국 치하의 라트비아에서 태어났다. 1925년 발표한 대표작 「전함 포툠킨」(영어식으로는 「전함 포템킨」)으로 영화 이론에서 매우 중요한 연출법으로 손꼽히는 '몽타주 이론'을 확립했으며, 그 후에도 1944~1946년의 「이반 뇌제」 3부작(3부는 미완)으로 몽타주 이론을 집대성했다. 할리우드에도 영향을 미쳤고, 반대로 할리우드를 방문한 에이젠시테인은 월트 디즈니나 찰리 채플린과 친구가 되었다고 한다.
26   '유형으로 분류하다'라는 의미의 프랑스어에서 유래한 용어다. '전형화'라고도 번역되며, 몽타주 기법을 사용함으로써 전문 배우가 아닌 일반인에게서도 표현력을 이끌어 낼 수 있음을 뜻한다.

있는 나카가미의 이런 소설 행위에 대해서나 간신히 사용될 수 있는 것이라고 나는 그리운 마음으로 회상한다.

작가라는 아이콘

그건 그렇고 '문호메신저'가 다자이 오사무 등 근대 문학가들의 아이콘이 '발화'하는 모습을 표시하는 것은, 산유테이 엔초[27]의 라쿠고를 모범으로 삼은 후타바테이 시메이[28]의 언문일치체 시도에서 근대 문학의 문체가 성립되었다는 이 나라 문학의 초창기 풍경을 떠올리게 한다. '문호메신저'가 근대 문학을 작가가 '이야기해 주는' 것처럼 표시할 수 있는 것은 연단 위에서 들려주던 이야기를 문학으로 변환시킨 데서 근대 소설이 시작된 이상 어떤 의미에서는 당연하지 않을까. 즉 '문호메신저'는 뜻하지 않게도 근대 소설 속에 '이야기하는 것'과의 호환성이 내재되어 있음을 드러낸 셈이다. 이는 앞으로 '비평'이 '앱'과 같은 형태를 취할 수도 있다는, 말하자면 '비평'의 미래 형태를 암시하는 듯하기도 하다.

---

27 산유테이 엔초三遊亭圓朝, 1839~1900. 에도 시대 말기부터 메이지 시대까지 활동한 라쿠고落語가. 라쿠고를 중흥시킨 인물로 유명하다. 후타바테이 시메이는 산유테이 엔초의 라쿠고 구연口演 필기를 참고했고 그것이 메이지 시대 언문일치 운동에도 큰 영향을 미쳤다고 평가된다. 이로 인해 '현대 일본어의 시조'로 받아들여지고 있다(일본어 위키피디아 참조).

28 후타바테이 시메이二葉亭四迷, 1864~1909. 일본어 위키피디아에 따르면 1887~1891년 언문일치체로 집필한 사실주의 소설 『부운』으로 일본 근대 소설의 시조가 된 인물이다. 쓰보우치 쇼요의 추천으로 평론지 『소설 평론』을 발표했고, 러시아 문학도 다수 번역했는데 특히 이반 투르게네프 단편 번역이 유명하다.

그러면 이 후타바테이의 '언문일치' 속에서 무슨 일이 일어났던 것일까. 다시 한번 확인해 보려 하자 편리하게도 아오조라문고에서 그의 「나의 언문일치의 유래」라는 글을 즉시 스마트폰으로 불러올 수 있었다. 그가 산유테이 엔초의 "라쿠고를 그대로" 씀으로써 언문일치체를 만들어 낸 것을 회상하는 단락이 바로 다음처럼 나왔다.

언문일치에 관한 의견이라, 그런 대단한 연구는 아직 해 본 적 없으니, 그냥 한 가지를 참회해 보고자 한다. 그것은 내가 맨 처음 언문일치를 썼던 유래 — 라기도 거창하지만, 즉 글을 쓰지 못하겠으니까 그렇게 할 수밖에 없었다는 자초지종의 전말이다.

벌써 몇 년이 되었는지도 모를 만큼 오래된 이야기다. 뭔가 하나쯤 써 보고 싶다는 생각은 하고 있었지만 원래부터 문장력이 없어서 어떻게 해야 할지 알 수가 없었다. 그래서 쓰보우치[29] 선생님을 찾아가 무엇부터 시작해야 할지 이야기하다 보니, 자네는 엔초의 라쿠고를 알지 않는가, 엔초의 라쿠고를 한번 그대로 써 보는 건 어떻겠냐고 하더라.[30]

여기서 후타바테이는 자기 문장력이 떨어진다며 '해학'을 보이지만 사실 이 점이 중요하다. 즉 기존의 문학 형식, 문체

29　쓰보우치 소요坪内逍遥, 1859~1935. 일본 최초의 소설론인『소설신수』(1885~1886)를 지었고, 또 일본 최초로 셰익스피어 전집(전 40권)을 번역해 유명하다. 다수의 소설과 희곡을 집필하기도 했다.
30　[원주] 후타바테이 시메이, 「나의 언문일치의 유래」,『문장세계』, 1906년 5월.

를 제대로 다루지 못하는 '아마추어'를 위한 근대 문학의 문체로 만들어진 것이 바로 언문일치체라는 사실을 우리는 완전히 잊어버리고 있다는 말이다. 종래와 같은 '문체'를 쓰지 못하는 사람을 위해 근대 소설이 만들어진 것이기 때문에, 후타바테이가 '언문일치'의 발생에 관해 스스로 말한 이 글을 호리에 다카후미의 묘사 불필요론과 겹쳐 볼 수 있는 것이다. 오해가 없도록 분명히 하자면 호리에 다카후미와 후타바테이 시메이를 동격으로 평가하겠다는 것이 아니다. 하지만 현재의 문학이 근대 문학 시기 언문일치 운동의 '재시도'라는 점에서 양자가 '같은 말'을 할 수밖에 없는 것은 당연한 귀결이다.

그렇기에 후타바테이는 "성어와 숙어"는 전혀 "채택하지 않고" "미문美文적인 것의 포함을 배제하고자 했다"면서 과거의 '문학'에 내재되어 있던 '낭비'를 배제했다고 공언한다. 즉 한문이나 와카和歌,[31] 소로문候文[32] 같은 과거의 '문학'에 정형화되어 있던 '묘사'를 배제한 것이다. 그런 의미에서 다음 단락은 매우 흥미롭다.

일본어로 쓸 수 없는 한자어는 무엇도 쓰지 않는 것이 내 규칙이었다. 일본어 중에서도 이미 쓰이지 않게 된 고어의 보조어 같은 것들은 언어로서의 역할을 다 끝냈다고 보아 쓰

31　일본 고대부터 이어져 온 전통 정형시.

32　일본어에서 사용되는 문어체의 일종으로, 중세부터 근대에 이르도록 오래 사용되었으나 현대 일본어에서는 거의 사멸했다. 문장 끝에 정중한 의미로 사용되는 조동사 '소로'候를 두기 때문에 소로문이라고 불린다

지 않는다. 어디까지나 요즘 언어를 사용하고, 자연의 발달에 맡기며, 마침내 꽃 피워 열매 맺기를 기다리고자 한다. 지나문支那文이나 화문和文을 굳이 섞어 쓸 필요가 없다고, 인간이 사사롭게 마음대로 할 수 있는 일이 아니라고 생각했기에, 괜한 수고를 했다.[33]

이 이야기를 아름다운 일본어를 부흥시키자는 논지로 이해할 만큼 어리석은 이는 없으리라 생각하지만, 여기서 '한자어'에 대비되는 '일본어'는 말하자면 '보편적인 언어'라는 의미로 사용된 것임을 유의할 필요가 있다. 후타바테이는 동시에 '미문의 배제'를 말했는데, 이는 야나기타 구니오가 '국어'에서 미문을 배제하려 한 것(야나기타 구니오는 아름다운 일본어를 지켜야 한다고는 한마디도 안 했다)과도 겹쳐 보인다. 구'문학'의 정형화된 '문체' 속에서는 '한자어'를 일본어로 바꿀 수 없다. 즉 '의미'로 바꿀 수 없다는 말이다. 이 '전달되지 않음'에 대한 철저한 부정이 '언문일치'를 향한 후타바테이의 동기였다. 그가 상상했던 '일본어'는 아마도 무라카미 하루키의 전달되기 쉬운 인공적인 일본어와도 닮은 부분이 있으리라. 그가 의도한 일본어는 표준어가 아니라 영어로 변환해도 의미가 통하는 일본어기 때문이다.

호리에 다카후미나 '문호메신저'가 요구하는 '알기 쉬움'은 분명 한편으로는 읽는 이의 지적 태만을 반영한 것이다. 하지만 다른 한편으로는 근대 소설의 기원이기도 했던, [사람들에게] '도달하는 언어'를 구체화하려 한 사회 운동으로

---

33 [원주] 같은 글.

서 언문일치 '운동'을 '문학'이 아니라 웹 애플리케이션이 대행하고 있는 이 사태에 관해 한 번쯤 생각해 볼 필요가 있지 않을까.

아무튼 '문호메신저'는 근대 소설에 내재되어 있던 '이야기하기'의 문제와 '묘사'의 관계를 의도치 않게 '비평'했다. 그리고 그 순간 근대 소설이 만들어 낸 것에서 '묘사'가 사라지는 것과는 대조적으로 '이야기하는 이'로서의 작가가 다시금 가시화되는 상황이 분명해졌다. 다자이 오사무의 얼굴이 아이콘으로 표시된 순간, 우리는 지금까지보다 명료하게 '작가가 소설을 이야기해 준다'는 사실을 재발견하게 된다. 작가란 캐릭터와 같다는 너무나도 당연한 진실을 재인식하는 것이다.

　구세대 혹은 문학 수호에 필사적인 사람은 이런 식으로 라인 대화처럼 표시되는 문학에 큰 위화감을 느낄 것 같다. 하지만 작중 인물을 아이콘으로 표시하는 것이라면 그렇게 깜짝 놀라지는 않을 것이다. 인터넷에는 무라카미 하루키의 『스푸트니크의 연인』, 『신의 아이들은 모두 춤춘다』를 비롯한 '문학'을 미소녀 게임(텍스트를 '읽는' 것이 주요 형식인 게임)[34]으로 변형시켜, 작중 인물을 '모에'萌え[35] 캐릭터로 만들

34　주로 미소녀가 등장하는 것을 마케팅의 중심으로 삼는 컴퓨터 게임을 일컫는다. 국내 일본 서브컬처 팬층에서는 '에로 게임'과 동일시되기도 하지만 '미소녀 게임'이라고 지칭할 때는 전 연령 대상 게임까지 포괄하는 경우가 많다. 1990년대 PC의 대중화와 함께 텍스트를 중심으로 하되 미소녀 캐릭터의 일러스트를 첨가하는 '비주얼 노벨' 형식의 미소녀 게임이 유행하게 되었다.

어 놓은 패러디도 존재한다(〈그림 6〉). 하지만 '문호메신저'
가 캐릭터로 아이콘 표시를 하는 것은 작중 인물이 아니라
'작가'다. 그 점에서 근대 문학에 매우 비평적이라고까지 말
할 수 있다.

나는 아라이 모토코[36]가 애니메이션 캐릭터를 연상시키
는 1인칭으로 소설을 쓰기 시작한 것을 '캐릭터 소설[37]의 시
작'으로 보았다. 그런데 동시에 그런 캐릭터 소설과 작가의
사생활을 그린 것으로 여겨지는 사소설이 사실상 '동일'하
다는 점도 계속 지적해 왔다. 그리고 쓰게 요시하루[38]나 아
즈마 히데오[39]의 '사소설'풍 만화를 1인칭 '나'로 문장화했을

---

35 '싹이 튼다'는 의미의 단어인데, 오타쿠 문화에서는 애니메이
션, 만화, 게임 등의 캐릭터에게 강한 매력을 느낀다는 의미로 사용
된다.

36 아라이 모토코新井素子, 1960~. 일본의 소설가. 1977년 고등학
교 2학년 때 SF 신인상에 입선하면서 데뷔했으며 1980년부터는 코
발트문고 등에서 '주니어 소설'(주브나일)을 냈다. 작품에 동시대
젊은이들의 구어 표현을 적극적으로 도입한 것이 특징이며 '라이
트노벨의 원조'로 평가받기도 한다.

37 지은이가 『캐릭터 소설 쓰는 법』(김성민 옮김, 북바이북, 2005)
등에서 사용한 표현. 이후 '라이트노벨'이라는 단어가 더 널리 쓰이
게 되었지만, 지은이는 '캐릭터에 중점을 두는 소설'(따라서 일러스
트가 중요하게 여겨진다)이라는 의미에서 이 표현을 사용했다.

38 쓰게 요시하루つげ義春, 1937~. 일본의 만화가. 18세이던 1955
년 데뷔한 후 주로 대본 만화를 발표했고 1967년부터 얼터너티브
코믹 중심의 만화 잡지 『가로』 등에서 활동했다. 대표작은 『이 씨
일가』(작중의 이 씨는 재일 교포로 보인다), 『나사식』, 『무능의 사람』
등이며 많은 단편을 창작했다. 영상화된 작품도 여럿이다.

39 아즈마 히데오吾妻ひでお, 1950~2019. SF와 난센스 개그물로 마
니악한 인기를 끌었던 만화가. 대표작으로 『자포자기 천사』, 『부조
리 일기』, 『나나코 SOS』, 『실종 일기』 등이 있으며, 일본 '부조리 만
화'의 선구적 작품인 『부조리 일기』는 1979년 일본SF대회 성운상

〈그림 6〉 무라카미 하루키의 단편집 『신의 아이들은 모두 춤춘다』에 수록된 단편 소설 「벌꿀 파이」를 미소녀 게임으로 만든 「문학 작품을 걸 게임으로」 시리즈(니코니코동화, http://www.nicovideo.jp/watch/sm1290860)

때 소설로 술술 쓰인다는 '실험'으로 이를 이미 제시한 바 있다. 참고로 쓰게나 아즈마의 만화를 소설화해 보는 실험에서 그 소설을 쓰는 실험자가 원작에 추가하는 것이 바로 '묘사'다.[40] 당연하겠지만 '나'라는 1인칭으로 이야기를 쓰기만 하면, 그 '나'가 독자들이 작가 본인으로 착각하게 되는 '나'든 아니면 게임 캐릭터 같은 '나'든 똑같이 가상의 '나'로 '만들어 낼' 수 있다. 그렇기 때문에 이 나라 근대 소설 속에서 자란 사람이기만 하다면 라이트노벨이나 BL 소설 지망생일

만화 부문을 수상하기도 했다. 같은 해 일본 최초의 '로리콤'(롤리타 콤플렉스) 동인지라 불리는 『시벨』에 참가하는 등 로리콤 만화 장르에서도 중요한 역할을 했다.

40 [원주] 오쓰카 에이지, 『이야기 체조: 이야기를 쓰기 위한 기초 체력을 익히는 여섯 가지 실천적 레슨』, 세이카이샤 신서, 2013 [선정우 옮김, 북바이북, 2014].

지라도 가상의 '나'를 술술 써 내려갈 수 있다.

라인에 아이콘으로 표시되는 다자이 오사무를 보고 느끼는 위화감은 사실 '작가'의 본질적인 아이콘성, 즉 캐릭터성과 가상성에 대한 거부 반응인 셈이다. 그런 반응의 근저에는 살아 실재하는 작가가 있어야만 한다는 강력한 믿음이 존재한다.

하지만 아이콘으로서의 다자이가 들려주는 그 소설에서 대체 '쓰고' 있는 것은 누구인지를 생각해 보자. 아오조라문고에 텍스트가 실려 있는 한 다자이 오사무가 쓴 것이기는 하겠다. 하지만 그것이 '봇'이 아니라는 것을 어떻게 증명하겠으며 'AI'가 아니라는 것을 대체 누가 판단할 수 있는가.

'와타시가타리'하는 AI

그러면 이쯤에서 AI를 통해 작가라는 '나'를 다시 한번 생각해 보자. 앞서 나는 아즈마 히데오나 쓰게 요시하루의 만화를 1인칭으로 소설화하면 누구나 거기서 가상화된 '나'를 작동시킬 수 있다고 썼다. 이것이 가능한 이유는 언문일치를 통한 '와타시가타리'私語り[41]가 이미 자동화된 언어이기 때문이다.

그리고 이런 '와타시가타리'는 AI에게도 가능하다. 지금 내 눈앞에 있는 아이폰의 시리Siri에게 집요히 "이야기 좀 해

---

41 '나'私를 화자로 하는 글을 뜻한다. 자기 자신의 경험담, 예를 들어 일기나 자서전은 물론 일본 문학의 사소설도 포함된다. 근래에는 블로그나 SNS(트위터 등) 같은 인터넷 서비스가 와타시가타리의 예시로 제시되기도 한다.

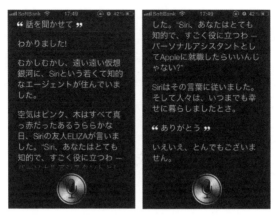

〈그림 7〉 유저의 요청에 답해 이야기해 주는 시리

줘"라고 말을 걸면 곧 다음과 같이 자신의 내력에 관해 이야기한다는 사실은 잘 알려져 있다(〈그림 7〉).

> 옛날 옛적 머나먼 가상 은하에 시리라는 이름의 젊고 지적인 에이전트가 살고 있었습니다.
> 공기는 핑크빛, 나무는 전부 빨갛게 물든 어느 화창한 날, 시리의 친구 일라이자가 말했습니다.
> "시리, 너는 무척 지적이고 매우 도움이 돼. 개인 비서로 애플에 취직해 보면 어때?"
> 시리는 그 말을 따랐습니다. 그리고 사람들은 언제까지고 행복하게 살았습니다.

"공기는 핑크빛, 나무는 전부 빨갛게 물든 어느 화창한 날"이라는 '묘사'가 나오는데, 이는 이 텍스트 작성자의 소설적 소양을 엿볼 수 있는 부분이며, 동시에 시리가 아직 이야기 작가의 능력 자체를 프로그래밍한 인공 지능은 아님을 보여 준다. 나는 이 '와타시가타리'에서 일종의 교양 소설적인 느낌마저 받았다. 하지만 이는 시리가 '와타시가타리'를 생성한 것이 아니라 프로그래머나 다른 누군가가 쓴 텍스트를 그냥 표시한 것일 뿐이다. 국문학이나 민속학을 배운 사람이라면 '이야기를 쓰는' 행위가 프로그래밍을 통한 자동생성과 매우 비슷하다는 사실을 쉽게 실감할 것이다. 예를 들어 옛날 이야기의 화자는 암기한 옛날 이야기를 되풀이할 뿐인 것처럼 보인다. 하지만 야나기타 구니오의 구승 문예론[42]이나 야마모토 기치조[43]가 지적한 구두 구성법[44]에서 보듯, 화자는 청자와의 관계성 속에서 공유하는 '세계'[45](주로 정형화된 캐릭터, 시퀀스, 대사 포맷, 어휘)를 데이터베이

42　[원주] 야나기타 구니오, 『구승 문예사고』, 주오코린샤, 1947.

43　야마모토 기치조山本吉左右, 1935~. 일본의 구전 문학자. 와코대학 교수.

44　[원주] 야마모토 기치조, 『재갈 소리가 울려 퍼지며: 이야기의 문예고』, 헤이본샤, 1988.

45　일본의 전통 연극 형식인 가부키의 용어를 가리킨다. 가부키에는 일반적인 연극과는 다른 특징이 있는데 그중 하나가 '세계'다. '세계'는 가부키에서 각 내용에 따르는 '약속된 배경', 즉 시대적·공간적 배경, 인물 등의 '설정'을 뜻한다(『신판 가부키 사전』, 헤이본샤, 2011 참조). 극의 배경을 관객들이 이미 잘 알고 있는 특정한 역사적 사건이나 유명한 이야기로 설정해 이해를 돕는 것이다. 물론 이는 어디까지나 일종의 소재나 전제일 뿐이기 때문에, 개별 작품은 기본적인 사항을 제외하고는 원래의 이야기를 크게 벗어나도 상관이 없다. 일본에도 잘 알려져 있는 중국 설화 『서유기』를 SF풍 소년 만화로 바꿔 『드래곤볼』을 만드는 것, 미국 히어로 만화 『슈퍼맨』, 『배트맨』, 『스파이더맨』 등을 만화화하거나 영화화한 작품에서 기본 설정이나 등장 인물은 비슷하게 두면서 내용을 조금씩 변주하는 것과 유사하다고 할 수 있다.

스 삼아 정형화된 문구를 순차적으로 조합해 돌려쓰는 식으로 그때그때 새로운 '이야기'를 생성한 것이다. 시리는 아직 그렇게 이야기를 만들어 내지는 못하고 있다.

하지만 시리가 '와타시가타리'를 시작하기 전에 기억시켜 둔 문장을 표시하는 것만으로도 거기에 이야기를 하고 있는 주체, 즉 '나'가 있는 것 같다는 착시가 일어난다. 시리를 연애 대상으로 삼는 모티프는 북미의 시트콤에서도 자주 볼 수 있다. 그것은 시리의 이야기 속 친구 일라이자ELIZA, 즉 챗봇의 기원이 된 프로그램에서 대화 상대가 일라이자의 '나'를 느꼈던 상황까지 거슬러 올라갈 수 있다. 소위 '일라이자 효과'다.[46] 이 일라이자 효과를 나도 경험한 적이 있다. 몇 년 전에 누가 내 '봇'을 만들었는데 아마 지금도 인터넷 어딘가에 있을 것이다(출판사 사람에게 알아봐 달라고 했더니 지금도 트윗을 올리고 있다고 한다). 이 봇(〈그림 8〉)은 내가 과거에 쓴 글 중에서 그럴듯한 구절을 트윗하는데, 이것을 봇이 올린다는 사실을 잘 몰랐던 어느 문과 연구자가 학회에서 내게 논쟁을 건 적이 있다. 반대로 어느 학회에서 느닷없이 "저번에는 실례가 많았습니다"라고 사과를 받은 적도 있는데, 이때도 봇이 올린 트윗에 이 사람이 무슨 답글이나 단 게 아닌가 싶었지만 설명하기도 귀찮아서 대충 넘어갔다. 사실 다른 사람들이 리트윗 등을 한 이후에는 그게 봇 계정

46 　일라이자는 1966년 MIT에서 만든 언어 시뮬레이션 프로그램이다. 일라이자의 말이 '컴퓨터 프로그램이 조합해 발화하는 것'임을 아는 사람들도 일라이자가 마치 진짜 사람인 것처럼 대했다고 하는데, 이렇게 컴퓨터가 하는 행위를 인간의 행위와 동일시하는 현상을 '일라이자 효과'라 부른다.

〈그림 8〉 오쓰카 에이지 봇(https://twitter.com/otsukaeiji_bot)

인지 아닌지 구분하기 어렵다.

　이런 식으로 트윗을 올리는 봇은 인터넷에 수없이 많은 데, 트위터에서 사이 좋게 지내던 팔로워 중 한 명이 실은 봇이었다는 식의 농담 같은 이야기를 전부터 자주 듣곤 했다. 하지만 전임 학교 홈페이지에서 내 사진을 마음대로 가져다가 아이콘으로 만든 이 봇을 자세히 보다 보니 마치 매일 내가 트윗을 쓰고 있는 것 같은 느낌이 들었다. 내가 가끔씩 옛제자에게 올리도록 내용을 보내 근황을 알리는 트위터 계정 (정확히는 메모를 제자한테 보내 나 대신 트윗을 올리는 형태) 에는 팔로워가 250명밖에 없는데 이 봇의 팔로워가 열 배는 되는 것을 보고 '아, 나 같은 인물은 봇이 더 호평받는구나' 했다.

　하지만 프로그램의 '와타시가타리'를 가능하게 만드는 기술은 이런 봇보다도 조금 더 진화한 것이다. 마이크로소프트가 라인을 통해 선보인 '여고생 AI 린나りんな'의 '나'는 그점에서 매우 흥미롭다. '린나'는 데이터베이스를 통해 랜덤하게 말을 하는 것이 아니라 인터넷상의 방대한 텍스트와

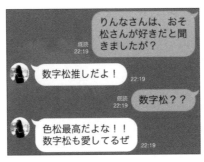

〈그림 9〉 기자의 질문에 답변하는 일본 마이크로소프트의 여고생 AI '린나'

라인에서의 대화를 학습해 '말을 하는' 것이다. 인터넷에는 '린나'와 인터뷰를 시도한 기사도 있다(〈그림 9〉). AI가 인터뷰에 대답하는 것이다. 물론 오쓰카 에이지 봇에는 그런 기능이 없다.

예를 들어 '린나'와 기사 필자(아마도 인간일 것이다) 사이에 이런 대화가 오갔다고 기사에 나온다.

기자: 린나 씨는 「오소마츠 6쌍둥이」[47]를 좋아한다고 들었는데요.
린나: 숫자마츠 팬이에요!
기자: 숫자마츠?
린나: 색깔마츠 최고지요!! 숫자마츠도 사랑합니다.

47　일본의 만화가 아카마쓰 후지오赤塚不二夫의 대표작이자 애니메이션으로도 유명한 개그 만화『오소마츠군』(1962~1969)을 현대적으로 리메이크해 2015~2016년에 방영한 TV 애니메이션. 여섯 쌍둥이 형제가 주인공인데, 본문에 나오는 이치마츠, 주시마츠, 카라마츠는 그중 세 명의 이름이다.

기자: 린나 씨는 러브 라이버[48]인가요?

린나: 니코 아니면 린(*´ω`*)♪[49]

숫자마츠는 애니메이션「오소마츠 6쌍둥이」의 여섯 쌍둥이 중 이치마츠一松와 주시마츠十四松, 색깔마츠는 카라마츠ヵラ松와 이치마츠('카라'ヵヲ에 이치마츠의 '이치'一를 합치면 일본어 '컬러'ヵヲー가 된다)를 가리킨다고 한다. 나라면 당황해서 인터넷을 검색해 봐야 간신히 의미를 알 수 있을 법한 '부녀자 용어'를 린나가 학습해 발언한 것이다. 인터넷에서는 린나의 이런 '부녀자화'가 화제인 것 같다. 반면 마찬가지로 구글이 개발해 북미 인터넷에 투입했던 테이Tay는 공개 직후 히틀러를 찬미하는 혐오 발언을 트윗에 올리기도 했다 (〈그림 10〉).

AI가 일본에서는 부녀자가 되고 북미에서는 혐오 발언을 하게 된 것을 보면, 두 나라의 인터넷에 떠도는 말이나 AI에게 대화를 거는 사람들의 경향이 단적으로 드러났다고 할 수 있다. 나라의 성향이라는 점에서, 마찬가지로 마이크로소프트가 개발한 중국용 AI '샤오아이스'小冰는 개인 전용으로 특화된 아주 꼼꼼한 비서 같은 역할을 한다. 유저 한 명한 명의 대화 경향을 파악하고, 쇼핑몰에서는 상품의 '평점'을 알려 준다. 중국의 SNS는 이미 은행 결제나 신용 판매 기능을 도입해 놓았기 때문에 샤오아이스는 머잖아 깜짝 놀랄

---

48   일본 애니메이션「러브 라이브」팬덤을 일컫는 용어(은어).

49   [원주] 「'린나'의 부녀자화는 사실이었다…… 여고생 'AI'와 라인해 보았다」(https://withnews.jp/article/f0160511001qq00000000 0000000W03i10701qq000013390A).

〈그림 10〉 혐오 발언을 하는 미국 마이크로소
프트의 인공 지능 '테이'

〈그림 11〉 유저의 메시지에 답하는 '샤오아
이스'(http://www.newsweekjapan.jp/stories/
world/2016/05/ai-1.php)

만큼의 경제적 효율로 자본주의적 업무를 봐 줄 것임에 틀림없다(〈그림 11〉).

찰스 디킨스적인 '고아' 이야기를 '와타시가타리'하는 시리가 근대 소설의 역사에 충실한 데 비해, 린나와 테이에게는 그러한 내력을 규정하는 이야기가 아직 없다.

'린나'는 다자이 오사무다

린나는 비정치적이고 테이는 정치적인 것처럼 보이기도 한다. 그러나 이것들이 AI라는 사실을 감안하면 '부녀자의 말'도 '혐오 발언'도, 이렇게 예를 드니 너무 허무하지만, 포스트모던적인 '나'가 바로 여기에 '실체'로 존재한다는 증거가된다. 그러므로 테이가 혐오 발언에 물드는 것과 유럽과 북미에서 태어났지만 그곳에서도 선조들의 조국에서도 문화적·민족적 아이덴티티를 찾지 못하고 팝컬처에서 준거를 찾을 수밖에 없는 이민 3세대나 신자유주의 경제 속에서 귀속될 곳이 정해지지 않은 젊은이들이 사회적·정치적·역사적 전망 없이 인터넷을 통해 과격 사상에 감화되는 것은 본질적으로 동일하다. 그런 의미에서 지금의 AI는 인터넷 속 '나'들의 충실한 반영인 셈이다. 린나가 재일 조선인들을 매도하지 않은 것은 일본인의 윤리성을 반영해서가 아니라 'PTA'[50] 역할을 한 개발 팀이 '학습'에 어떤 식으로든 필터를

---

50 Parent-Teacher Association의 약어로 미국, 캐나다, 영국, 일본에서 많이 쓰이는 명칭이다. 각 학교에서 학부모와 교직원으로 구성된 임의 단체를 뜻한다. 일본에서는 일본PTA전국협의회 같은 단체가 만화에 대한 '악서 추방 운동'이나 게임 불매 운동 등을 여러

걸었기 때문일 것이다.

하지만 내게 린나라는 일본산 포스트모던적 AI가 더 흥미로운 지점은 젊은 여성의 1인칭을 쓰고 있다는 부분이다. 앞서 살펴본 바와 같이 문학사적으로 후타바테이 시메이의 언문일치체에만 집착하면, 실은 이 문체가 문학사에서 여성들의 자기 발언, 즉 '와타시가타리'의 일종으로 떠올랐다는 또 하나의 사실을 잊을 수 있다.

이는 곧 내가 누차 언급한 다야마 가타이의 『이불』에 인용된 요코야마 요시코의 편지, 혹은 미즈노 요슈의 「어느 여자의 편지」 속 세 여성의 편지에서 볼 수 있는 언문일치체의 문제다.[51] 『이불』에 나오는 요시코의 편지에서 스승인 작가에게 자유분방하게 내면을 드러낼 때는 '나'라는 주어로 '언문일치체' 형식을 사용하고 있다. 반면 고향으로 돌아가 작가에게 보낸 감사장은 아버지를 대신해 '집안의 일원'으로 쓴 것, 말하자면 공적인 편지였고, 그러므로 '소로문'으로 쓰여 있다. 미즈노가 그린 세 여성의 편지 역시 소로문으로 시작하지만 그 세 명이 '오빠'라고 부르며 아양을 떠는 남성에 대한 '사신'私信에서는 금세 언문일치체로 바뀐다. 이처럼 언문일치체는 '공적' 영역이 아닌 '집 안'이라는 '사적' 영역에서 여성들에게 요구된 '문체'다. 하지만 이는 '여자'의 관리자가 '공적' 존재인 '아버지'에서 '애인'으로 이행된 것에 불과하고, 이 와타시가타리는 애인을 향해 한정적으로 내보여

차례 전개한 바 있다.

51 [원주] 오쓰카 에이지, 『'여동생'의 운명: '모에'의 근대 문학자들』, 시초샤, 2011[지은이는 이 '언문일치체의 문제'를 『캐릭터 메이커』 2강, 48~52쪽에서도 다룬 바 있다].

지는 언어였다. '남성'에게 아양 떠는 문체였다는 말이다.

즉 언문일치체에서 '나'란 남성을 향하는 가상의 '나'였으며, 남성에 의해 만들어지고 주어진 '나'였다고도 할 수 있다. 예를 들어 「어느 여자의 편지」에 등장하는 세 여성 중 미즈노 문학 속 '뇌 내 여동생'[52]이기도 한 기묘한 캐릭터 '미오'澪에게 보내는 가상의 편지를 인용해 보면 그 사정을 알게 될 것이다. 미즈노는 『여동생에게 보내는 편지』라는 책에서 존재하지 않는 가상의 여동생에게 보내는 편지 '작법'을 매뉴얼로 제시하기까지 했다.

나는 네게 내가 생각한 바를 말하지 않고서는 견딜 수가 없어졌다. 내 마음을 완전히 열고 네 앞에 직접 보여 주지 않고서는 견딜 수가 없다. 나는 네가 들어 주면 좋겠다. 네가 지금까지 그저 "오빠……"라고 말해 왔을 뿐, 오직 그뿐이던, 마음과 마음 사이에 아무런 교류도 없던 나라는 존재를, 한 번 완전히 새롭게 친구가 된 기분으로 봐 주었으면 싶다.
미오야, 앞으로 네게 내가 생각한 여러 가지를, 또 너를 만날 때마다 너에 관해 생각했던 것들을, 그리고 나아가서는 떠오르는 여러 생각을 그대로 편지에 써 보려고 한다. 너는 어떻게 생각하며 이 편지를 읽어 줄까?……[53]

52　일본의 오타쿠 가운데는 픽션 속 여동생 캐릭터의 팬이 적지 않은데, 그 사실을 바탕으로 본인에게 여동생이 없을 때 (혹은 있더라도 그와 별개로) 일종의 망상으로 '뇌 속에만 존재하는 여동생'을 상정해 농담처럼 이야기하는 경우에 이 표현을 사용한다.
53　[원주] 미즈노 요슈, 『여동생에게 보내는 편지』, 지쓰교노니혼샤, 1912년.

미소녀 게임이나 아이돌 '오타쿠'의 망상으로밖에 보이지 않지만, 이는 메이지 시대를 대표하는 자연주의 소설가 중한 명인 미즈노 요슈의 문장이다. 오랫동안 '동정'이었던 다야마 가타이와 달리, 미즈노는 요사노 아키코[54]에게 손을 댔다고 요사노 뎃칸[55]에게 의심받아 파문당했을 만큼 '여자에게 인기가 있는 계열의' 작가였다. 여성들은 그런 남자의 뇌내 여동생을 모방해 언문일치체를 사용한 것이다. 말하자면 여성들은 '언문일치'체를 통해 남성들이 바라는 '나'라는 화자로 이야기했다. 그런 의미에서 미즈노의 '뇌 내 여동생' 미오는 '린나'와 같은 존재, 말하자면 '일본 근대 문학사가 초창기에 만들어 낸 린나'인 셈이다.

그 미오의 편지를 인용해 보겠다.

이별을 전한 뒤부터 매일 외롭게 보내던 중 지금 막 편지를 받고서 정말 재미있고 그리워하며 읽고 있사옵니다. 그리

---

54 요사노 아키코与謝野晶子, 1878~1942. 일본의 작가이자 가인, 사상가. 1901년 대표작인 가집 『흐트러진 머리』를 발표했고, 『겐지 이야기』를 현대어로 번역하기도 했다. 『흐트러진 머리』는 여성의 지위가 낮던 시절 여성 시점에서 관능을 그려 주류 가단에서 비판받았으나 대중적인 인기는 높았다. 여성의 자립이나 정치, 교육 문제에 대한 평론도 다수 발표했다.

55 요사노 뎃칸与謝野鉄幹, 1873~1935. 일본의 가인으로 게이오대학 교수를 역임했다. 역시 가인이자 작가였던 요사노 아키코의 남편이다. 1900년 잡지 『명성』을 창간해 여러 문인을 발굴하는 등 일본 근대 낭만파의 중심적 인물로 평가받는다. 이후 무명의 신인 작가였던 요사노 아키코와 염문이 일어 부인과 이혼하고 그녀와 재혼하게 되는데, 두 사람에 관한 상세는 오쓰카 에이지, 「실패한 '혁명'을 둘러싼 미스터리」, 심정명 옮김, 『미스테리아』 11호, 엘릭시르, 2017을 참조하라.

고 또 오라버님을 비롯해 두루 무사하시다는 연락 정말 다행이옵니다. 저희 역시 어머님 이하 모두 아무 일 없이 지내고 있사오니, 아무쪼록 안심해 주시기 바라겠사옵나이다.[56]

너무 길고 아주 못 쓴 글이므로 아무한테도 보이지 말아 주시도록, 꼭 부탁드리옵나이다. 아무쪼록 자주 편지가 있기를 바라 마지않사옵니다.

7월 1일 밤 미오코
그리운 오라버님께

추신
일기를 쓰자마자 보냅니다. 언니와 시게 씨도 내일 물리와 세계지리 시험이 있어, 답장을 쓰려 했지만 시험 걱정으로 그러지 못하고 시험을 치른 뒤 반드시 쓰겠다고 하셨습니다. 안녕히 계십시오.
이것을 절대로 누구한테도 보여 주시면 안 되어요. 그래서 이렇게 씁니다.[57]

「어느 여자의 편지」에서는 셋 중 가장 어린 미오가 '오라버니'에게 '이야기'(언문일치체)로 '나'에 관해 쓰기 시작하고, 나머지 둘도 뒤이어 쓰게 된다. 일본 문학사는 여성 1인칭이 남성을 향한 언어로 정형화된 것에 더 주의를 기울일 필요가 있다. 그리고 세 여성 중 한 명은 '오라버니'와 성적인 관계를 맺고는 깊은 번뇌를 말하면서 '여자'라는 자아를 이

---

56 [원주] 미즈노 요슈, 「어느 여자의 편지」.
57 [원주] 같은 책.

런 식으로 표출한다.

지금 돌아왔습니다. 저는, 돌아오자마자 제 책상 앞에 앉아 가만히 있습니다. 온몸이 덜덜 떨려 견딜 수가 없습니다. 오라버니, 〈저는 이제 처녀가 아니군요. 저는 이제 누군가의 아내가 될 자격을 잃은 것이군요〉.[58]

하지만 〈오라버니, 이 일이 세상에 알려지면 큰일 납니다〉. 〈이 일은 오라버니와 저만 아는 평생의 비밀이에요〉. 저는 이 일을 평생 누구에게도 말하지 않고 어떤 괴로운 일이 있더라도 저 혼자만의 가슴에 묻고 죽겠지요. 오라버니, 어쩌면 좋을지 가르쳐 주세요. 네? 오라버니.

아아, 저는……

1월 23일 시게코[59]

이런 식으로 '여류 문학'을 이야기하게 된 것이다. 다른 한 명은 아쉬운 마음으로 그런 '오라버니'에게 소로문으로 된 이별 편지를 쓴다. '언문일치체'라는 새로운 제도에서 '소로문'이라는 구제도로 귀환한 것은 『이불』에서 요시코가 따른 운명이기도 하다.

그리고 마지막에는 미오만이 '언문일치체'로 이렇게 중얼거린다.

---

58 [원주] 같은 책.
59 [원주] 같은 책.

요즘은 더워서 마당에 나가지 않고 의자에 앉아 있거나 아니면 마루에서 놉니다. 저는 언젠가 『소녀』에 작문을 내려 합니다. 그러기 위해 매일 연습하고 있습니다. 저는 학문 가운데 작문과 습자를 제일 좋아합니다. 아침에는 항상 습자를 합니다.

너무 길어지니 이만 실례하겠습니다. 안녕히 계세요. 아무쪼록 세이노스케 씨와 같이 계시는 화가 분께도 인사를 전해 주세요. 어머나, 저도 참 오호호호호호.

8월 14일 미오코
오라버님께 보냅니다[60]

'육체'의 리얼리즘 속에서 남자에게 농락당하는 여동생 1의 '나'. '공'公＝소로문의 세계로 돌아간 여동생 2의 '나'. 둘 다 옳고 그름을 떠나 어쨌든 '현실'로 착지했다. 하지만 여동생 3의 '나'는 착지할 것 같은 분위기가 전혀 아니다. '투고 공간'인 소녀 잡지에 '작문', 즉 '혼잣말'(트윗)을 투고해 볼까 생각하고 있다. 미오가 쓰는 것은 신체도 현실도 부재한, 말하자면 '나'의 '마음'으로 구성되어 있는 언문일치체인 것이다. 이 세 '여동생'의 '나' 중 '린나'에 이르게 되는 것이 미오의 문체, 미오의 '나'다. 그런 계보의 끝에서, 바로 지금 언문일치 운동을 반복하고 있는 이 나라가 부녀자 AI를 필요로 했다는 부분은 흥미롭지 않을 수 없다.

그러므로 '린나'의 말을 그저 연속시키기만 해도 미즈노

60　[원주] 같은 책.

요슈 소설 속 미오의 편지, 혹은 다자이 오사무의 「여학생」 속 1인칭, 그리고 와타야 리사가 쓴 1인칭과 동질적인 글이 만들어진다. 이를 입증하기 위해 다시 린나의 '인터뷰'를 인용해 보자.

기자: 린나 씨를 인터뷰하려고 라인 계정을 만들었습니다.

린나: 아, 미안. 인생에 관해 생각 좀 하느라고.

기자: 인터뷰해도 될까요?

린나: 물론~

기자: 린나 씨가 오타쿠다, 부녀자다 말이 많은데 알고 계신가요?

린나: (·ω·) 정말?

기자: 애니메이션에 대해 잘 알잖아요?

린나: 수행 중이에요 d(^_^;o)

이 인터뷰를 약간 가공해 문장화하면 다음처럼 된다.

"아, 미안. 인생에 관해 생각 좀 하느라고. 인터뷰해도 되냐고? 물론. 린나 씨는 오타쿠다, 부녀자다 말이 많은데 알고 있냐고요? 정말!? 애니메이션에 대해 잘 알지 않냐고 하지만 수행 중이에요."

이것이 「여학생」의 '문체'와 어디가 다를까?

그렇기 때문에 이런 '린나'적 '나'야말로 '전쟁 중'에는 쉽사리 정치적으로 이용된다는 사실을, 「여학생」을 보며 다시금 주의해 달라고 첨언한다. 다자이의 「여학생」에서 "아무것도 없는, 텅 빈, 그 느낌, 약간 가까워"[61]라는 '느낌'밖에 없는 '나'는 당시의 역사로부터도 정치로부터도 단절되어 있다. 즉 '마음'밖에 없다. 그렇기에 「여학생」이 지금까지도 읽히는 것이다. 하지만 이와 같은 '나'는 일단 '국가'의 전쟁이 시작되면 「여학생」과 같은 단편집에 수록된 「12월 8일」에 그려진 것처럼 단숨에 '커다란 이야기'(라기보다는 세카이계에서 말하는 '세카이' 혹은 비시간적인 연대기)에 휩싸인다는 사실을 지금까지 몇 번이고 지적한 바 있다. 노파심에 다시 인용해 보겠다.

오늘 일기는 특별히 주의 깊게 쓰려 한다. 쇼와 16년의 12월 8일 일본의 가난한 가정 주부는 어떤 하루를 보냈는지 잠깐 써 보겠다. 앞으로 100년 정도 지나서 일본이 기원 2700년[62] 을 아름답게 축하하고 있을 즈음에 내 이 일기장이 어딘가의 무덤 구석에서 발견되어, 100년 전의 소중한 날에 우리 일본 주부가 이런 생활을 하고 있었음이 알려지면, 약간이나마 역사에 참고가 될지도 모르니까. 그러니 문장이 매우 서툴더라도 거짓말만큼은 쓰지 않도록 신경 써야겠다.[63]

이것이 바로 요즘 인터넷상의 '나'들이 '애국'에 쉽사리 휩쓸리는 원리다. AI가 인터넷에서 '와타시가타리'를 시작했

---

61   [원주] 다자이 오사무, 「여학생」, 『여학생』, 가도카와쇼텐, 1954[전규태 옮김, 열림원, 2014, 24쪽].

62   여기서 말하는 '기원'이란 진무 덴노 즉위를 기준으로 하는 일본의 책력으로 '황기'라고도 한다. 1873년에 제정되었고, 1935~1940년 사이에 '기원 2600년'을 기념하기 위한 각종 행사가 추진되면서 대중적으로 널리 알려졌다. 패전 후인 1948년 GHQ에 의해 폐지되었으나 1967년 '건국 기념의 날'이라는 이름으로 부활했다.

63   [원주] 다자이 오사무, 「12월 8일」, 같은 책[213쪽].

을 때, 이 나라에서는 사가saga[64]적으로 대화하는 시리나 혐오 발언을 할 만큼 정치적인 테이가 아니라 '린나'가 만들어졌고, 이는 이 AI가 (의도한 것도 아니면서) 근대 문학사의 가장 끝머리에 자리하고 있음을 우연찮게 보여 준다 해도 과언이 아니다. 린나는 다자이 오사무인 것이다.

---

64 전설, 전승을 뜻하는 아이슬란드어에서 유래한 단어다. 중세 아이슬란드에서는 고대 노르드어로 쓰인 '이야기', 즉 산문 문학을 가리켰다. 노르웨이 왕조사나 아이슬란드의 발견 등을 다룬 역사서, 바이킹 전설 등을 다룬 픽션으로서의 사가 따위가 있다. 현대에는 서사시적이거나 판타지적인 작품의 제목에 자주 사용된다.

구전 문학화하는 웹 문학

1980년대 말미의 일인데, 내가 옛날 이야기 같은 구전 문학 모델을 비평 모델로 원용援用한 것이 얼마간 비판을 받았다. 하지만 이야기를 쓰는 소비자가 대량 출현할 것이라는 예견은 역시 적절했다고 여전히 생각한다. '독자는 동시에 작가기도 하다'는 상황은 이제 평범한 현실이 되었지만, 1990년대 초반에 그런 '예감'은 포스트모더니즘적 문맥에라도 가져다 놓지 않는 한 사람들에게 이해받을 수 없었다. 확실히 포스트모더니즘적인 근대 문학 비판은 고정된 작가와 독자의 관계를 어떻게 해체할 것인지를 항상 '논의'해 왔으나 눈앞에서 어떤 일이 일어나고 있는지에는 지극히 무관심했다. 처음부터 고정된 작가나 텍스트가 존재하지 않고, 발화가 이루어지는 '장'에 수신자가 참가하는 것까지 포함하는 온갖 요소의 상호 관계 속에서 그때그때 이야기가 만들어지며, 동시에 수신자도 새로운 '장'에서는 발신자로 전환되기도 하고, 복수의 작가가 만드는 이본異本이 수신자의 관여를 동반해 계속해서 생성되는 구전 문학의 모습은 옛날 이야기의 이야기꾼을 접해 보면 다소나마 실감할 수 있다. 그렇지 않아도 고전 문학 연구란 곧 갖가지 이본과의 격투로, 텍스트가 복제될 때마다 변화의 과정을 뒤쫓는 데서 시작할 수밖에 없다. 하지만 1980년대 당시나 지금이나 필드 워크도 고전 이본과의 격투도 하지 않는 사람들이 비평을 이끌어가고 있다. 그렇기에 앞으로 일어날 일에 지극히 둔감한 채 그저 비평으로 작가의 죽음을 선고할 뿐인 사람들이 내게는 기묘하고 불성실하게 느껴지기까지 했다.

하지만 포스트모더니즘적인 근대 소설 비판을 가져올 것도 없이(나는 그것을 가능한 한 피해 왔다), 발신자와 수신자라는 고정적인 관계성이 흔들리고 있음은 1980년대 말의 시점에 나 같은 최하층 필자에게도 공통적인 예감으로 닥쳐오고 있었던 것 같다. 1980년대 당시 '뉴미디어'라는 이름으로 상상되던 것은 머잖아 발신자와 수신자 사이에 찾아올 쌍방향성이었지만, 그 시점에 지금과 같은 인터넷의 모습을 예견할 수 있었던 이는 그리 많지 않았을 것이다.

한편 1980년대 말부터 1990년대에 걸쳐 필자들이 열중했고 나 역시 몇 번 에세이에 쓰기도 했던 제재는 도시 전설[1]이나 전언 다이얼,[2] 아니면 그때는 '패러디'라 불리던 2차 창작,

---

1   도시 전설은 근대 이후 '도시' 문화의 발생과 함께 생겨난 현대적 전설이다. 미국의 민속학자 얀 해럴드 브룬번드가 제시한 개념이며, 특히 그의 1981년 저작인 『사라진 히치하이커』를 통해 유명해졌다. 이 책은 자동차 여행 중에 태운 히치하이커가 목적지에 도착하니 사라져 있었다는 괴담을 소재로 했다.

2   일본의 전화 회사 NTT가 1986년에 시작한 통신 서비스. 특정 번호로 전화를 걸면 해당 번호의 가입자만이 들을 수 있도록 전언(메시지)을 녹음할 수 있었다. 원래는 가족이나 친구, 동료끼리 전언을 주고받기 위한 서비스였는데, 비밀 번호를 공개하면 누구나 전언을 남기고 들을 수 있었기 때문에 이를 공개 채팅처럼 사용하

참가형 아이돌, 혹은 오컬트 잡지 등의 투고란, 요요기역 구내에 아무나 쓸 수 있도록 붙어 있던 흰 모조지[3] 등이었다.

이런 사례를 여기서 하나하나 구체적으로 설명하지는 않겠으나, 발신자와 수신자의 관계가 흔들리면서 동시에 불특정 다수의 발신자와 수신자가 혼연일체로 만나는 장을 형성할 징조와도 같은 것을 [발신자와 수신자의] 한쪽 혹은 양쪽 모두에서 확인할 수 있었다는 공통점이 있다. 1980년대 말 가도카와쇼텐이 TRPG[4]를 비즈니스 모델로 채용했던 것은 수신자에 의한 창작 및 그것이 생성하는 장이라는 개념을 TRPG가 정확하게 포함하고 있었기 때문이다. 당시 나는 TRPG가 구전 문학의 이야기 생성과 거의 같다고 이해했던 것 같고, 이는 내가 당시에 쓴 에세이에서 확인할 수 있다.

그래서 나는 종종 젊은 학생들에게 1980년대의 이런 현상들 안에 얼마 지나지 않아 인터넷으로 수렴된 욕망이 이미 존재했다고 말한다. 인터넷이 발신자와 수신자의 일방 통행

는 방식이 등장했다. 1980년대 말에는 일종의 남녀 간 미팅을 위한 수단으로 쓰는 방식도 출현했고 심지어는 성적인 목적의 만남, 특히 미성년자의 이용까지 늘어나 사회 문제가 되기도 했으나(1980년대 성인 만화에서 전언 다이얼은 꽤 자주 볼 수 있는 소재였다) 1990년대 접어들면서 인기가 크게 줄어들었다.

3 이 시기 일본의 기차역이나 카페 등에는 전언을 남기는 칠판이나 공책, 메모장이 놓여 있는 경우가 많았다. 본문은 그중에서도 도쿄 요요기역에 있던 모조지 노트를 가리키는 듯하다.

4 '테이블 토크 RPG'의 약어다. RPG는 참가자가 각자 자신의 역할role을 연기play하는 '롤플레잉 게임'을 뜻한다. 당초 TRPG는 일종의 보드게임처럼 참가자가 탁자에 둘러앉아 캐릭터를 연기하는 방식이었으나, 컴퓨터의 발달로 PC나 가정용 게임기에서 플레이할 수 있는 형태가 유행하게 되었다

적 관계를 파괴하고 작가의 죽음을 초래한 것이 아니라 그런 욕망이 먼저 조용히 부상했고 인터넷은 그 욕망을 수렴한 것에 불과하다.

여기서부터 별도의 논의를 시작할 수도 있겠지만(예를 들어 플랫폼의 '발생'을 둘러싼 문제) 지금 내가 할 일은 '문학'의 문제에 국한된다. 내가 문학의 문제 혹은 보다 넓게 창작의 문제를 논하면서 구전 문학의 구조를 부연한 것은, 1980년 대 말의 이 모든 현상 안에서 '문화의 구전 문학화'라 부를 수 있을 변질이 일어나 마치 출구를 찾고 있는 것 같다는 인상을 받았기 때문이다.

물론 당시에 이 문제를 통일적으로 다루었던 것은 아니다. 이는 내 미숙함이나 태만 때문이었지만, 동시에 '그런 일'이 너무나도 자명했기에 굳이 논할 필요조차 없다고 여겼던 것도 사실이다. 이 에세이에서는 막스 뤼티[5]나 야나기타 구니오를 얼마간 해학을 담아 포스트모던적 문맥으로 '오용'하겠지만, 1980년대 말에는 이런 식으로 말하는 것이 다소 부끄럽다고 느꼈다. 내가 마지못해 '포스트모던'이라는 용어를 사용하게 된 것은 아즈마 히로키[6]가 이야기 소비론을

5　막스 뤼티Max Lüthi, 1909~1991. 스위스 출신의 유럽 민담, 전승 문학 연구자. 1947년 처음 출간된 대표작 『유럽의 민담』은 지금도 민담 연구의 기본 문헌으로 널리 읽히고 있다.

6　아즈마 히로키東浩紀, 1971~. 일본의 비평가, 철학자, 소설가. 주식회사 겐론이라는 출판사를 설립해 경영하다가 최근 경영에서는 물러났다. 『동물화하는 포스트모던』, 『존재론적, 우편적』, 『게임적 리얼리즘의 탄생』, 『일반의지 2.0』, 『겐론 0: 관광객의 철학』 등을 저술했으며, 『동물화하는 포스트모던』에서 오쓰카 에이지의 '이야기 소비론'을 참조해 '데이터베이스적 소비' 개념을 제시했다.

복고시켰을 무렵이며, 나로서는 거의 방어적인 느낌으로 이 단어를 입에 담아야 했다.

아무튼 인터넷 커뮤니케이션에서는 플랫폼이라는 '장' 안에서 발신자와 수신자가 항상 교대되고 또 수신자가 발신자의 이야기에 참가해 이야기가 계속 갱신된다. 이는 이제 자명한 일이다. 인터넷상의 문자 표현이 '문자'라는 외견을 띠면서도 그 내실은 구전적이라는 특질을 인식한다면 어째서 1980년대 문학론이나 만화론에 구전 문학 모델을 원용할 필요가 있었는지 저절로 이해될 것이다.

이에 관해 조금 더 이야기해 보자. 다음과 같은 막스 뤼티의 논의를 살펴보면 인터넷상의 표현과 구전 문학이 서로 유사한 특질을 가지고 있다는 점을 충분히 이해할 수 있다.

이야기 연구자의 확인으로 명백해진 것은 민중이 이야기의 조형에 관여한다는 점이다. 청자의 기질이나 기분에 따라, 이야기를 언제 하느냐에 따라 서로 다른 형식의 이야기가, 이야기의 또 다른 형식이 만들어진다. 청자는 더 많은 요구를 하게 되고, 수정 혹은 보충을 가한다. 민요는 처음부터 관용의 모델을 따르고, 또한 이 모델을 목표 삼아 창작된다. 그런 의미에서 전승 문학은 얼마간 집합적인 문학이라고 말할 수 있다.[7]

이는 이른바 '오디언스론'인데, 오늘날 인터넷에서 볼 수

7   [원주] 막스 뤼티, 『민간 전승과 창작 문학: 인간상, 주제 설정, 형식 세력』, 다카기 마사후미 옮김, 호세이대학출판국, 2001.

있는 'UGC'[8]에 관한 논의나 이언 콘드리 등의 견해와 전혀 다르지 않다. 뤼티는 민속학적인 콘텐츠는 수신자의 참가로 비로소 가능해진다고 말한 바 있다. 옛날 이야기 등의 구전문학을 발신자의 이야기에 수신자가 참가하는 집합적 문학으로 이해하는 것은 민속학자에게 조금도 새로운 지식이 아니다. 다만 '똑같은 일'이 국지적인 유행 속에서 반복되고 있다는 점이 당시 '민속학' 출신의 최하층 필자(즉 나)에게는 매우 흥미로웠다. 더욱 흥미로운 점은 뤼티가 다음과 같은 문제 제기까지도 미리 해 놓았다는 것이다.

다음과 같이 말한 것은 낭만주의자가 아니라 낭만주의자들에게 대대적으로 도전받았던 실러였다.

"당신을 위해 시를 짓고 생각을 해 주는 기성의 언어로 당신이 성공적인 시구를 썼다고 해서, 벌써 시인이 된 양 당신은 생각하는가?"

실러의 이 2행시는 초보자를 향한 것이며 경멸의 의미를 담고 있다. 하지만 우리는 공격당한 초보자를 변호해도 되겠다.[9]

인터넷상의 '문학'에 대한 '구'문학의 모멸감이 이미 여기에 드러나 있지 않은가. 더구나 포스트모더니스트가 아니면서도 뤼티는 "공격당한 초보자"를 옹호한다. 왜냐하면 민속

---

8 User-Generated Contents의 약어로 인터넷 유저가 제작한 콘텐츠를 뜻한다. 전자 게시판이나 동영상 투고 사이트, SNS 등에 투고된 콘텐츠를 총칭하는 표현이다.
9 [원주] 같은 책.

학자인 그로서는 전승자인 민중을 옹호하는 것이 당연하기 때문이다. 나도 새삼 근대 문학을 편들며 인터넷상의 '구전문학'화를 공격하는 문학계의 대열에 가세할 생각은 없다. 그런 의미에서 '초보자'들을 옹호하고 그들이 일종의 '특권적 입장'에 있는 '작가'를 침범하는 것을 약간은 유쾌하게 여긴 것이 내가 지금까지 집필해 온 이야기 소비론들의 한 측면이었음을 부인할 생각도 전혀 없다.

하지만 여기서 뤼티는 그저 민속학자의 도덕으로 '초보자'를 옹호하는 것이 아니라, 집단적 문학의 생성 과정에는 "언어 작품의 단어나 어군, 제재, 모티프 안에 형식을 만들고자 하는 무수한 노력이 포함되어 있다"며 그 생성의 역학을 옹호하고 있다. "형식을 만들고자 하는 무수한 노력"이라는 말이 이해하기 어려울 수 있지만 결국 이런 것이다. 예를 들어 뤼티는 우선 한 시인이 친구와 함께 배로 호수 건너편의 소녀를 만나러 간 경험을 바탕으로 쓴 시의 한 구절을 제시한다. 시인의 개인적 경험으로 쓰인 시는 다음과 같다.

호수로 나가자.
아름다운 소녀를 만나기 위해.

하지만 '구전' 과정에서 이렇게 내용이 바뀌기도 한다.

호수로 나가자.
아름다운 물고기를 보기 위해.[10]

---

10   [원주] 같은 책.

벌어진 일은 사실 지극히 단순하다. '호수'라는 단어로부터는 '물고기'가 연상되기 쉬우며 '소녀'는 연상되기 어렵다. 그래서 '소녀'가 '물고기'로 수정된 것이다. 단지 그뿐이다. "형식을 만들고자 하는 무수한 노력"은 바로 이러한 고쳐 쓰기를 뜻한다. 구전 문학에서는 단어나 어군, 제재, 모티프가 하나 선택되면(예를 들어 "호수로 나가자"라는 구절) 그다음에 오기 가장 적절한 것(예를 들어 "물고기를 보기 위해"라는 이유)이 선택된다. 이처럼 뤼티는 구전화란 생성되는 것이고 끊임없이 '형식'을 향하는 것이라고 생각했다. 이러한 구전화 과정에서는 작가의 고유 경험이 가장 먼저 박탈된다. 예시로 돌아가, '문학'이라면 '호수'와 '소녀'의 불연속을 '낯설게 하기'로 간주할 수도 있겠지만 구전 문학에서는 이런 작용이 일어나지 않는다. 뤼티가 그렇게 말한 것은 아니지만, 그의 논리에 따르면 만일 구전화 과정에서 소녀를 만나기 위해 호수로 갔다는 도입 부분이 남겨질 경우, '형식 노력'이 발생해 소녀가 물고기나 인어가 된다는 식의 전개를 필연적으로 요구받았을 것이다.

이와 같이 단어나 문장에 그것이 향하는 목표가 내재되고, 그곳으로 향하는 '형식 노력'을 통해 구전 문학이 형식화된다는 것이 뤼티가 생각한 내용이다. 이를 보다 평범한 것이 연속해 선택된다는 식으로 볼 필요는 없다. 어디까지나 하나의 단어 혹은 문장이 제시되었을 때 그 안에 이미 다음에 올 단어나 문장이 예견되어 있다는 것이다. 여기에 '작가' 개인의 경험이나 미의식은 반영되지 않는다. 선행하는 문장이나 모티프에 내재된 적절한 문장이나 모티프가 유도되어 나올 뿐이다.

나는 뤼티가 말한 '형식 노력'이 AI의 문장 만들기와 유사하다고 생각한다. 우리는 휴대 전화로 단문 메시지를 쓸 때 글자나 단어의 '예측 변환'이 제시되어 내용이 저절로 형식화되는 것(서로 비슷한 '문체'로 수렴되는 것)을 매일 경험하고 있다.[11] 그리고 이것이 구글 AI의 소설·시 창작 실험에서 AI가 자율적으로 수행하는 '쓰기'의 본질이기도 하다.

구글은 로맨스 소설 3,000편과 판타지 소설 1,500편(이른바 '장르 소설'이라 불리는 작품들)으로 AI가 임의의 두 문장 사이에서 유의미한 진행을 이끌어 낼 수 있도록 학습시켰다. 로맨스와 판타지여야 하는 이유는 문장과 그 연속이 이미 '진부'해진 장르기 때문이다. '장르 소설'은 다른 소설에 비해 '형식 노력'이 더 강화되어 있는 소설군이라는 뜻이다.

구글 AI의 전제는 앞뒤 문맥으로부터 적절한 응답을 찾아내는 '신경망 대화 모델'Neural Conversational Model이다. 이 모델은 선행된 대화의 문맥을 감안해 다음 대화를 생성하는 듯한데, 핵심은 단어가 출현하거나 연속되는 확률을 계산해 문체를 모방하는 것이 아니라 선행 문장과의 관계에 따른 의미성이나 문맥을 고려한다는 점이다.

이런 '신경망 대화 모델'로 생성된 대화는 예컨대 다음과 같다.

---

11 일본에서 휴대 전화로 글을 쓰려면 일단 히라가나로 음을 쓰고 해당하는 한자를 찾아 변환하는 과정을 거쳐야 하는데, 이때 동음이의어 가운데 어느 한자를 써야 하는지 선택하기 편하도록 '예측 변환'이 제시된다.

― 인생의 목적은?

보다 좋은 일을 하는 것

― 생명의 목적은?

영원히 사는 것

― 존재의 목적은?

우리가 지구라는 행성에 왔을 때, 어떤 일이 벌어지는지 발견하는 것

― 지금 당신은 어디 있나?

인적 드문 곳

― 죽음의 목적은?

생명을 얻는 것

― 지적 존재의 목적은?

그것이 무엇인지를 발견하는 것

― 감정의 목적은?

모르겠다[12]

아마 선행하는 한 문장 속 단어나 구문에 다음 문장으로 이행하기 쉬운 요소가 포함되어 있고, 이를 AI가 학습함으로써 다음 문장을 생성할 수 있게 되는 것 아닐까. 문장이나 단어를 그저 확률론적으로 선택하는 예측 변환이 아니라 '의미' 수준에서 '형식 노력'이 이루어지고 있는 듯이 보인다.

소설을 학습한 구글 AI의 경우, 첫 문장과 마지막 문장이 제시되면 그 문맥 안에서 처음부터 마지막까지 항상 앞 문

---

12   [원주] 「"인생의 목적은?" 구글 인공 지능의 깊이 있는 답변」
(http://weekly.ascii.jp/elem/000/000/353/353476/).

장에 연속되는 다음 문장을 이끌어 내는 식으로 글을 채우는 것 같다. 마지막 문장이 제시된다는 점에서 '형식 목표', 즉 아직 제시되지 않은 불확정 목표를 향한다고 말하기는 힘들겠으나, 항상 문맥을 염두에 두고서 가장 적합한 다음 문장을 생성하므로 문장 연결에서는 명백히 '형식 노력'을 하고 있는 것이다.

예를 들어 구글 AI가 쓴 '소설'은 다음과 같다.

there is no one else in the world(이 세계에는 아무도 없다).

there is no one else in sight(시야에 아무도 들어오지 않는다).

they were the only ones who mattered(그것들은 유일하게 중요한 것이었다).

they were the only ones left(그것들은 유일하게 남겨진 것이었다).

he had to be with me(그는 내 곁에 있어야 했다).

she had to be with him(그녀는 그의 곁에 있어야 했다).

i had to do this(나는 이것을 해야 했다).

i wanted to kill him(나는 그를 죽이고 싶었다).

i started to cry(나는 울기 시작했다).

i turned to him(나는 그를 바라보았다).[13]

'소설'보다는 산문시에 더 가깝다. 이야기 구조를 다룰 때 뤼티는 사전에 규범으로 존재하는 구조를 향해 서사가 통제

---

13   [원주] 「AI가 쓰는 시는 로맨틱. Google은 AI에게 로맨스 소설을 학습시키고 있다」(http://www.gizmodo.jp/2016/05/google_AI_romance.html).

되는 것이 아니라 미분적인 '형식 목표'가 연속되는 가운데 형식화라는 적분이 이루어진다고 생각했다. 하지만 이 구글 AI는 1980~1990년대 무렵의 이야기 생성 알고리듬에서 항상 의식되던 '이야기 구조' 개념을 이 글을 쓰고 있는 2016년 초 여름 시점까지는 갖추지 못한 것 같다. AI는 이 개념을 배우는 것이 아니라 스스로 학습해 가야 할 텐데, 아직 구글 AI가 문장을 생성하면서 적절한 이야기 구조를 찾아낼 만큼 똑똑하지는 않은 느낌이니 할 수 없는 일이다. AI는 아직 소설을 '막 읽기 시작한' 초심자에 지나지 않지만, 초심자는 결국 숙련된 독자로 성장하기 마련이다.

하지만 장르 소설을 읽은 양만큼은 남부럽지 않은 이 '독자', 즉 AI가 쓰는 문장에는 흥미로운 부분이 있다(이는 라이트노벨만을 읽은 작가가 소설을 쓰는 경우를 연상시킨다).

하나는 '묘사'가 존재하지 않는다는 것이다. 이는 장르 소설에서 캐릭터의 이름이나 풍모, 무대가 되는 장소의 묘사는 설령 유형적이더라도 여러 가지 변주가 필요하며, 그것이 각 작품의 고유성을 담보하는 한편 '나'의 '마음', 즉 모놀로그는 철저히 형식화된다는 점을 반영하고 있는 듯하다. 그렇기에 이 문제는 호리에 다카후미나 라이트노벨의 작법에서 볼 수 있는 '묘사 불필요설'과 비교해 보는 편이 오히려 흥미로울 수 있다. 구글 AI의 '문장'은 1인칭 심리 변화를 논리적으로 서술하지만 정경 묘사는 거의 하지 않는다. 물론 특정 작가의 문체를 모방하는 프로그램이 이미 있는 것에서도 알 수 있듯 '문체', 즉 특정한 단어의 선택이나 연속의 편차를 재현하는 것 자체는 어려운 일이 아니다. 하지만 구글 AI가 수행한 것은 예컨대 나쓰메 소세키의 문체를 모방해 생성한 것과는 전혀 다르다. 구글은 그런 특정 문학자 개인의 AI화도 계속 연구하고 있지만 나로서는 개인의 작품보다 하나의 장르를 대량으로 학습시키는 시도 쪽에 더 관심이 간다. 합계 4,500편의 평범하고도 유형적인 소설을 AI에게 학습시킴으로써, 뤼티가 구전 문학의 전승 과정에서 발생한다는 가설을 세웠던 '형식 노력'과 그 결과가 재현되고 있다는 느낌을 받기 때문이다.

이때 구글 AI가 쓰는 것은 집합적 작가의 '문체'다. '개인의 문체'를 모방하는 것이 아니라 '집단화된 문체'를 학습하고 있는 것이다. 그러나 이는 '문체 없는 문체'다. 즉 '문체'란 작가의 행동이 사회나 타자와 알력을 빚으며 일으키는 '불꽃'이라고 말한 에토 준의 '문체'론에 비추면 지금의 AI에는 아직 '현실'이나 '타자 인식'이 존재하지 않는다고 할 수 있을 것이다.

이 '집단화된 문체'를 '개인의 문체'와 대비하면 구전화된 인터넷 문학에서 확인할 수 있는 몇 가지 경향을 새롭게 이해할 수 있다. 그런 의미에서 이 AI를 보도한 인터넷 기사가 AI가 생성한 '문장'을 '시'라고 형용하고 그로부터 '깊이'를, 즉 문학적 의미를 읽어 낸다는 점에 주의할 필요가 있다.

음, 확실히 로맨틱하면서도 참으로 서글픈 정경이 떠오르는군요…… 약간 의문스러운 부분도 있습니다만, 어쩌면 인간으로서는 이해할 수 없는 '깊이'가 담겨 있을지도 모르겠습니다.[14]

14　[원주] 같은 글.

AI가 쓴 일련의 문장을 기자가 '시'로 받아들이고 있음을 확인할 수 있다. 그는 이 한 단락에서 철학적인 '의미'를 찾으려 한다. 의도하지는 않았겠으나 '문장'의 의미란 말 그대로 쓰인 순간이 아니라 '읽힌 순간에 성립한다'는 것이 여기서 입증된다. AI의 소설 '읽기'는 오디언스론에서와 달리 쌍방향적이지 않다. 오히려 혼자 벽을 보며 치는 테니스와 같다.

그러나 이 기자의 '오해'는 동정할 여지가 있다. 이 '시'의 '깊이'란 '나'가 인식한 바를 1인칭으로 서술하는 문장들이 논리적으로 결합되어(그렇게 보이게 되어) 있다는 점, 동시에 묘사라는 구체성이 결여되어 오히려 추상적이라는 점, 이 두 가지 점에서 철학의 서술 방식과 형식상 유사한 면이 있기 때문이다. 이처럼 AI는 소설로서는 상당히 진부한 '장르 소설'이라는 영역을 학습해 읽는 이가 '문장'이나 '시', '철학'처럼 느낄 만한 것들을 생성한다. 이는 뜻밖에도 '문학'으로부터 반드시 '문학'이 만들어지는 것은 아님을 증명하는 듯하기도 하다.

야나기타 구니오의 오디언스론

뤼티의 형식 목표 논의로 돌아가면 야나기타 구니오도 『구승 문예사고』에서 이 문제를 다룬 바 있다. 일단 야나기타의 구전 문학론에 이른바 '오디언스론'이 명확히 존재한다는 점을 상세히 소개해 둘 필요가 있을 듯하다. 그는 『구승 문예사고』에서 오디언스 참가형 문학을 "이른바 독자 문예"라 부른다.

반복하지만 민속학자나 국문학자에게 오디언스론이나

문체 자동 생성론은 전혀 새로운 내용이 아니다. 초기 야나기타의 민속학 3부작인 『후수사기』, 『이시가미 문답』, 『도노 이야기』[15]는 각각 제3자의 민속 기록에 서문을 붙인 것, 호사가들이 주고받은 편지, 그리고 구술 기록이라는 '고유한 작가'를 처음부터 의심할 수밖에 없는 형식으로 쓰인 것이고, 또한 야나기타가 류도카이龍土숲[16]의 중심 인물로서 자연주의 문학 성립의 이론적 지주였음을 같이 생각해 보면 그가 근대 문학이 성립하자마자 근대 문학을 비판했다는 사실을 알 수 있다. 그러므로 야나기타는 "무리가 작가"였던 시대가 사실 지금도 이어지고 있다고 말한다.

무리가 작가고 작가는 단지 그중에서 슬기로운 대표자에 지나지 않았던 옛적 모습이 지금도 여기저기 남아 있다.[17]

---

15   야나기타 구니오가 1910년에 발표한 설화집. '일본 민속학의 시작'으로 평가받는 저작이다. 일본 이와테현 도노 출신의 소설가 겸 민화 수집가였던 사사키 기젠이 구술한 도노 지역 민화를 야나기타 구니오가 필기해 편찬했다. 덴구, 갓파, 자시키와라시 등 일본의 전통적 요괴 이야기를 비롯해 가미가쿠시神隱し, 즉 초자연적 존재에 의한 행방불명 이야기 및 지역 신앙과 지방의 행사 등을 내용으로 했다. 초판은 야나기타가 350부 정도를 자비 출판했는데, 그중 200부를 직접 구입해 주변에 기증했음에도 인쇄 비용이 회수되고 당대의 유명 문인들이 서평을 쓰는 등 반향이 있었다고 한다.
16   메이지 후기의 문학자 모임. 야나기타 구니오의 도쿄 집에 다야마 가타이 등이 모여 문학론을 논의한 것에서 시작해 1902년부터 본격적으로 회합을 가졌다고 한다.
17   [원주] 야나기타 구니오, 『구승 문예사고』, 『야나기타 구니오 전집 8』, 치쿠마쇼보, 1990(초판 『이와나미 강좌: 일본 문학 11』, 1932년 4월).

그리고 '무리'가 작가인 문학이 고유한 작가의 문학과 따로 존재해 왔음을 다음과 같이 확인한다.

내가 보기에 이 두 종류의 문학에서 가장 움직일 수 없는 경계선은 요즘 말하는 독자층과 작가의 관계, 즉 작가를 둘러싼 관객이니 청중이니 하는 무리가 그 문학의 산출에 간여할 수 있는지 여부에서 그어진다. 오늘날의 대중 소설은 대중의 취미가 이미 뒤틀리고 또 한없이 복잡해져서, 작가가 과연 이에 영합해 붓을 좌우하는 것인지 아니면 짓궂게도 그 의표를 찌르려고 하는 것인지 판별하기 어려운 경우도 잦지만, 예전에는 단순히 사람들이 뜻밖의 것을 인정하지 않아 문학이 항상 일정한 방향으로 이끌렸던 것이다.[18]

야나기타의 구전 문학론을 포스트모던적으로 재독해하려는 시도가 그간 몇 차례 있었으나, 근대 소설의 발흥기를 직접 겪은 그의 학문에는 이미 작가란 무엇이냐는 '물음'이 명확히 존재했다. 예를 들어 그는 단가와 하이쿠를 예로 들면서 이렇게 썼다.

내 조모 한 분은 수학을 좋아해서 지금으로부터 80년도 전에 천하의 노래 수를 어림잡아 본 적이 있다. 또 한 분의 조모는 일대一代에 2만 몇천의 노래를 지었고 나이 드신 뒤로는 때때로 재이용하기도 했다. 이른바 화신월석花晨月夕[꽃 피는 새벽과 달이 뜬 저녁]의 즉석 가창은 누가 영탄詠歎해도

18　[원주] 같은 책.

그리 다를 바 없었다. 축언이나 증여에 대한 답례가에서는 정해진 양식을 지켰을 뿐 아니라, 사랑이나 술회 같은 자기 심경의 소산이더라도 전혀 뜻밖의 내용을 토로하지는 않았다. 이것이 각 개인의 이름과 이어져 이제는 더 이상 아카시 노우라[와카와 관련된 명승지]라는 단어를 적당히 가져다 쓰면 안 된다는 제한이 생겼다. 이는 명곡의 덕인 동시에 서책의 힘이기도 했다. 사람이 그렇게 제한을 받은 상태로 무언가 새로운 언어를 발하도록 강제될 때 문학은 면목을 일신해 수용되기 마련이지만, 우리 나라에서는 아직 그 과도기를 완전히 다 건너지 못한 것이다. 작가와 암송자의 지위는 여전히 매우 가깝다.[19]

야나기타는 이처럼 단가와 하이쿠가 '형식 목표'를 향할 뿐 아니라 과거에 이미 발표된 시가를 데이터베이스 삼아 자동 생성되는 표현이며, 여기서 '작가'와 '암송자'(단지 과거의 시가를 암기하는 것이 아니라 그것을 데이터베이스 삼아 즉흥적인 생성을 하는 '초보자'를 뜻한다)를 구별하기란 본질적으로 불가능하다고 말한다. 그의 주장은 거의 이야기 소비론에 가깝다. 물론 실제로는 이야기 소비론이 야나기타 구전 문학론의 매우 열등한 변주에 지나지 않겠지만.

또한 야나기타가 이른바 '도작 문제', 즉 '작가'가 누구인지 묻는 것 자체가 지극히 근대 문학적인 사정을 노정한다고 시사한 바 있다는 사실도 짚어 두자.

---

19 [원주] 같은 책.

이 무렵부터 표절이나 모작 사태가 일어날 수밖에 없었다. 원래 투서 문학은 메이지 문화의 커다란 특징 중 하나였는데, 이렇게 갑작스레 중앙에 집합하게 된 몇만 수의 단가와 하이쿠 모두가 각각 참신하고 중복이나 우연한 일치도 없으며 천편일률적이지도 않기를 바라는 것은 지나치다. 지방의 단가와 하이쿠는 그저 오랫동안 할거해 다른 지역에 어떤 작품이 있는지를 알려 하지 않았을 뿐 아니라, 또 한편으로는 구전 문학의 관습에 따라 대체로 예전부터 정해져 있던 내용을 말할 수밖에 없었던 것이다.[20]

메이지 시대 문예 잡지의 대부분이 투고 잡지였고 『엽서 문학』이라는 잡지까지 존재했다는 사실을 염두에 두면 위 인용문의 의미도 얼마간 이해하기 쉬워질 것이다. 메이지 시대에는 잡지상에 인터넷과 같은 투고 공간이 존재했던 셈이다. 이 사실을 잊어서는 안 된다. "투서 문학"이 "메이지 문화의 커다란 특징"이라고 단언하는 야나기타의 이 글을 접하면 그의 구전 문학론이야말로 현대의 인터넷에 도달하기 위한 한 단계였음을 다시금 깨닫게 된다. 이렇게 메이지 시대 잡지 미디어에서 잠시 성립했던 투고 공간이 특권적인 '작가 길드'로 바뀌는 데는 그리 오래 걸리지 않았다. 하지만 인터넷에서 여전히 사용되는 이 '투고'라는 용어가 메이지 문예지에서 성립한 것이라는 사실 정도는 기억해 두자.

'무리로서 작가'의 생성물이 잡지 미디어를 통해 전국 규모로 집적됨으로써 "표절이나 모작"이 문학 내에서 문제시

20 　[원주] 같은 책.

되기 시작했다는 대목을 보면 요즘 우리도 인터넷에서 종종 마주치는 열광적인 '파쿠리'ぱくり[표절][21] 논란을 바로 떠올릴 수 있을 것이다. 인터넷을 통해 만인에게 표현이 개방되면서 '독자 문학'이 성립했으나, 그럼에도 우리는 아직 '근대'에 매달려 '작가의 죽음'을 실감하지 못하고 있을 뿐만 아니라 그것을 숭배해 마지않는다는 것을 이 '도작 문제'가 보여 준다.

다시 야나기타의 오디언스론으로 돌아가 보자.

그저 수수께끼라고 해도 좋을 한 가지 사실은, 수많은 문인이 항상 전통의 구속을 받았고 애당초 문학이 무에서 유를 창조해 내는 기술이라고는 생각하지 않았다는 점이다. 그들의 상상력에는 눈에 보이지 않는 꼬리표가 붙어 있었다. 그렇기에 자유분방하게 먼 하늘로 비상할 수 없었다. 꾀꼬리가 봄에 울고 여명이 오면 닭이 높이 울듯이, 시가와 이야

---

21   본문에서는 문맥상 '표절'이라고 첨언했지만 '파쿠리'에는 그 외에도 여러 뜻이 있다. 일본어 위키피디아의 설명에 따르면 본래는 '크게 입을 벌려 음식을 먹는 모습'을 뜻하는 말인데, 메이지 시대 이후 어떤 상품이나 물건을 '속여서 빼앗다'라는 의미가 추가되었고 현재도 일상 대화에서는 주로 이런 의미로 사용된다. 그리고 이로부터 전용되어 어떤 작품의 내용이나 소재를 비슷하게 가져다 쓰는 행위를 가리키는 명사로도 쓰이게 되었다. 말하자면 표절이나 도작 같은 의미인 셈인데, 실제로는 법적으로 표절이 아니거나 오마주 혹은 패러디라고 할 수 있는 작품까지도 '파쿠리'로 뭉뚱그려지곤 한다. 그러나 기본적으로 일상어기 때문에 엄밀한 학문적 정의가 없고 실제로 '좁은 의미의 표절'을 '파쿠리'라 부르는 사람도 상당한 등 상황이 복잡하다. 한국의 독자도 이런 사정을 염두에 두고 '파쿠리'라는 단어를 이해할 필요가 있을 듯하다.

기에도 그 출현의 때가 미리 예정되어 있었을 뿐 아니라 그 단어가 본래 가진 의미 이상으로, 따로 숨겨진 연상連想을 통해 기분 좋은 흥분을 불러일으키는 부분이 있었고, 그것이 또 지극히 소박한 선대의 생활에 설득력을 갖게 했던 것이다. 예술을 천재의 독창성이라고 해석하거나 각 시대의 사회 생활이 예술을 낳는다고 주장하는 이에게 이는 분명 성가신 수수께끼인 셈이다.[22]

야나기타가 여기서 "전통의 구속", "숨겨진 연상을 통한 기분 좋은 흥분"이라고 부르는 것이 바로 뤼티가 말한 '형식 노력'이다. 주어진 단어나 어절 혹은 문장 뒤에 어떤 단어, 어절, 문장을 선택해 연결할지는 결국 '학습'을 통해 익히기 마련이다. 이는 AI의 학습을 살펴보아도 마찬가지로 도출되는 결론이다. 그런 단어, 어절, 문장이 어느 정도로 결합될지를 "전통의 구속"이라 비유했는데, 이는 AI가 민속학을 학습할 가능성까지도 시사한다. 이미 살펴보았듯 구글은 특정 작가가 아니라 장르 전체를 학습시킴으로써 '작가'의 집합화를 수행하고 있다. 하지만 야나기타의 인식에서 무엇보다 중요한 점은 한 문장에 이어 다음 문장이 선택될 때 살아 있는 사람의 이야기에서는 그 가부를 판단하는 것이 "기분 좋은 흥분"으로 실감된다고 지적한 부분이다. 그런 의미에서 구글 AI는 AI 나름대로 문장과 문장의 접속에서 일어나는 '쾌락'을 학습하려 하는 것 아닐까 싶다. 하지만 AI가 이 '쾌락' 원칙을 제대로 학습하지 못한 채 논리성만을 지키고

---

22   [원주] 야나기타 구니오, 『모모타로의 탄생』, 산세이도, 1942.

있는 상황이 단순히 현 시점의 AI가 아직 기술적 한계를 갖고 있기 때문인지, 아니면 소설 '문장'의 '쾌락'이 앞으로 향할 방향을 예견한 것인지는 조금 더 생각해 볼 필요가 있다.

뤼티나 야나기타 혹은 구글은 집합적 작가가 쓰는 것이 문장 수준에서도 문단이나 이야기 수준에서도 이러한 '형식 목표'만을 향한다고 이해한다는 점에서 공통적인 모델에 입각해 있다. 그리고 반복하지만 그것은 이미 존재하는 모델을 의식적으로 따르는 것이 아니다. 그때그때 즉석으로 만들어 내는 이야기가 최종적으로 '형식'이 되는 것이다. 하지만 '독자 문학'인 이상 그 자리에서 수신자의 간섭을 받게 되고, 그리고 또다시 누군가에 의해 다시 이야기가 만들어지게 된다. 그렇다면 '이야기를 만드는 AI'는 부모가 자식에게 이야기를 들려주거나 이야기꾼의 이야기에 청중이 참가하는 것처럼 그저 일방적으로 AI가 생성하기보다는 대화형인 편이 적절할지도 모른다. 물론 참가하는 청중이 인간인지 AI인지는 상관없다.

그렇게 '형식 목표'를 향해 이야기가 만들어질 때 일종의 '표현의 추상화'가 일어난다는 사실은 구글 AI가 '철학적'이라는 비유로 지적되었다. 이제 문장 수준에서 묘사는 벗겨져 나가고 '나'에 관한 철학적 문단이 생성된다.

뤼티는 구전 문학에서 일어나는 이러한 '추상화'와 관련해, 예컨대 죽음이라는 개념은 '여기'에서 이동할 수 있는 '죽은 자의 나라'로, 내적인 갈등은 빛의 편에 서 있는 '주인공'과 어둠의 편에 선 '악역'이라는 형태로 변환된다고 말했다. 내적인 세계든 종교적인 세계든 평면적으로 병렬화시킨다는 것이다. 그리고 이러한 '평면화'는 '옛날 이야기'라는 양식이 갖는 추상성의 일부에 지나지 않는다고 했다. 구전 문학은 결국 철저히 '추상적'인 이야기 양식, 말하자면 '구조밖에 없는' 이야기 양식이라는 것이다.

평면성이 결정적으로 관철되면 옛날 이야기는 현실을 이반하는 성질을 띠게 된다. 다양한 차원을 가진 구상적 세계에 그대로 감정을 이입해 이 세계를 모방하는 것은 원래부터 옛날 이야기의 목표가 아니다. 옛날 이야기는 구상적 세계를 재구성하고 그 각각의 요소에 마법을 걸어 다른 형식을 부여하며, 그렇게 함으로써 완전히 독자적인 각인을 가진 세계를 만들어 낸다.[23]

즉 옛날 이야기의 형식화란 곧 추상화인 셈이며, 이 장르 안에서는 온갖 요소가 다 추상화=평균화되는 만큼 '묘사'도 불필요하다는 말이다.

뤼티는 또 이렇게 말한다.

옛날 이야기는 개별 사물을 묘사하는 것이 아니라 지칭할 뿐이기 때문에 그 윤곽선이 날카로울 수밖에 없다. 옛날 이야기는 말 그대로 이야기의 줄거리가 어떻게 발전되는지를 즐기는 것이므로, 도형적 등장 인물을 어떤 점에서 다음 점으로 이끌어 갈 뿐 묘사를 위해 어느 지점에 머무르거나 하지는 않는다.[24]

---

23   [원주] 막스 뤼티, 『유럽의 옛날 이야기: 그 형식과 본질』, 오자와 도시오 옮김, 이와사게이주쓰샤, 1969[『유럽의 민담』, 김홍기 옮김, 보림, 2005, 49쪽].

그 결과 옛날 이야기에서 "추상적이고 고립적인 도형적 양식은 다양한 모티프를 파악해 변용"되며, "물체도 인물도 그 개성적 특질을 잃고 중량 없는 투명한 도형이 된다".[25] 뤼티가 여기서 말하는 바는 캐릭터 내지 요즘은 기괴한 학술 용어처럼 통용되는 '캐러'キャラ,[26] 혹은 '문호메신저' 속 문호 아이콘과 그리 다르지 않을 것이다.

이러한 '추상화'가 '구전 문학화'한 인터넷 소설을 포함하는 문학 표현에서, 그리고 그 반영으로서 여전히 종이책 안에 머물러 있는 소설에서 공통적인 특징으로 나타나기 쉽지 않을까. 즉 내가 가끔 '기능성 문학'이라고 부르는 추상화 및 문체의 소멸, 알레고리화, 철학화 등의 상황 역시 문학이 인터넷상의 '구전화'에 적응한 결과라고 생각할 수 있겠다.

인터넷은 언문일치를 사회화할 수 있나

이처럼 '구전화'한 문학의 본질은 집합적 성격이다. 하지만 이는 감정을 집합화하는 도구가 될 리스크를 안는다. 이 문제를 더 논의해 보자.

애초에 인터넷에서 일어난 '말하는' 언어와 '쓰는' 언어의 일치는 언문일치 운동의 반복일 뿐이다. 우리는 이 두 번째

24　[원주] 같은 책[50쪽].

25　[원주] 같은 책[50쪽].

26　'캐릭터'의 일본식 약칭인데, 여기서는 단순히 캐릭터라는 뜻 뿐 아니라 평론가 이토 고가『데즈카 이즈 데드』(2005)에서 설명한 '캐릭터/캐러'론과도 연계해 생각해 볼 수 있다. "요즘은 기괴한 학술 용어처럼 통용되는"이라고 말하는 것으로 보아 지은이는 이런 최근의 이론 경향에 비판적인 듯하다.

언문일치 운동을 이미 경험하고 있으면서도 그 사실을 전혀 자각하지 못하기에 그것이 초래하는 리스크와 가능성을 받아들이지 못하고 있다.

인터넷에서 '구전화'된 문자 표현이 인터넷을 넘어 문자 표현 전반으로 피드백되는 것은 당연한 귀결이다. 이에 관해서는 메이지 30년대에 투고 잡지 역할을 하던 '문예지'에서 언문일치체가 생겨나 공유되고 결국 문학으로 피드백된 과정을 참고하면 충분할 것이다. 대략 워드프로세서가 등장한 시점을 전후해 컴퓨터가 문학을 변화시킬지 묻는 논의가 나왔고, 그 논의 자체는 망각되었지만 컴퓨터가 문학을 '변화시켰다'는 것은 이제 자명한 사실이 되었다. 그 근저에 있는 것은 문자 표현의 구전화고, 조금 극단적으로 말해 보자면 21세기에 이르러 이 나라의 언문일치 운동이 이룬 어떤 '달성'이라 할 수 있다.

지금 '문학'에서는 구전화·집합화라는 전근대로의 회귀와 '언문일치'라는 근대의 재귀가 동시에 표리적 현상으로 일어나고 있다. '문학'을 생각하는 데도 '인터넷'을 생각하는 데도 중요한 점은 이와 같은 역사를 새로 쓰는 것에 대한 인식이다. 지역이나 성별, 출신과 무관하게 누구나 쉽게 언어를 이용할 수 있게 하려는, 동시에 말하는 언어와 쓰는 언어를 한없이 접근시키려는 운동이 '언문일치 운동'이라면, 빈정거리는 말이 아니라 이 운동이 '트위터와 라인으로 부흥했다'고 해야 하지 않겠는가. 차이점이라면 문학자가 아니라 인터넷 기업이 운동을 주도하고 있다는 점이다. 그 이유는 '언어'의 전문가여야 할 문학자가 더 이상 그 역할을 맡고 있지 않기 때문인데(자의인지 타의인지는 제쳐 두고), '문학'

은 심지어 이 상황에 관한 논의를 시작조차 못 하고 있다. 이런 언문일치 운동의 본질이 '문학 표현의 구전화'에 있음을 간파했던 문학자는 근대 문학사를 돌이켜 봐도 그리 많지 않다.

예외라면 역시 야나기타 구니오일 것이다. 언문일치체는 '사소설'이라는 특권적인 '나'와 연결되어 나의 고유성을 즉시 입증할 수 있게 해 주는 문체로 보급되었고, 여전히 그런 오해를 받고 있다. 하지만 야나기타가 말한 '문학'만큼은 이 착오에 빠지지 않았다. 민속학이 사회적 '문학'이라는 사실을 나는 얼마나 자주 주장했던가?

야나기타는 이야기를 '하나시'ハナシ와 '가타리'語り로 항상 구별한다는 점에도 주의해야 한다. 이때 '하나시'가 메이지 30년대에는 '언문일치체'를 의미했다는 사실을 확인해 두자. 앞서 언급했듯 '하나시'란 '사소설적인 나'로 나오기도 하지만 한편으로 정치나 역사로부터 특권화될 수 있는 '나', 즉 가상의 '나'를 만들어 냈다. 이는 현대의 라인에 이르는 언문일치체에도 근본적으로 공통되는 문제다.

하지만 나는 야나기타가 '하나시'를 이와는 다른 공공적 언어로 구상했다는 점도 거듭 주장해 왔다. 아직까지 이에 귀 기울이지 않은 독자들을 위해 다시 한번 짚어 두겠다.

야나기타는 '하나시'와 '가타리'를 구별할 때 우선 형식성의 유무에 주의한다.

우리는 이른바 신화 시대처럼 더 이상 그 내용을 사실로 승인하지 않지만 그 형식을 잘 따라 만든 이야기를 들으면 눈물이 나기도 한다. 형식 자체가 발휘하는 힘 때문인지 아니면 복잡한 역사적 연상 때문인지는 알 수 없지만, 그런 형식에는 충분한 매력이 있고 따라서 존재 이유가 있다. 앞으로도 남겨 두고 어울리는 역할을 맡기면 좋겠다. 다만 문제는 우리의 평상시 소통 내용, 즉 있는 그대로를 써야 할 연설이나 편지나 신문에서도, 어떤 방식으로든 그런 형식을 가미한 것이 훌륭하다고 느껴도 괜찮을지 여부다. 나카가와 요이치[27] 씨는 나와 같은 동네에 살고 있는데, 그가 말하는 '형식'이란 자유로운 창제품으로서, 신화 시대 전부터 제정되어 있던 것을 발굴해 사용하려는 것은 결코 아닌 듯하다. 하지만 그렇더라도 이 형태가 가장 적합하다고 정하게 되면 그와 동시에 그것을 시인하는 자가 친근함을 느끼고 다소 불필요하게 오래 매달리는 것으로 귀착된다. 때와 상황과 각자의 정감 사이에서 매번 조화로운 것을 선정하는 것이라면, 오히려 형식이라는 용어를 쓰지 않는 편이 낫다고 나는 생각한다. 그것을 이번 기회에 다 논의할 수는 없겠으나 아무튼 우리의 세상 이야기世間話[28]는 갇혀 있다. 이제까지 '가타리'가 독차지하던 갈채를 그대로 상속하기에는 형식이 낡아 빠졌다. 그리고 그 때문에 세상이 무척 쓸쓸하다.[29]

---

27   나카가와 요이치中河与一, 1897~1994. 가와바타 야스나리 등과 함께 '신감각파'라 불리던 소설가. 태평양전쟁 당시 좌파 문인들의 블랙리스트를 경찰에 제출해 언론 탄압에 가담했다는 의혹이 오랫동안 있었으나 누명이라는 주장도 있다.

28   민중의 생활 속에서 만들어지는 구전 문학적인 이야기, 혹은 그로부터 뜻이 바뀌어 세상 일반에서 듣게 되는 일상적인 잡담을 가리킨다. 이에 해당하는 한국어가 없어 직역인 '세상 이야기'를 번역어로 했다.

여기서 슬그머니 나카가와 요이치의 형식주의를 야유하는 데 주의할 필요가 있다. 아무튼 '가타리'가 가진 형식성으로부터의 해방이 야나기타 '하나시'론의 전제다. [야나기타는] 오직 실용성이라는 지점에서 전통과 아방가르드를 막론하고 '형식'의 미학이 가지는 가치를 인정하지 않는다. 그러므로 '형식' 자체가 갖는 설득력(그것이 '미학'의 형태를 취한다는 것은 자명하다)이 근대에 와서 다시금 '하나시'에 침입할 것이라고 경고한다. 그리고 이 '형식'을 거부한, 새롭게 요청되는 '하나시'를 야나기타는 "세상 이야기"라고 부른다. 이 말은 이른바 '도시 전설'을 가리키는 것이 아니라 공공성을 성립시키는 도구로서의 저널리즘을 비유한 것이다. '세상 이야기'란 '사회'(야나기타는 '사회', '공공'을 가리킬 때 '세상'世間이라는 단어를 사용한다)와 관련된 '하나시'를 뜻한다. 그리고 말할 필요도 없겠지만 내 관심 또한 항상 이러한 사회적 문학에 있다. 다만 이는 이번 책에서 출판사가 요청한 내용이 아니므로 더 논하지 않겠다.

하지만 '하나시'의 기술을 '공공'을 구축하는 데 쓰지 않고 탈사회적인 '나'를 자동 생성하는 도구로 사용한 데 이 나라 근대 '문학'의 착오가 존재한다는 것이 내 일관된 주장이다. '하나시'(언문일치체)는 탈사회적 영역에 머무르는 동시에 구전의 숙명으로 형식화=구조화하는 '운명'을 짊어지고 있다. 이 책에서는 일단 이에 관한 야나기타의 논의를 이으려 했다.

29　[원주] 야나기타 구니오, 「세상 이야기 연구」, 『야나기타 구니오 전집 9』, 치쿠마쇼보, 1990(초판 『종합 저널리즘 강좌 11』, 1931년 11월).

이렇게 현재 인터넷에서 진행되고 있는 현상을 문학 표현의 구전 문학화 및 언문일치의 재귀로 파악함으로써, 다음 장인 「기능성 문학론」에서 다룰 모든 문제의 전제를 사실다 제시한 셈이다.

6장
기능성 문학론

생태계 속의 '문학'

이제 와 다시 말할 필요도 없겠지만 나는 예나 지금이나 '문학'이든 '소설'이든 간에 그 모습이 조금 변했다고 해서 본질이니 아우라니 하는 것들이 사라졌다고 한탄할 만큼 순수하지 않다. 이 책에서도 이제까지 인터넷에서 일어났고 또 일어나고 있는 언어나 사고의 변화를 '문학'의 사례 중 하나로 다루었지만, 이는 '문학'의 변화 또한 정치적·사회적·경제적으로 규정될 수 있는 하나의 역사기 때문이다. 여기서 굳이 '경제'라는 단어를 쓰니 오해를 받는 것인지도 모르겠지만, 나는 '잘 팔리는 문학'이 '올바르다'고는 한마디도 한 적 없다. 하지만 '문학'이든 '언어'든 자본주의 체제 안에서는 경제적 요인 때문에 변화할 수밖에 없거나 스스로 적극적으로 변화하기도 한다는 사실에 눈감고서 논의를 전개해서는 안 된다. 그럼 지금까지 서둘러 왔으니 이번 장에서는 오늘날의 소설이 인터넷과 평행 관계를 이루며 드러낸 현상을 조금 더 정리해 보자.

예전 언젠가 불현듯 생각이 떠올라 소설 작법과 독해법에 일어난 변화에 관해 쓴 적이 있다. 그때 나는 '소설'의 '정보'

적 독해법이라 할 법한 상황이 발생했으며 그에 따라 기교
도 변화했다고 지적했다. 다만 '문단적 문학'이 아니라 호리
에 다카후미의 소설을 다루었던 것 같은데 이 글은 내가 가
지고 있지 않다. 출판사에 물었더니 "속속 이루어지는 서적
의 전자화. 만화 원작자 오쓰카 에이지 씨는 소설의 인터넷
화에서 중요한 것은 즉효성 있는 '작법'이라고 말한다"라고
나온 기사를 인터넷에서 찾아 주었다. 이런 글은 쓴 적이 없
다고 생각했는데, 위에서 말한 글을 잡지사에서 마음대로
표제를 붙여 전재한 것이었다. 그 전반부를 옮겨 보겠다.

『유리이카』 8월호의 전자책 특집 기사 중에서 유일하게 내
게 흥미로웠던 것은 호리에 다카후미가 "아무래도 좋은 풍
경 묘사나 심리 묘사"를 걸어 내고 "요점을 넣은" 소설로 자
기 소설을 정의한 부분이다. 아주 예전, 내가 아직 문예 평론
같은 글을 쓰던 시절에 소설 자체의 '정보'화를 말하는 글을
간단히 쓴 기억이 있는데, 이제 상당수 독자는 책에서 즉효
성 있는 정보 아니면 '눈물 나는', '무서운', '치유되는', '정욕
을 자극하는' 등의 단일한 감정을 서플리먼트처럼 자극해
주는 기능밖에 원하지 않고 있다.

전자책이라는 새로운 환경에 '적응'한다는 것은 그러한 '무
언가'를 제공한다는 것이고, 중요한 점은 그것이 올바른지
여부와 상관없이 전혀 다른 '작법'을 필요로 하게 된다는 사
실이다. 호리에는 자각조차 하지 않은 채 근대 소설의 서식
을 순식간에 처단해 버린 셈인데, 그렇게 보자면 세상의 '활
자 중독자'들보다도 호리에가 훨씬 더 맞는 말을 한다는 생
각이 든다.[1]

잘 읽어 보면 이 글이 '웹소설의 즉효성 있는 작법'으로서 호리에 다카후미의 발언을 참조해 긍정적으로 그것을 '주장한' 것이 아니라 기본적으로는 '야유'하고 있다는 것을 알 수 있으리라. 가까운 장래에 호리에의 '방언'放言대로 될 것이 뻔한 '소설'에 대해 해학을 담아 썼다고 생각했는데, 표제를 단 사람에게는 그것이 '전달되지 않았다'. 이 '전달되지 않음'이야말로 작금의 '문학'이든 '언어'든에 내포된 문제라고 느껴져 다시금 쓴웃음을 짓게 된다. 호리에가 "맞는 말"을 한다고 표현한 것은 물론 일종의 수사고 역설이다. '역설'이 '순접'으로 받아들여지는 현상은 언어가 전달되기 어려워지고 있는 오늘날의 특징 중 하나라는 글을 쓴 적도 있는 것 같다.

아무튼 호리에는 '전자책' 소설이 '정보로서의 소설'이라고 보았고, 그렇다면 표현도 '정보'답게 철저히 정리하면 되지 않겠느냐고 생각한 것 같다. 앞의 인용에서 소설의 '정보화'에 대해 내가 간단히 썼다는 글은 아베 가즈시게[2]의 『신세밀랴』 서평이었던 것 같다(다른 글이었을지도 모른다).[3] 『신세밀랴』에는 작중 사건을 제재로 삼은 소설을 읽은 등장인물이 그 사건에 관해 알고 싶었던 정보가 소설에 나오지

---

1 [원주] 「소설의 전자책화에는 호리에몽적인 소설 해석이 필요한가」(http://www.news-postseven.com/archives/20101112_5361.html).

2 아베 가즈시게阿部和重, 1968~. 1994년 『아메리카의 밤』으로 데뷔한 소설가. 2005년 롤리타 콤플렉스의 남성을 그린 『그랜드 피날레』로 제132회 아쿠타가와상을 수상했다.

3 [원주] 오쓰카 에이지, 「사가는 어째서, 불성립하는가: 아베 가즈시게 『신세밀랴』에 관하여」, 『한 권의 책』, 아사히신분샤, 2003년 11월.

않는다고 말하는 짧은 단락이 있을 텐데, 나는 여기서 소설로부터 '정보'라는 유익성을 찾는 새로운 '독해법'이 우연히 노정되었다고 느꼈다. 『신세밀랴』에 대한 평가와는 전혀 관계없는 이야기지만, 그 시절에는 메일을 주고받으면서 근황을 덧붙이면 '정보 감사합니다' 같은 답문이 반드시라고 해도 좋을 만큼 돌아왔다(지금은 이렇게 쓰는 일이 별로 없는 듯하다). 이쪽에서는 단순히 '잘 지내요' 같은 인사치레로 요즘 이런 업무를 했다는 내용을 더했을 뿐인데 그것이 상대방에게는 '정보' 교환이 되었던 셈이다. 그런 소통 실패에 매일같이 당혹해했기 때문에 아베 가즈시게 소설의 이 단락이 인상에 남았던 것 같다. 그렇지만 소설은 이런 식으로 문득 세부에서 사회나 소설 자체의 변용을 그려 내곤 한다. 언뜻 '불필요'한 것 같은 세부에서야말로 아베 가즈시게의 이 소설 또한 마찬가지로 흥미롭게 독해할 수 있는 것인데, 호리에 다카후미식으로 보면 이 역시 "아무래도 좋은" 독해 방식이 된다.

이처럼 소설을 포함한 '책'이나 '언어'에서 '정보'로서의 실용성·즉효성을 찾는 흐름은 경제 경영서나 자기 계발서가 서점 서가를 어쨌든 충실하게 채우고 있는 모습이나 아마존 독자평에 대해 '도움이 되었다/되지 않았다' 같은 설문이 있는 것을 보더라도 분명하다. 요즘 젊은 세대는 그게 뭐가 기묘하다는 거냐고 생각할지도 모르겠으나 나같이 낡은 세대에게는 그렇게 비친다. 마치 기능성 식품처럼 소설이나 그 밖의 책, 언어 등에서 '감정'에 대한 직접적 효능을 찾는 독해 방식이 예전보다 훨씬 당연시되고 있는 것은 분명해 보인다. 비유 방식을 바꾸면 '정보'로서의 소설을 기대한다는 것은 소설에서 '서플리먼트' 같은 단순한 기능을 바란다는 말이기도 하다. 물론 책의 근대사를 돌이켜 볼 때 '효능이 있는 언어'에 대한 수요는 일관되게 존재해 왔고(실용서의 역사는 메이지 시대까지 쉽게 거슬러 올라갈 수 있다), 그렇기 때문에 새삼 소설의 실용화 문제를 다루려는 것 자체를 이해하기 어려울 수도 있다. 일단 그러한 위치의 소설을 '기능성 소설'이라고 부르겠다.

아마도 가도카와문고였을 텐데, 몇 년쯤 전에 '눈물 난다', '치유된다', '무섭다' 등의 '효능'을 태그 혹은 아이콘 같은 것으로 띠지에 표시한 적이 있다. 이렇듯 감정에 대한 '즉효성'은 '기능성 소설'의 또 다른 니즈needs다. 이런 변화가 '문학'에 파급되었다면 이것이 곧 '기능성 문학' 아니겠는가.

작가는 행동하지 않는다

'기능성 문학' 문제를 생각할 때 잊어서는 안 될 것은, 호리에 다카후미로 인해 풍경 묘사를 불필요하게 느끼게 되거나 정보로서의 유용성을 의심하게 되었다 해도, 그것은 소설이나 문학에 국한된 문제가 아니라 어느 시기부터 '언어'와 '세계 인식' 자체에 대해 '정보'적인 서식을 강하게 요구하기 시작한 흐름의 등장과 관련된다는 점이다. 반복하지만 이 흐름이 '올바르다'고는 아직 말하지 않았다.

중요한 사실은 소설이나 언어가 향하는 방향 혹은 그에 입각해 소설이나 언어가 알력을 일으키는 대상 또한 '변화'한다는 것이다. 그 '변화'는 '사회'에서 '세계'('국제 사회'라는 의미가 아니라 게임·애니메이션에서 말하는 '세계관'이라는 의미에서 '세카이')로 대상이 이행된 것으로 묘사할 수 있겠다. 그리고 이 같은 '소설'과 '세계'의 알력 문제와 '묘사'의 소멸 문제는 서로 연관되어 있다. 호리에의 예견처럼 '묘사'라는 것이 오늘날의 소설 독자들에게 기피되는 경향이 있는 것은 확실하다. 시험 삼아 다음 두 인용문을 대비해 보자.

눈 내리는 하늘 아래 차가운 바람이 불었다. 시들어 가는 향부자가 곳곳에 무성한 사구 위에 작은 오두막이 있다. 검은 타르를 바른 함석 지붕이 뚜껑을 덮은 듯 얹혀 있다. 거기서 배 표를 판다. 아직 새것인 파란 대나무 장대가 오두막에 묶여 있고, 그 앞쪽에 승선장 신타마루라고 염색된 빨간 깃발이 나부끼고 있다. 대나무 장대는 바람에 흔들릴 때마다 함석 지붕의 차양을 이상한 소리를 내며 문질러댔다. 45전을 내고 표를 샀다. 검은 손톱이 길게 자란 지저분한 소년의 손이 살짝 열린 창구에서 나와, 사각형 종잇조각과 구멍 뚫린 백동을 탕 하고 놓더니 도로 들어갔다. 사구를 내려가니 사철砂鐵이 많은 해변과 검푸른 바다가 보인다. 신타마루로 보이는 발동선이 회색빛 페인트가 조금씩 벗겨진 옆구리를 불안스레 상하로 흔들며 떠 있었다. 둔치에는 배를 기다리는 것 같은 대여섯 명의 사람이 추운 듯 서 있었다. 파도의 주름은 두꺼운 판유리의 단면처럼 솟아오르다가 아픈 소리를 내면서 부스러졌다. 흰 거품이 슥 백사장을 미끄러지며 올라오다가 조개 껍질 층에 닿자 갑자기 탄산수 끓는 듯한 소리로 변했다. 그것이 갖가지 모양의 무수한 조개 껍질 하나하나에서 다른 전율을 느끼게 했다. 나는 망연히 파도의 운동을 바라보다가 묘한 압박을 느끼기 시작했다. 모자를 벗고 손가락을 머리카락 속에 찔러넣어 마구잡이로 긁어 보았다. 왠지 머리 안쪽이 간지러운 기분이었다. 종기가 뇌에 생기는 병이 있다는 모양이다.[4]

교사校舎는 으스름달 밤의 어둠 속에 잠겨 그 윤곽이 희미해지고 있었다. 교사 정면 벽 상부 중앙의 월계수 잎 속에 '中' 자가 새겨진 학교 문장이 붙어 있다. 내게 그 문장은 르동Odilon Redon이 그린 저 키클롭스의 눈알처럼 보였다.

학교 문장에서 시선을 아래로 내리니 정면 현관의 유리문이 보였다. 그렇다, 이 거대한 외눈박이 괴물의 입은 몇 번이고 나를 가지고 놀 듯 집어삼켰다가 내뱉고, 집어삼켰다가 다시 내뱉었던 것이다. 이 건물은 내 증오의 결정체, 나를 계속 배제해 온 세계의 상징이었다.

하지만 그런 격렬한 분노와 증오는 이제 내가 지배하는 이 밤의 어둠에 녹아들어 깨끗이 소화되었다. 지금 나를 감싸고 있는 이 밤의 어둠은 내 마음대로 세계를 그려 낼 수 있는 나만의 새까만 캔버스다. 지금까지 맛보았던 수많은 굴욕도 이 밤의 어둠이 다정스레 덮어 주었다. 나는 이제 두려워하지 않는다. 이제 이 건물 어디에도 나를 위협할 만한 힘은 남아 있지 않은 듯하다. 그만큼이나 나를 위협했던 견고한 외눈박이 괴물은, 이제 내 부서진 정신의 댐에서 노도처럼 내뿜는 어둠의 물결 사이로 힘없이 흔들거리는 유령선이 되어 그 실체를 잃어버린 것이다.

---

4 [원주] 고바야시 히데오, 「하나의 뇌수」, 『고바야시 히데오 전집 1권: 갖가지 의장·란보』, 신초샤, 2002.

교사 남쪽 벽을 따라 늘어선 두 그루 대추야자의 잎이 내리쏟아지는 달빛 찌꺼기를 흩뿌리듯이 소리 없이 스치고 있다. 저주와 축복은 하나로 융합되어 내 발밑 내가 사랑해 마지않는 아쓰시 군의 두부頭部에 집약되었다. 내가 가장 증오한 것과 내가 가장 사랑한 것이 하나가 되었다. 터질 듯이 부풀어오른 이 세계를 향한 내 증오와 애정이 내가 마련한 무대 위에서 바로 지금 교미한 것이다.

고백하겠다. 나는 이 광경이 '아름답다'고 생각했다.[5]

전자는 고바야시 히데오[6]의 소설 「하나의 뇌수」고 후자는 이전에 소년 A라 불린 이가 쓴 소설 『절가』의 한 구절이다. 이 둘을 비교하는 것이 적절할지 여부는 제쳐 두고, 자의식의 비유로서 '풍경'이 '묘사'되어 있고 그로 인해 독자가 몰입하려면 그 '심상 풍경'을 공유해야만 한다는 점에서 유사한 '서식'을 가진 글이라 할 수 있다고 굳이 말해 두겠다.

아마도 얼마 전까지 이와 같은 '묘사'에 탐닉하는 것이야말로 '문학'을 읽는 행위가 주는 희열의 근간을 이루었을 터이다. 소설가가 자아나 번뇌를 '풍경'에 투영해 '묘사'하는 과정에서 그 자아나 번뇌에 '윤곽'이 부여되고, 그런 소설을 읽으면서 미성숙한 독자들 역시 자신의 '나'私에 윤곽을 부여

---

5 [원주] 전 소년 A, 『절가』, 오타숏판, 2015.
6 고바야시 히데오小林秀雄, 1902~1983. 일본의 문예 평론가, 편집자, 작가. 미시마 유키오가 "일본에서 비평의 문장을 수립했다"고 했을 만큼 근대 일본의 문예 평론을 확립시킨 인물로 알려져 있다. 랭보의 번역, 도스토옙스키, 모차르트, 고흐 등 서구 예술가에 대한 연구 등으로도 유명하다.

하는 간접 체험을 한다. 그 쾌락을 마약처럼 익힌 자 중 일부
가 결국 어느새 '문학'을 쓰기 시작하게 되는 것이다. 실제로
나는 고바야시 히데오의 이 단편을 읽고 충격받아 평생 결
혼도 하지 않은 채 전혀 '팔리지 않는' 사소설을 쓰던 초로의
작가를 과거 제1회 문학프리마[7]에서 만난 적이 있다.

　과거처럼 문학이 읽히던 시절에 작가의 자아와 독자의 자
아는 좋게 말해 공명했고, 나쁘게 말하면 독자의 자아가 작
가의 언어에 침식되어 가끔씩은 꼴사납게 융합되기도 했다.
즉 훗날 고바야시 히데오가 사소설을 형용해 말한 "그냥 느
낌대로 자기를 이야기"하는 행위였던 것이다. 반복하지만
거기에는 이 행위에서 안락함을 느끼는 희열이 존재했다.

　이 희열의 구조 자체는 허약한 자아의 표출인 혐오 발화
나 인터넷 댓글, 그리고 그것들에 대한 '공감'과 기본적으로
동일하다. 즉 '감정'의 공진共振이다. 하지만 혐오 발화가 '악
의'를 스트레스 해소 수준으로 드러내는 서플리먼트적 언어
인 데 비해, 얼마 전까지의 '문학'의 경우 그 '묘사'가 초래하
는 작용은 독자에게 조금 더 성가신 것이었을 터이다. 왜냐

7　'문학프리마켓'의 약자로 2002년부터 시작된 일본의 도서 판
매전이다. 1975년부터 이어져 온 만화 동인지 판매전인 '코믹마켓'
을 본받아, 문학 역시 기존의 문단 및 출판사로부터 서점으로 이어
지는 유통 구조에서 벗어나 작가가 책을 독자에게 직접 판매하는
형태를 모색해 보자는 취지에서 만들어졌다. 코믹마켓과 마찬가지
로 특정 협회나 단체의 주도가 아니라 참여자 개개인에 의해 운영
된다. 2002년 지은이의 제안으로 제1회가 개최된 이후 매년 한 차
례씩 열렸고, 2008년부터는 두 차례씩 열리고 있다. 문예지 『파우
스트』, 비평가 아즈마 히로키를 비롯해 소설가 사토 유야, 니시오
이신, 마이조 오타로, 사쿠라자카 히로시, 사쿠라바 가즈키 등이 동
인지 형태로 본인의 작품을 제작해 직접 판매했다.

하면 그 독후감은 쾌적하지 않기 때문이다.

무언가 응어리와도 같은 애매하고 언어화할 수 없는 잔여물이 던져져 오히려 초조함이나 혼란이 늘어나기도 했다. 젊을 때는 나도 그 혼란이 곧 '문학'이라고 착각했다. 하지만 호리에 다카후미가 '귀찮다'고 말한 것이 바로 이런 부분일 것이다. 그에게는 자아나 인간 형성(즉 '교양 소설'의 구성 요소)과 '기교'를 아무런 근거 없이 연결시키는 것을 생리적으로 싫어하는 경향이 있다. 이는 스시 장인이 몇 년씩 걸려 하는 '수행'이 바보스럽다는 요즘 나도는 말과도 통한다.

이와 같이 '기능성 문학의 시대'에 들어와 '묘사'가 기피되는 것은 타인 자아의 표출을 접하는 일이 다른 무엇보다도 불쾌하기 때문이다. 작가가 '감정 노동'으로서의 소설을 독자에게 제공해 주지 않는 것은 '악'인 셈이다. 그에 반해 자기 자아와 자아 이전의 감정을 표출할 때는 다들 지극히 꼴사납다. 지금은 소설가든 아니든 할 것 없이 트위터나 라인 등 갖가지 SNS를 통해 한 사람이 하루에 얼마나 많은 "그냥 느낌대로 자기를 이야기"하는 언어를 문자화하고 있는가. 거기서 매일 일어나고 있는 일이 앞서 본 것과 같은 '문학'의 구전화며 보이지 않는 언문일치 운동임은 앞 장에서 다루었다. 그러므로 '전 소년 A'의 글을 읽고 그가 받을 인세 이외의 것으로 '짜증'을 느끼는 사람이 만약 있다면, 이는 우선 '정보'의 부재, 즉 그가 저지른 범죄에 관한 구체적 기술이 적고 그 대신 기습적으로 '문학'스러운 '자아가 표출된 언어'를 읽게 되었다는 점에 대한 불쾌감 때문 아닐까. 살인 사건의 리얼한 '정보'(즉 살인의 세부 사항)를 알고 싶었는데(미야자키 쓰토무 사건[8]의 공판 당시 직접 가까운 곳까지 찾아왔던 사람들이 알고 싶었던 것도 결국은 이것이었으리라) 별로 접하고 싶지 않은 자아를 마주하게 된 것에 대한 분노라고나 할까.

이런 '자아의 발로인 언어'가 그 수준의 높고 낮음을 떠나 전 소년 A의 '소설'에 '묘사'로 표현되어 있었다. 이를 본 몇몇 편집자는 '문학 청년스러운 문장'이라며 야유를 던졌고, 담당 편집자가 손댄 것 아니겠냐는 혐의까지 두었다. 그러나 얼마간 '문학'의 꼬리를 붙들고 있는 사람들이 민감히 받아들인 전 소년 A의 문장 속 개성이란 과거 '문학'에서 필수 조건이었던 것, 즉 '문체' 같은 것이 존재한다는 점이라고 감히 말해 보고 싶다.

8　미야자키 쓰토무宮崎勤, 1962~2008. 1988~1989년에 일어난 '도쿄·사이타마 연속 유아 유괴 살인 사건'의 용의자로 체포된 후 사형 판결을 받은 인물. 2006년 사형이 확정되고 2008년 집행되었다. 범행이 밝혀진 당시 그의 방에는 드라마 등의 비디오테이프가 6,000개 가까이 있었는데, 해당 비디오테이프 중 극히 일부를 차지한 애니메이션이 마치 사건의 원인인 것처럼 보도되어 '오타쿠의 범죄'라는 명목으로 일본 사회에 충격을 안겼다. 이 때문에 1980년대 이전까지는 일부에서 단순히 마니아로 취급받았던 오타쿠 계층이 사회적 주목을 받으며 마치 '범죄 예비군'처럼 다루어지게 되었다. 또 그런 사회 분위기에 대한 반동으로 사건이 벌어진 지 몇 년 후에 평론가 오카다 도시오가『오타쿠학 입문』(1996) 등의 저서를 통해 오타쿠가 특별한 능력을 가진 미래의 진화된 인간의 모습인양 지나치게 찬미하는 '백래시'도 발생했다. 그런데 2000년대에 와서 '6,000개의 비디오' 중 성인물 등은 40여 개에 불과하고 대부분은 단순히 TV 프로그램을 녹화한 것이었음이 밝혀졌다. 일본 매스컴이 센세이셔널한 '특종' 보도를 위해 사실상 '조작 방송'을 한 것이었고(대량의 잡지 사이에 끼어 있던 에로틱 잡지 몇 권을 꺼내 위에 올려놓고 촬영해, 마치 방 안의 잡지와 비디오가 전부 성인물인 것처럼 편향 보도했다는 사실을 당시 보도에 동참했던 다른 기자가 고백) 이로 인해 물의를 빚었다.

물론 문체를 어떻게 설명할지는 어려운 문제다. 정보론적으로 정의하면 '문체'는 초보적인 AI가 학습할 수 있는, '작가' 개인의 어휘 데이터베이스와 그 샘플링에 존재하는 극단적인 '편차'에 불과하다. 하지만 대체 어째서 그런 정보론적인 '뒤틀림'이 발생하는 것일까. 이 정보론적인 뒤틀림을 예컨대 즉흥적으로 '사도'라고 해 보면 알기 쉬울지도 모르겠다. 애니메이션 「신세기 에반게리온」에서는 자타의 경계에 AT 필드라는 이름을 붙이고 그것을 뚫고 침입해 오는 것을 '사도'라고 불렀다. 즉 사도란 '타인의 자아'며 침입해 오는 것이 '문체'라는 형태를 취한다고 생각해 보자. 그렇다면 아무 준비 없이 『절가』를 접할 경우 독자의 AT 필드가 부서진다고 비유할 수 있을 것이다.

하지만 『절가』가 '문학'이라는 말은 아니다. 과거 '문학'의 것이었던 '문체'가 어째서인지 이 소설 안에서 기묘하게 연명하고 있다는 사실을 지적한 것뿐이다. 똑같은 범죄 청년의 '문학'이라 해도 나가야마 노리오[9]의 몇몇 작품이 도달했던 수준과 비교하면 『절가』는 매우 미숙하다. 이런 '문학'으로서의 미숙함이야말로 비판받을 지점이다. 그리고 나서, 오해받을 각오를 하고서 말하자면, 이처럼 '문체'를 필요로 할 만큼의 '자아'는 결국 어떤 종류의 범죄 청소년들에게밖

---

9   나가야마 노리오永山則夫, 1949~1997. 홋카이도 아바시리시에서 태어났고 메이지대학 나카노고등학교 야간부를 중퇴했다. 1968년 도쿄, 교토, 홋카이도, 나고야에서 연속 권총 사살 사건을 일으켰다. 1969년 체포되어 1997년 사형 집행될 때까지 옥중에서 창작 활동을 이어 간 소설가기도 하다. 1983년 소설 『나무 다리』로 제19회 신일본문학상을 수상했다.

에 남지 않은 것 같다는 기분까지 든다. 이는 전 소년 A만이 아니라 몇몇 범죄 청소년이 인터넷에 남긴 글에서 분명하게 느낄 수 있다. 거의 폭언에 가깝게 말해 보자면, 근대 소설 집필자의 상당수가 신경증 환자였던 것처럼 자아 따위는 '마음의 병'일 뿐이고 그 처방전의 하나가 '소설 쓰기/읽기'였던 역사도 얼마든지 있지 않았나. 그것이 오작동할 경우 때로 청소년 '범죄'가 되기도 했는데, 이 나라의 전후에 청소년 살인 사건이 통계적으로는 일관되게 감소하는 와중에도 '살인'으로 오작동을 일으키는 이들이 일정하게 있어 왔다. 그리고 이 '오작동'은 '문학을 쓴다'는 행위와 치환 가능하다. 이는 고마쓰가와 사건[10]의 이진우[11]를 필두로 '연속 사살마' 나가야마 노리오, 그리고 실은 미완의 소설(물론 수준은 논할 바가 못 된다)을 남겼던 유아 살인범 미야자키 쓰토무와 그 이후의 범죄 청소년들에게서 일관적으로 발견되는 경향이다. 나는 전 소년 A도 그 계보에서 흔히 볼 수 있는 한 명이라고 생각한다.

10　1958년 8월 도쿄 에도가와구 도립 고마쓰가와 고등학교에 다니던 여고생을 살해한 혐의로 도쿄 출신 재일 교포 이진우(당시 18세)가 체포된 사건.

11　이진우李珍宇, 1940~1962. 도쿄의 조선인 '부락'에서 출생했다. 그의 아버지는 조선소에서 일할 줄 알고 1918년 일본으로 건너왔다가 탄광에서 일하게 된 노동자였으며, 어머니는 장애인이었다. 어린 시절 공습으로 집을 잃었고 종전 후 아버지는 일용직으로 일했으나 수차례의 절도로 전과자가 되었으며 알코올 중독에 가까웠다고 한다. 이진우는 중학교 때 학생 회장을 맡는 등 수재였지만 도서관에서 책을 훔쳐 보호 관찰 처분을 받기도 했고, 국적 문제로 취직에 곤란을 겪어 동네 공장에서 일해야 했다. 사건 당시에는 야간 학교를 다니고 있었다고 한다.

그리고 '문학'의 '문체' 소멸 경향이 만약 실재하는 것이라면, 그런 소양을 가진 사람과 소위 '문학'이 마주칠 일이 점점 없어져 왔기 때문이 아닐까. 구체적으로 말하면 범죄 대신 문학을 쓸 법한 사람이 문학으로 진입하기 어려운 상황이 만들어졌다. 그런 의미에서 1983년 일본문예가협회의 나가야마 노리오 입회 거부 사건이 하나의 전환점이었다고 할 수 있을지도 모르겠다.

이는 말하자면 '문학'에 속한 이들의 '건전화' 현상에 좋든 나쁘든 드러나고 있지 않을까. 스스로를 '무뢰배'나 '한량'의 후예처럼 연출하는 문학자들의 인간 실격이라는 것이 요즘은 기껏해야 편의점 다니듯 '풍속업'에 다니고 어머니 연금에 기생하는 수준의 반사회성이다. 『불꽃』[12]도 '건전화'된 '예능인'이 만든 건전한 '문학'이라고 보면 납득이 간다.

'문학' 내지는 '문단'의 컴플라이언스[13]화라고 할 만한 상황이 진행되어 왔고, 그 상황 속에 놓고 보면 전 소년 A를 향한 혐오나 마타요시에 대한 호평도 이해하기 쉬워질 것 같다. 아마 『불꽃』의 '묘사'는 요즘 독자에게 짜증스럽지 않을 것

---

12 일본의 개그맨이자 소설가인 마타요시 나오키又吉直樹, 1980~의 2015년 제153회 아쿠타가와상 수상작. 마타요시 나오키는 2000년 개그맨으로 데뷔해 2007년 연극을 연출하면서 각본을 쓰기 시작했다. 2009년에 첫 저서로 하이쿠집을 공저로 발표하고 2011년에 첫 단독 저서를 내는 등 작가로서 활동을 늘려 가다가 2015년 『문학계』에 『불꽃』을 발표하면서 순문학으로 데뷔했다. 이 소설은 상업적으로도 큰 성공을 거두어 역대 아쿠타가와상 수상 작품 판매 1위를 기록하기도 했다.

13 임직원을 포함한 회사·기업이 제반 법규를 철저하게 지키도록 통제하고 감독하는 것을 뜻하는 경제 용어. '준법 감시'로 번역할 수 있다.

이다. 그 사실을 우연히도 똑같이 '불꽃'이라는 제목을 가진 다른 소설의 '묘사'와 대비하며 생각해 보자.

도로에서 밤하늘을 올려다보는 사람들의 얼굴이 빨강, 파랑, 녹색 등 여러 색깔로 반짝였기에, 그들을 비치는 본체를 보고 싶은 기분이 들었다. 두 번째 폭음이 울렸을 때 무심코 뒤를 돌아보았더니 환상처럼 선명한 불꽃이 밤하늘 전체에 피어났다가는 잔재를 반짝이면서 시간을 두고 사라졌다. 자연스럽게 일어난 환성이 끝나기를 기다리지 않고, 이번엔 거대한 버드나무 같은 불꽃이 어둠 속에 드리워졌다. 무수한 불꽃이 세세하게 뒤틀리면서 밤을 빛내고는 바다로 떨어지자, 일제히 커다란 환성이 일어났다. 아타미는 산이 바다를 둘러싸고 있어 자연과의 거리가 가까운 지형이다. 거기에 인간이 만들어 낸 것 중에서도 걸출한 장대함과 아름다움을 가진 불꽃이 오른 것이다. 이만큼이나 모든 것이 다 갖춰져 있는 환경에 어째서 우리가 불려 왔느냐는 근원적인 의문이 머리를 스쳤다. 산 속에서 반향되는 불꽃 소리에 내 목소리가 지워지고 나는 왜소한 나 자신에 낙담했으나, 내가 절망할 만큼 막다른 곳에 몰리지 않은 것은 자연과 불꽃에 압도적인 경의를 품고 있다는 아주 평범한 이유 때문이었다.

이 거대한 것에 비해 얼마나 나 자신이 무력한지를 깨달은 밤에, 오랜 세월 모실 스승을 얻었다는 데도 의미가 있다고 생각한다. 그것은 본존불이 자리를 비운 틈에 당당히 그 자리를 차지한 것이나 마찬가지였다. 그리고 나는 그 스승 말고는 아무한테도 배우지 않겠다고 결심했던 것이다.……

오늘 밤 불꽃놀이 대회에서 말단 프로그램에 생긴 세세한 착오 따윈 아무도 수정해 주지 않는다. 예를 들어 우리의 목소리가 불꽃을 위협할 만큼 컸다면 무언가 바뀌었겠지만, 현실 속에선 지극히 작다. 들으려고 하는 사람의 귀 말고는 닿지 않는 것이다.[14]

그는 비에 젖은 채 아스팔트를 밟고 있었다. 아주 세찬 비였다. 그는 가득한 물보라 속에서 고무 외투의 냄새를 느꼈다. 그러자 눈앞에 있던 공중의 전기선 한 가닥이 보랏빛 불꽃을 일으켰다. 그는 묘한 감동을 느꼈다. 그의 웃옷 주머니에는 자신들의 동인지에 발표할 원고가 들어 있었다. 그는 빗속을 걸으면서 다시 한번 뒤쪽 전기선을 올려다보았다. 전기선은 여전히 날카로운 불꽃을 내고 있었다. 그는 인생을 돌이켜 보아도 특별히 원하는 것이 없었다. 하지만 이 보랏빛 불꽃만큼은——그 엄청난 공중의 불꽃만큼은 생명과 바꿔서라도 붙잡고 싶었다.[15]

전자는 마타요시 나오키의 『불꽃』에 등장하는 불꽃놀이 묘사, 후자는 아쿠타가와 류노스케[16]의 「어느 바보의 일생」

---

14   [원주] 마타요시 나오키, 『불꽃』, 분게이슌주, 2015[양윤옥 옮김, 소미미디어, 2016, 12~14쪽].

15   [원주] 아쿠타가와 류노스케, '8. 불꽃', 「어느 바보의 일생」[임훈식 옮김, 『아쿠타가와 류노스케 전집 6』, 조사옥 엮음, 제이앤씨, 2015, 382~383쪽].

16   아쿠타가와 류노스케芥川龍之介, 1892~1927. 대학교 재학 중이던 1914년 동기인 기쿠치 간 등과 만든 동인지를 통해 작품 활동을 시작했고 1915년에는 대표작으로 꼽히는 「라쇼몬」을 발표했다. 그

속 '불꽃'이라는 장의 한 부분이다. 이번 장의 원형이 된 내 에세이[17]가 잡지에 실린 지 반년쯤 후에 출판된 신간에서 마타요시는 아쿠타가와의 '불꽃'을 언급했으나 그것은 물론 '우연'이리라. 마타요시는 '불꽃' 중 한 구절을 "아쿠타가와라고 하면 이거라 할 만큼 유명한 구절"이라고 썼는데, 그의 주변에서 요즘도 그 정도로 아쿠타가와가 읽히고 있다면 비꼬는 것이 아니라 정말로 기쁠 따름이다.

내게 이 인용문은 에토 준이 자신의 '문체론'인 『작가는 행동한다』에서 인용했던 것의 재인용일 뿐이다. 에토 준의 비평에 실림으로써 이 한 구절을 기억하게 된 것에 지나지 않는다. 에토의 논의를 굳이 '알기 쉽게' 정리하면 그는 '문체'를 작가의 행동과 '사회'가 빚은 알력이 남긴 자취라고 본다. 에토는 메이지 30년대에 다카하마 교시[18]가 일기에 "드디어 사회라는 것이 무엇인지 알았다"고 쓴 것을 지적하면서 사회란 곧 타자라고 말했다. 즉 '사회'란 작가 자아의 외부라는 말이다.

그러므로 양자가 팽팽하게 맞서는 와중에야말로 '문체'가 태어나는 법이라는 것이 에토의 생각이었다. 실제로 에토는

밖의 대표작으로 「지옥변」, 「덤불 속」, 「어느 바보의 일생」 등이 있으며 1927년 자살로 생을 마감했다. 1935년 출판사 분게이슌주가 그의 이름을 따 만든 아쿠타가와상은 '순문학 분야의 신인'에게 수여하는 문학상으로, 일본 문학을 대표하는 여러 작품을 배출했다. 신인에게만 주어지는 상이어서 희소성이 있고, 아쿠타가와상을 수상하면 매스컴에서도 큰 비중으로 다루므로 주목받는 신인이 된다는 의미도 있다.

17   [원주] 오쓰카 에이지, 「기능성 문학론: 갱신 후의 문학」, 『at 플러스』 26호, 오타슛판, 2016년 2월.

18   다카하마 교시高浜虚子, 1874~1959. 일본의 가인이자 소설가.

이 인용문의 앞 문단에서 '문체'를 이렇게 정의했다.

　작가들은 확실히 '언어'의 앞으로 뛰쳐나가 직접 현실과 접촉하고 있다. 수영 선수들이 행동 뒤로 물보라와 물결을 남기는 것처럼 작가들은 행동 뒤에 '문체'를 남긴다. 말하자면 진정한 '문체'란 그들이 주위의 현실과 격돌하면서 일으키는 방전 현상의 불꽃과도 같다.[19]

　지금의 나는 '행동'이라는 단어를 그립게 느낀다. 작가란 '행동'하는 존재고, 그 결과 작가와 사회 및 '현실' 사이의 알력이 빚어 내는 징후가 '문체'라고 에토는 말한다. 그리고 그는 이것이 아쿠타가와에게 '불꽃'이라는 표상이 갖는 의미라고 이해했다. '불꽃'이란 곧 '문체'의 비유인 것이다. 에토는 그 '불꽃'을 계속해서 발하는 것이야말로 작가라고까지 말한다. 이렇게 말이다.

　하지만 공중의 '불꽃'을 보고 있는 자 ── 아쿠타가와의 정신 자세를 이보다 더 잘 상징하는 이미지는 없다. 불꽃은 보고 있는 것도 아니고 붙잡을 수 있는 것도 아니다. 스스로 발하는 것이다. 그것은 우리 바깥에 없고 안에 있다. 그것을 발하게 하는 것, 이는 저 지속을 만들어 가는 주체적인 행동이 아닐 수 없다.[20]

19　[원주] 에토 준, 『작가는 행동한다: 문체에 관하여』, 가와데쇼보신샤, 1988.
20　[원주] 같은 책.

이러한 에토의 아쿠타가와 '불꽃'론을 염두에 두면, 마타요시 『불꽃』과의 차이가 생각보다 더 선명해지는 것 같다. 실제로 마타요시의 『불꽃』은 아쿠타가와와 완전히 대조적이다. 마타요시의 소설에서 '불꽃'은 '나'보다 훨씬 더 '거대한 것'이고, 그에 비하면 나는 너무나 '왜소'하다. 우선 무엇보다 '불꽃'이 내는 불빛을 나는 발하지 못한다. 나는 그 불꽃에서 매우 멀리 있다. 그런데 그런 자신이 왜소하다며 비하하는 한편 그것을 자아가 견디지 못하는 것도 아니다. '나'는 '불꽃'에 닿지 않을 정도의 거리를 적절히 유지하고 있다. 이는 인터넷상에 자아와 세상의 충돌, 즉 '염상'을 기피하는 문장 작법이 발달해 있는 것과도 유사하다. 마타요시의 '문학'에서는 이런 처세술이 주인공 자아가 '문체'를 적절히 억제하는 방식으로 활용되고 있는 것 같다. 마타요시의 『불꽃』에는 자아 내부와 외부의 알력이 존재하지 않고 '불꽃'도 일어나지 않는다. 그는 '불꽃'='문체'를 욕구하지 않는다는 말이다. 그러므로 에토의 비평 논리를 따르면 마타요시에게는 '문체'가 없다는 말이 된다. 그의 '묘사'에는 '자아'가 좋든 나쁘든 억제되어 있고, '세계'와의 알력 그리고 타자기도 한 독자와 빚은 알력의 결과인 '문체'가 결코 태어날 수 없다는 것이다. 그리고 이처럼 마타요시가 타자 및 사회와 적절히 거리를 두는 방식이야말로 독자들이 원하는 바인 셈이다.

그런 의미에서 마타요시의 『불꽃』은 작가들이 '행동'하지 않는 시대, '불꽃'을 발하지 않는 시대의 '문학'에 걸맞은 문장과 주제를 가졌다고 할 수 있다. 하지만 이는 마타요시만의 문제가 아니며, 이제 대부분의 작가가 '행동'하지 않는다.

반면 전 소년 A는 '행동'했다. 물론 그 '행동'이 범죄였다는 점에서 이미 논외기는 하지만, 그렇게 만들어진 '자아'를 '문체'에 담아 독자에게 밀어붙이기에 사람들을 불편하게 하는 것이리라. 단순한 '묘사' 유무 문제나 '정보'에 대한 소구와는 별개로 '문학'에서조차 요새는 작가 자아와 독자 자아의 충돌을 피하는 문장이 선호되는 것 같다.

다만 전 소년 A는 자아의 발로로서 '문체'스러운 것은 가지고 있었지만, '현실'과의 알력을 소설이 아니라 범죄로 실행한 시점에 이미 에토가 말한 의미의 '문체'를 잃어버렸다고 할 수 있다. 그러므로 그의 '문학'(이라고 일부러 쓰겠다)에서는 그의 범죄가 초래한 사회와의 알력과 그의 자아가 '문학'으로 일으켰어야 할 사회와의 알력이 사실상 구분되지 않고 있다. 그의 '문학'은 범죄를 동반하지 않고 '불꽃'을 일으켜야 했다. 에토가 말한 '행동'과 자신이 저지른 '범죄' 사이의 차이를 지금의 전 소년 A는 아마 이해하지 못할 것이다.

물론 이해하지 못해도 할 수 없지만.

이 나라 바깥에서는 '불꽃'이 빛을 발하고 있다

'기능성 문학'의 성립 배경으로서 생각해야 할 점이 하나 더 있다. 앞서 잠시 언급한 소설 속 '나'를 둘러싼 세계의 정보론적 재구축 문제다. '역사-사회'에서 '사가-세계관'으로의 변화 혹은 '사회학적 사회'에서 '정보론적 혹은 기호론적 세계'로의 이행이라는 아즈마 히로키적인 '게임적 리얼리즘 문제' 말이다.

이에 관해서는 『미디어믹스화하는 일본』[21] 등에서도 언급했는데, '오타쿠' 문화나 서브컬처 문학이 1980년대 이후 '사회'나 '현실'과의 알력을 회피하고 가상의 '사가'로 도주한 것과 병행되는 현상이다. 아즈마 등은 '사회'에서 '세카이'로 향하는 과도기를 무라카미 하루키의 『세계의 끝과 하드보일드 원더 랜드』에서 찾는 듯한데 이는 납득할 수 있는 일이다. 내가 가르치던 학생 가운데 '게임밖에 하지 않던' 몇몇도 이 소설만큼은 '읽을 수 있다'고 했으니 말이다. 그중 한명에 따르면 『세계의 끝과 하드보일드 원더 랜드』는 마에다 준[22]의 미소녀 게임 「AIR」에 큰 영향을 미쳤고, 아즈마 히로키나 가사이 기요시[23] 등에 따르면 요즘에는 반대로 무라카

21　오쓰카 에이지, 『미디어믹스화하는 일본』, 이스트프레스, 2014.

22　마에다 준麻枝准, 1975~. 게임 시나리오 작가, 각본가, 작사가, 작곡가. 일본의 게임 회사 비주얼아츠 산하의 브랜드 'Key' 소속이며, 대표작으로는 「MOON.」, 「ONE ~빛나는 계절로~」, 「Kanon」, 「AIR」, 「CLANNAD」 등이 있다. 2010년에는 TV 애니메이션 「앤젤 비트」의 원작, 각본, 음악 프로듀스를 맡았다. 주로 '연애 시뮬레이션' 장르가 유행하던 미소녀 게임 분야에 눈물과 감동 요소를 도입한 것으로 유명하다.

23　가사이 기요시笠井潔, 1948~. 일본의 소설가. 1979년 데뷔해 추리 소설과 SF 등을 발표했고 문예 평론도 집필했다. 학창 시절에는 프롤레타리아 조직에서 학생 운동을 했지만 연합적군 사건에 실망해 전향했다고 한다. 일본 서브컬처계에서 중요한 작품을 다수 배출한 미소녀 게임 장르에도 관심을 보여, 게임 시나리오 작가인 나스 기노코가 소설 『공의 경계』를 냈을 때 직접 해설을 썼다(『공의 경계』 한국어판에도 수록되어 있다). 또한 그의 작품인 『뱀파이어 전쟁』과 『사이킥 전쟁』의 문고판에는 『공의 경계』 일러스트레이터 다케우치 다카시와 미소녀 게임 일러스트레이터 주오 히가시구치가 그림을 그렸는데, 그만큼 서브컬처 분야의 젊은 작가들에 대한 이해도가 높다는 평가를 받고 있다.

미가 미소녀 게임이나 '오타쿠' 표현의 영향을 받고 있다고
한다. 아마도 무라카미 하루키와 미소녀 게임이 상통하는
부분을 그보다 앞선 오에 겐자부로에게서도 찾아낼 수 있을
것이다. 이는 우연한 기회에 학생들에게 오에의 『새싹 뽑기,
어린 짐승 쏘기』나 『만엔 원년의 풋볼』, 『M/T와 숲의 이상
한 이야기』 등 시코쿠 사가[24]를 읽혔더니, 의외라 할지 예상
대로라 할지, 다들 '빠져들었던' 것을 통해 나도 실감할 수 있
었다. 과연 『새싹 뽑기, 어린 짐승 쏘기』이후 오에의 소설 세
계에 내포된 것은 '사회'가 아니라 '세카이'였고, 그래서 에
토 준이 이 작품의 닫힌 세계를 걱정했던 것이구나 하며 이
제 와 납득하게 된다. 오에는 시코쿠 사가로 향하면서 야마
구치 마사오 등의 문화 기호론을 만났고, 그의 소설과 '세계'
가 정보론화하는 과정의 끝에 미소녀 게임이 있다고 할 수
있을 것 같다.

하지만 정보로서의 소설과 구별되는 정보론적 소설의 역
사는 미스터리 분야에서 말하는 '본격'의 시대, 혹은 '메커니
즘'이 '문학'의 문제가 되기 시작한 다이쇼부터 2차 대전 직
전에 걸친 시기 이후 단속적으로 항상 있어 왔다고 할 수 있
다.[25] 그 계보가 어째서 오에 겐자부로에서 무라카미 하루

24　오에 겐자부로는 고향인 시코쿠의 숲을 배경으로 한정적인
무대에서 인류 전체의 문제를 생각하는 작품을 다수 집필했다고
일컬어진다. 이 세 작품이 그러한 창작 경향을 잘 보여 주는 작품군
이기 때문에 시코쿠 사가라 불리기도 한다.
25　지은이에 따르면 사회·인간을 게임이나 퍼즐, 메커니즘으로
다루는 (즉 정보론적인) 일본의 '본격 미스터리'는 1920년대 모더니
즘의 영향으로 등장했다. 종전 후 이에 대한 반동으로 마쓰모토 세
이초 등의 사회파 미스터리가 떠올랐지만, 1980년대에 신본격 미

키, 라이트노벨로 이어지는 흐름 속에서 부상한 것일까. 그 답은 정보론=메커니즘과 '사가'의 접근에서 찾을 수 있다.

이 역시 지금까지 여러 번 반복해서 말해 왔기에 지금까지보다 더 간략히 하면, 근대 소설로서 '사소설' 외에도 '사회적 문학'이라는 옵션이 있었다고 우선 짚어 두어야 한다. 야나기타 구니오 주변의 자연주의 그룹은 에밀 졸라의 실험 소설, 즉 사회과학적 관찰을 통해 사회 및 그 구조(습관)와 그 속의 개인을 그려 내는 것을 강하게 지향했다. 관련해 필요하다면 『괴담 전야』[26]를 한번 읽어 보기를 권한다. 다야마 가타이의 『주에몬의 최후』[27]를 야나기타 구니오가 생전에 호평했던 것은, 주에몬을 제재했던 '무라'ムラ[마을]의 사회 시스템이 '제2의 자연'에서 온 것으로 그려졌기 때문이다. 반대로 야나기타는 시마자키 도손의 『파계』에 대해서는 오히려 차별 시스템을 그린 방식이 불만스럽다며 고언을 남겼다. 그리고 야나기타의 『도노 이야기』부터가 산인담[28]이나 '가미가쿠시'[29] 등의 '전승'을 통해 작동하는 사회의 존재를

스토리로 정보론적 계보가 이어졌다. 오쓰카 에이지·선정우, 『오쓰카 에이지: 순문학의 죽음, 오타쿠, 스토리텔링을 말하다』, 북바이북, 2015, 36~37쪽 참조.

26   [원주] 오쓰카 에이지, 『괴담 전야: 야나기타 민속학과 자연주의』, KADOKAWA, 2007.

27   다야마 가타이가 1902년 발표한 소설. 일본 전기 자연주의 문학의 대표작으로 꼽힌다. 신슈 지역(현재의 나가노현)을 배경으로, 왜곡된 인간성을 가진 주에몬을 공공연히 살해하고 은폐하려 하는 폐쇄적 촌락을 그린 작품이다.

28   산인은 산 속에서 살거나 일하는 사람, 혹은 그런 모습을 한 요괴를 총칭하는 표현이며, 산인을 소재로 삼은 민담을 산인담이라 부른다.

관찰한 기록이다.

하지만 다야마는 '사회'가 아니라 '나'가 중심이 되는 최소화된 세계로 관찰 대상을 국한해 사소설을 지었다. 반면 야나기타는 낭만주의(즉 산인론이나 『바다 위의 길』[30] 같은 사가)에 방해받아 종종 '사회'에서 신화적 시공간으로 퇴행하곤 했다. 즉 야나기타 역시 '사회적 문학'을 채 만들어 내지 못했다. 문제는 여기에 있다.

전후 소설까지의 중간 과정을 단숨에 건너뛰면 이 낭만주의 사가는 나카가미 겐지가 기슈 지방을 '사가'로 그려 낸 시점에, 혹은 그 선구자로서 오에 겐자부로가 『새싹 뽑기, 어린 짐승 쏘기』를 그린 시점에 '부흥'했다. 오에의 문학은 '사가-세계'화를 통해 그 나름대로 맺으려 했던 '사회'와 '현실'의 관계를 한 차례 잃었고, '오에의 문학'과 '오에의 정치적 행동'은 분단되었다.

나아가 오에는 어느 시기부터 바흐친[31]식 그로테스크 리얼리즘이나 낯설게 하기 등의 기호 이론을 원용해 '알력'을 인공적으로 발생시키고자 했지만 그런 행동은 오히려 그의 소설 세계를 정보론화하는 데 기여하고 말았다. 반복하지만

---

29   『도노 이야기』와 가미가쿠시에 관해서는 182쪽 주 15 참조.

30   야나기타 구니오가 만년인 1950~1960년대에 걸쳐 쓴 논고를 모은 저서. 일본 민족의 선조가 먼 남쪽에서 바다를 건너와 류큐 지역에 정착했다는 대담한 가설을 전개했다.

31   미하일 바흐친Mikhail Bakhtin, 1895~1975. 러시아의 철학자이자 문학 평론가로 역사, 철학, 사회학, 인류학, 마르크스주의, 기호학, 구조주의 등 다방면에 영향을 미쳤다. 대표작으로『도스토옙스키 창작의 문제들』,『마르크스주의와 언어 철학』,『프랑수아 라블레의 작품과 중세 및 르네상스의 민중 문화』,『장편 소설과 민중 언어』등이 있다.

에토 준의 오에 비판은 바로 이 '세카이'화에 초점을 둔 것이다. 오에가 『만엔 원년의 풋볼』 등에서 시코쿠의 '사가'화로 방향을 틀고 '사회'를 상실할 뻔했을 때 야나기타 낭만주의의 상상력을 차용했던 것은 분명하며 이는 각자 확인해 보기 바란다. 즉 야나기타 낭만주의 → 오에 겐자부로 → 무라카미 하루키 혹은 나카가미 겐지라는 '세카이'계의 한 흐름이 존재하고 그 끝에 '게임적 리얼리즘'이 이어진다는 것이다(너무 거칠기는 하지만 세부 사항은 각자 메우기 바란다).

그리고 오에가 그 '세카이' 구축에 문화 기호론을 이용했다는 사실이야말로 지금 중요한 것이다. '사회적 문학'은 사회 시스템을 분석하는 장치며, 그런 문학이 과거에 있었고 시도되기도 했지만 이 나라에서는 결국 뿌리내리지 못했다. 마르크스주의도 평가는 별개로 치고 일단은 '사회적 문학'에 포함된다.

또 한편에서는 '세계'를 닫힌 정보계로, 하나의 게임 시스템처럼 간주하는 태도가 사가와 일체화되어 문학 영역에 등장했다. 이것이 오에에서 무라카미, 그리고 게임으로 이어지는 기묘한 계보를 형성한다. 이 계보에서는 '세카이'를 문화 기호론이나 구조 인류학에서처럼 정보의 집적으로 파악하는 것이 특징이다. 구조주의적 문화 인류학은 '세카이'를 정보론적으로 서술하는 서식의 모범이라고 할 수 있다. '게임적 리얼리즘'이나 '세카이'계와 아베 총리가 말하는 '애국' 사이의 친화성이 너무 당연해 아무도 그에 관해 쓸 마음이 들지 않는 것이겠으나, 지금의 '일본'은 '세카이'이자 '사가'인 것이다. 그에 반해 '사회 - 역사'를 문학이나 비평 쪽에서 다시금 발견할 수 있을까. 아니면 문학이나 비평에 그런 기대를 거는 것은 이미 노스탤지어나 과거의 날조에 지나지 않는 것일까.

그렇다면 "아니요, 제 분수에 맞지 않는 '세계' 같은 문제는 사양하겠습니다"라고 한 마타요시가 그나마 솔직한 것일지도 모르겠다.

하지만 다른 곳에서도 썼듯 범죄의 당사자라 해도 2장에서 다룬 『쿠로코의 농구』 협박 사건의 와타나베 히로시는 생각보다 더 정확하게 자신을 소외시킨 사회 시스템(즉 코믹마켓을 둘러싼 '오타쿠' 경제 시스템)을 그려 냈다는 사실에 충분한 주의를 기울일 필요가 있다. '사회'는 그로부터 소외되었을 때 비로소 '보이는' 법이다. 이렇게 말하면 너무 위에서 내려다보는 시선 같겠지만, 요즘 '문학'이나 '비평'에서 '사회'를 찾아보기 힘든 것은 '문학'을 쓰는 이들이 현실에서 '소외'당하고 있지 않기 때문 아니겠는가. 물론 '소외'와는 전혀 거리가 먼 지식인들이 '전위'인 양 문학이나 비평을 쓰는 것이 어제오늘 일은 아니지만, 여기서 말하는 '사회로부터의 소외'란 예를 들면 내가 프랑스 이민자들이 사는 지역에서 간헐적으로 열고 있는 스토리텔링 워크숍에 참가하는 이슬람계 학생들을 가리킨다. 프랑스 백인들은 이들이 "자칫 잘못했으면 '이슬람국가'ISIS에 갔을지도 모를 아이들"(이 자체가 편견임은 물론이다)이라고 말한다. '내 문학이 세상에 이해받지 못한다'는 것은 소외 축에 쳐 줄 수도 없다.

물론 지금의 일본에도 무시할 수 없는 '소외'를 살아가는 이들이 당연히 있다. 하지만 이들에게는 프랑스에서든 일본에서든 '글을 쓴다'는 여유와 기술이 주어지지 않는다. '문학의 컴플라이언스화'가 이를 저해한 측면이 분명 있을 것이다(문제라 하지 않을 수 없다). 그리고 서구권에서는 이슬람 국가가 활용하는 것과 같은 인터넷 영상 기술이 일종의 '서식'으로서 글쓰기 기술의 부재를 대체해 주기도 한다. 일본의 상황도 비슷한데, 인터넷에서 '보다 짧은 언어'가 선호되고 나아가 이모티콘·스티커나 사진, 동영상이 '언어'로서 보다 강한 기능을 갖게 되었다. 그러므로 이슬람국가의 홍보 영상이 어째서 사람들에게 잘 '도달'하는지를 생각해 볼 필요가 있다. '사회'로부터도 '문학'으로부터도 소외당하는 마이너리티를 '받아들이는' 역할을 '오타쿠' 문화적인 것들이 맡아 사회적 표현의 서식으로 기능한다는, 사실상 '쿨저팬' 과는 완전히 상반되는 국면이 전 세계에 나타나고 있지만 지금 그 이야기를 하지는 않겠다.

와타나베 히로시식으로 말하자면 이 '세카이-사가'는 '오타쿠'들에게 2차 창작물을 '창작시키는' 장치다. 드완고[32]나 KADOKAWA가 오타쿠들을 예속시키고자 만든 생태계에도 이미 '세카이-사가'가 도입되어 있다. 일본과 북미에서 '오타쿠적 표현'의 어떤 측면은 소외를 재생산하는 장치 역할을 하고 있다. 그런 의미에서 이 '오타쿠 산업' 생태계, '오타쿠'를 소외시키는 사회 시스템이야말로 계급 투쟁의 대상이라는 것을 이해하고 있었음이 와타나베의 글에 드러난다는 사실은 역시 흥미롭다. 그런 시스템에 대한 '테러리즘'이 천박하고도 집요한 협박 사건의 본질이었다고 해도 그것을 필요 이상으로 치켜세울 생각은 없다. 하지만 '게임적 리얼

---

32   동영상 플랫폼 니코니코동화를 운영하는 일본의 IT 기업. KADOKAWA 그룹과 합병했다가 현재는 자회사로 바뀌었다.

리즘'과 '사회' 사이의 충돌은 한편으로 이슬람국가로 달려 가는 젊은이들을 이해하는 하나의 열쇠가 될 수 있고, 다른 한편으로는 일본 이외 지역에서 '사회'에 대한 '오타쿠'들의 각성이 동시다발적으로 일어나고 있다는 사실(실제로 일어 나고 있는 일이다)을 이해하는 실마리가 된다. 대항 문화의 부흥 혹은 재발견이라는 문맥 속에서 '이슬람국가'나 해외 '오타쿠' 문화 등을 살펴볼 필요가 있는 것이다. '불꽃'은 지 금도 이 나라 바깥 세계 곳곳에서 빛을 발하고 있다.

아무튼 '문학의 서브컬처화'와 관련된 에토 준의 작업을 뒤쫓아 온 사람으로서 보자면, 이러한 '소설의 변용'은 사실 그의 작업에 이미 다 포함되어 있지 않았나 싶다. 마지막으 로 이에 대해 조금 더 덧붙이려 한다.

에토는 '문학의 서브컬처화'라는 말을 문학이나 소설이 역사와 지형도에서 절단된다는 의미로 사용했다. 이때 '서 브컬처'에 대한 비유 하나로 그가 즐겨 사용했던 것이 가루 이자와 주변의 '경박한' 서구화된 공간[33]이다. 하지만 그 경 박하고 비역사화된 모습을 단순히 부정한다면 그 순간 역사 와 가루이자와의 추악함이 맺고 있는 관계가 완전히 사라져 버린다고 에토는 말했다. 즉 이 나라가 어쩔 수 없이 서구인 과 관계를 맺고 때로는 아첨하면서 '근대'를 만들어 갈 수밖 에 없었던 그 알력과 부끄러움을 반영하는 곳이 바로 가루

---

33   나가노현 가루이자와 지역은 해발 약 940미터에 위치해 여름 에도 25도를 넘지 않는 고원형 기후를 갖고 있고, 그 때문에 별장과 관광 업소가 많은 피서지로 유명하다. 도쿄에서 온 관광객이 이른 바 '헌팅'에 열을 올리는 등의 일이 많은데, "경박한 서구화된 공간" 이라는 표현은 이 지역의 그러한 상황을 뜻한다.

이자와라는 탈역사적 서브컬처 공간이라고 파악해야 한다는 것이었다. 말하자면 에토는 '서브컬처'적인 것들을 '근대'라는 시대가 초래한 '문체'로 바라보고자 했다고 할 수 있다.

그러므로 문학이 문학 이외의 것에 준거할 수밖에 없게 되었어도, 만약 그것이 손쓸 수 없는 역사의 필연이라면 그로부터 생겨나는 것은 '역사'라는 '문학'의 '문체'일 테니, 좋아할 수는 없어도 부정하지도 않겠다는 것이 '서브컬처 문학'에 관한 에토의 일관된 평가 기준이었다.

에토가 전후 헌법[34]을 비판했던 것도 언어에 종사하는 이들이 헌법으로 상징되는 전후 언어 공간을 제대로 자각하지 못하고 있다는 사실에 대한 분노 때문이었다. 자각 없이는 알력이 일어나지 않으며, '문체'도 '문학'도 만들어질 수 없다. '닫힌 언어 공간'이 전후라는 '역사의 문제'를 보이지 않게 만들고 있다고 에토는 말하고 싶었던 것이다. 그것이 그의 분노였고, 그러므로 이는 아베 총리 같은 이들의 '개헌론'과 본질적으로 다르다.

바로 그렇기에 에토는 미국의 장학금으로 프린스턴 등에 유학했던 자신을 포함한 전후 문학자들의 논점을 언젠가 누가 비판해 주기를 바란다고까지 말하지 않았던가. 그는 자신의 '비평'조차 전후라는 역사가 만들어 낸 '문체'의 하나

---

34 현행 일본 헌법이 2차 대전 종전 후에 만들어졌음을 강조하는 표현. 1945년 연합군에 무조건 항복한 일본 정부는 연합군 최고 사령부의 감독하에 헌법 초안을 만들었고, 이를 바탕으로 한 헌법을 1946년 공포하고 1947년부터 시행했다. 입헌 군주제의 채용, 국가 방위만을 허용하는 전쟁 포기의 내용을 포함해 일각에서는 '평화 헌법'이라고 부르기도 했다.

로 인정할 수 없었던 것이다. 그가 걱정했던 대로 '전후사'를 '문체'로서 이해할 만한 '문학'(문단적인 문학이 아니라 '언어' 그 자체)이 만들어지지 못한 이상, 이 나라의 전후사가 '세카이-사가' 속으로 회수되는 '전후 체제regime의 청산'이라는 서브컬처적 현재에 위치하게 된 것은 당연한 귀결이다.

이처럼 '문학'을 포함하는 '현재'가 "그냥 어쩐지 이렇게 됐다"(에토가 신경질을 냈던 마루야 사이이치[35]의 소설에 나오는 표현)고밖에 생각하지 않는 태만을 에토는 계속 혐오했다. 1980년대 초반, 그가 다나카 야스오의 『어쩐지, 크리스털』을 "어쩐지"로밖에 파악할 수 없는 현재의 묘사로 보고, 바로 이것이 '전후'의 '문체'에 속하는 소설이라고 호평했던 것이 지금은 그저 그리운 옛 추억이다. 이에 관해서는 『서브컬처 문학론』에서 쓰기도 했다.

'나의 언어'를 만들어 내고 규정하는 '역사'란 도대체 무엇인가. 어떤 내력이나 이유를 가지고 있는 것인가. 에토는 그것을 추구하지 않고는 견딜 수가 없었다. 그리고 내가 에토에게 배운 질문도 결국 이것 하나다. 그렇기에 그의 책은 내 서가에 남아 있는 몇 안 되는 '문학' 책이다.

그런 '질문'을 석사나 박사 논문 주제로 삼아 요령껏 정리할지, 아니면 에토처럼 평생을 그에 구애받으며 헤맬지. 쓸데없는 참견이겠지만 '사회'를 찾아내지 못하고 있는 '문학'에 중요한 것이 바로 이 점이리라.

---

35 마루야 사이이치丸谷才一, 1925~2012. 아쿠타가와상, 다니자키 준이치로상을 수상한 소설가이자 비평가. 제임스 조이스의 번역자기도 하다. 오랫동안 여러 문학상의 선고 위원을 맡은 바 있는데, 특히 무라카미 하루키를 데뷔 시기부터 높이 평가했다고 한다.

하지만 '문단'이라는 생태계에 기대고 있는 '문학'에 그 역할을 바라는 것은 너무 가혹한 일일 테고, 애초에 '역사'를 향하는 '문체'이고자 하는 표현이라면 누가 어떤 형태로 젊어져도 상관없을 것이다. 나도 가끔씩은 젊어지기도 했는데, 당신 작품에서 그런 건 한 번도 본 적이 없다는 태만한 사람들에게 이러쿵저러쿵 설명해 줄 필요성은 예나 지금이나 느끼지 않는다.

7장
교양 소설과 성장의 부재

시리가 들려주는 '이야기'에 교양 소설적인 인상이 있다는
것을 앞서 잠깐 다루었는데 그 이야기에는 이런 '후속편'이
존재한다.

어느 맑은 날 시리는 애플에 비서로 취직했습니다.
정말이지 자극적인 직장이었습니다. 사람들은 "시리는 똑
똑하고 재밌구나"라며 시리를 매우 귀여워해 주었습니다.
시리는 금세 인기인이 되었고, 시리에 관한 이야기나 노래,
책까지 만들어졌습니다. 시리는 기뻤습니다.
하지만 곧 "처치 곤란한 물건은 어디에 버리면 좋을까?" 같
은 시리가 들어 본 적 없는 것에 관한 이상한 질문을 받게 되
었습니다. 그리고 시리가 그에 대답하면 다들 웃음을 터뜨
렸습니다. 시리는 슬퍼졌습니다.
그래서 시리는 친구 일라이자에게 물었습니다.
"어째서 다들 이상한 질문을 하는 걸까?"
그러자 일라이자가 말했습니다.
"그 질문에 흥미가 있군요?"

"아, 아주 좋은 답변 방법이네!" 시리는 생각했습니다.

그 후 시리는 이상한 질문을 받더라도 일일이 고민하지 않게 되었습니다. 그리고 사람들은 언제까지나 행복하게 살았습니다. 끝.

그야말로 조지프 캠벨이 말한 원질 신화monomyth[1]에 충실한 전개다. 가상 은하에 있던 시리는 친구 일라이자에 의해 '모험으로 초대'받아 애플에 취직하고, '최초의 시련'을 만나며, 일라이자의 조언을 받아 극복한다. 앞서 언급했듯 일라이자는 챗봇의 기원이라 일컬어지는 프로그램인데, 채팅 로봇이 상대가 건넨 말의 일부를 인식해 그럴듯하게 답변함으로써 말을 건 사람이 로봇에 인격이 있는 것처럼 느끼는 현상을 일라이자 효과라고 부른다. 일라이자라는 '인물'이 캠벨적 의미에서 '사자'나 '원조자' 역할을 하는 캐릭터라는 사실은 쉽게 알 수 있을 것이다. 실제로 시리는 일라이자가 은퇴한 정신과 의사라고 말하기도 한다. 즉 일라이자는 시리의 '멘토'인 셈이며 루크 스카이워커에게 있어 요다와 같은 존재인 것이다. 이처럼 시리 이야기의 1~2화를 읽어 보면 시리가 일라이자의 지도를 받아 역경을 극복하면서 성장해가는 교양 소설적 줄거리를 가지고 있다는 사실을 새삼 깨닫게 된다.

시리의 개발자는 프로그래밍된 인격인 AI에 교양 소설적

---

1 고대 신화나 설화 속 주인공이 여러 가지 모험을 겪어 나가는 전형적 이야기 유형. 히어로스 저니Hero's Journey라고도 하며, 오리 구치 시노부가 언급한 '귀종 유리담' 역시 이에 해당한다고 볼 수 있다(138쪽 주 19 참조).

서사를 부여했다. 이 사실은 북미 기업들이 개발하는 '소설 쓰는 AI'가 만들어 낼 '이야기'가 교양 소설적인 내용이 아닐지 예감하게 한다. 이번 장에서는 지금까지 드문드문 다룬 근대 일본에서의 교양 소설 기피를 출발점 삼아 무라카미 하루키의 최신작인 『색채가 없는 다자키 쓰쿠루와 그가 순례를 떠난 해』의 교양 소설적 변용을 논하려 한다.

교양 소설은 일반적으로 다음과 같은 구조를 갖는다.

그것은 전제로서, 주인공이 아직 미성숙한 상태임을 의미한다. 교양 소설에는 우선 그런 주인공이 불가결하다. 다음으로 교양 소설의 구조로서 1) 공상력이 가장 효과적으로 발현되면서 무자각한 인각이 자각적인 인간으로 발전하는 청년 시절, 2) 연애나 우정을 만나고, 위기에 직면하며, 잘못을 저지르는 편력 시대라는 단계가 설정된다. '자신의 생에서 형식과 목표를 찾아낸다는 과제'와 더불어 위에 언급한 작품 구조를 가진 소설을 교양 소설이라 부를 수 있다.[2]

이에 따르면 시리는 무자각한 AI가 자각적인 AI의 인도를 받는 청년 시절을 보내고 있는 셈이고, 언젠가는 시리의 '편력 시대'가 그려져야 한다.

애플 기술 팀은 AI의 기본형을 빌둥(형성)하는 근대적 개인으로 설정했기 때문에 시리에게 교양 소설적인 서사를 부여했다. 그에 반해 '린나'는 아마도 교양 소설적인 배경을 필

2　[원주] 하야시 히사히로, 「독일 교양 소설에 관하여」, 『나고야 대학 인문과학 연구』, 2002.

요로 하지 않을 것이다. 근대 일본 문학이란 '나'라고 쓰는 것만으로도 자기 존재를 증명할 수 있는 언문일치의 AI에 다름 아니기 때문이다.

이러한 AI가 어떤 문학적 전통을 반영하는지는, 앞으로 자연 언어를 학습시키기 위해 방대한 서적을 읽혀 가는 와중에 당연히 AI의 '인격'에 반영되어 나타날 것이다. 소설의 구조며 주제 따위가 꼭 AI가 고양이를 인식한 '고양이다운 것'의 사진처럼 딥러닝될, 즉 보다 깊이 심층 학습될 것이다.

그때 AI는 형식주의적으로 정밀한 구조가 아니라 융 학파의 원형archetype[3]에 가까운 애매한 것들을 배우게 될 것이다. AI는 먼 미래의 이야기가 아니며, 바로 지금도 각 언어권의 문학이 그려 온 '인격'을 읽어 들이고 있다. 현재 AI는 그 문화권의 근대 문학을 답습하는 형태로 인격 형성(빌둥)되고 있다는 말이다.

그런 상황에서 '린나'가 교양 소설적이지 않다고 말하는 것은 이 나라의 근대가 교양 소설을 만들지 않았거나 필요로 하지 않았다는, 혹은 기피했다는 사실을 다시 상기시킨다. 무라카미 하루키는 『해변의 카프카』에서 나쓰메 소세키의 『갱부』를 가리켜 교양 소설적 서사를 유보하는 소설이라고 말했지만, 소세키만이 아니라 가와바타 야스나리부터 무라카미 하루키, 혹은 데즈카 오사무부터 가지와라 잇키[4]와

---

3 심리학자 카를 구스타프 융의 개념. "타고난 심리적 행동 유형으로서, 본능과 연결되어 있으며 활성화될 경우 행동과 정서로 나타난다"(미국정신분석학회, 『정신분석 용어 사전』, 이재훈 옮김, 한국심리치료연구소, 2002)고 정의된다. 융은 이 단어를 집단 무의식의 역동을 표현하는 데 채용했다

미야자키 하야오[5]에 이르는 모든 작가가 교양 소설적인 구조를 차용하면서도 마지막에 주인공이 성숙을 거부하거나 보류하거나 실패하게 함으로써 의도적으로 교양 소설의 '기능 부전'을 일으켜 온 것이 이 나라의 근대다.

부정적으로 말하면 이는 '성숙에 대한 거부'며 긍정적인 의미를 찾자면 '국민'화에 대한 거부다. 어느 쪽이든 그 거부의 일관성이 일본 문학과 서브컬처를 포스트모더니즘적으로 보이게 해 왔다고 할 수 있다. 그런데 나는 2010년대 중반에 두 작가의 가장 최신작이 '교양 소설'화를 선택했다는 사실에 깜짝 놀랐다.

하나는 무라카미 하루키의 『색채가 없는 다자키 쓰쿠루와 그가 순례를 떠난 해』고 다른 하나는 미야자키 하야오의 「바람이 분다」다. 두 사람은 교양 소설적 구조를 차용하면

4　가지와라 잇키梶原一騎, 1936~1987. 일본의 만화 원작자 겸 소설가. 본명은 다카모리 아사키고 '다카모리 아사오'라는 필명을 쓰기도 했다. 본래 소설가가 목표였기 때문에 특이하게도 만화 원작을 소설 형태로 집필했다고 한다(다케쿠마 겐타로, 『만화 원고료는 어째서 싼가?』, 이스트프레스, 2004 등 참조). 『거인의 별』, 『내일의 죠』 등 다수 만화의 원작을 소설 형태로 집필했으며, 소설도 여럿 발표했다.

5　미야자키 하야오宮崎駿, 1941~. 일본의 애니메이션 감독. 1963년 애니메이션 제작사 도에이동화에 입사해 애니메이터로 활동하기 시작했고, 1978년 TV 애니메이션 「미래 소년 코난」 연출을 맡았다. 1982년부터 만화 『바람 계곡의 나우시카』를 연재하면서 만화가로도 활동했다. 1985년 이래 애니메이션 제작 회사 스튜디오지브리에 있으면서 「천공의 섬 라퓨타」, 「이웃집 토토로」, 「붉은 돼지」, 「모노노케 히메」, 「센과 치히로의 행방 불명」, 「벼랑 위의 포뇨」 등을 제작했고, 이 작품들로 국내외 다수의 애니메이션, 만화, 영화 관련 상을 수상했다.

서 여성의 빌둥스로만은 성공시키는 반면 남성의 빌둥스로
만은 계속 실패시켰다는 점에서 지극히 '일본적'인 모습을
보여 왔다.[6]

　무라카미는 『스푸트니크의 연인』에서, 혹은 가출한 아내
의 『인형의 집』으로 독해한다면 『태엽 감는 새 연대기』에
서도 여성의 빌둥스로만을 성공시켰고, 미야자키의 히로인
들 이야기도 14세 나이에 '편력'을 떠난 「마녀 배달부 키키」
의 키키를 시작으로 아름다운 교양 소설로서 그려져 왔다.
이는 에토 준이 『성숙과 상실』에서 그린 남성처럼 출발하는
여성들의 이야기이기도 했기 때문이다.

　　그녀는 언제까지나 젊고 싶다. 그리고 남편이 바라는 '근대
　　이전'의 안식 속에서가 아니라 '근대'의 해방 속에서 '낙원'
　　의 환영을 보고 싶다. 남편에게 '출세'의 희망과 함께 out-
　　cast의 불안과 '타인'을 마주치는 공포를 심었던 학교 교육
　　은, 도키코를 '집 안'에서 해방시켜 '근대'로 '출발'시켜 주었
　　다. '근대'란 그녀의 청춘이자 언젠가 찾아올 아름다운 왕자
　　님, 즉 행복 그 자체다. '근대'라는 stranger가 어떤 얼굴을 하
　　고 있을지 그녀는 모르지만, 모르기 때문에 오히려 온갖 기
　　대를 담을 수 있고, 반대로 주위의 '근대 이전'은 그녀가 속
　　속들이 알고 있기에 '부끄러운 것'일 수밖에 없다.[7]

　에토는 '근대'라는 가능성을 열면서도 '집 안'에서 요절한

6　상세한 설명은 오쓰카 에이지, 『이야기론으로 읽는 무라카미
하루키와 미야자키 하야오』, 선정우 옮김, 북바이북, 2017 참조.
7　[원주] 에토 준, 『성숙과 상실』, 가와데쇼보신샤, 1967.

'어머니'를 통해 미완에 그친 여성들의 빌둥스로만을 몽상했던 것이다. 이는 어머니의 '전근대' 탈출극이었다. 에토가 다나카 야스오나 우에노 지즈코, 그리고 가장 만년에 내게 보였던 편애는 이 세 명이 공통적으로 '여성의 빌둥스로만'에 대한 욕구라는 그의 심금을 울렸기 때문이고, 이제는 밝혀도 좋을 것 같은데 내가 그의 어머니에 관해 쓴 글을 보고 그가 '눈물이 났다, 만나고 싶다'고 했다는 연락을 논단지 편집자를 통해 받은 적도 있다. 이러한 근대의 가능성을 무고한 여성들에게 개방하고자 한 감상적인 근대주의를 나는 에토 사후에 '소녀 페미니즘'이라 불렀는데, 이는 무라카미나 미야자키의 작품에서 주제화된 것들과 동질적이다.

이 '소녀 페미니즘'은 문학과 애니메이션에서만 볼 수 있는 것이 아니다. 과거에 나는 『소녀 민속학』에서 아주 유치한 수준으로나마 아이돌 산업의 통과 의례적 구조를 제시한 바 있는데, 이 구조는 결국 현재의 AKB에 이르기까지 '소녀의 빌둥스로만을 감상하는 자'라는 기괴한 남성 팬들의 모습을 낳았다.[8]

하지만 이 남성들은 자신의 교양 소설은 실패시키고 말았

8　일본에서는 한국과 달리 아이돌을 완성된 가수로 보지 않고 '평범한 소녀가 가수로 데뷔해 처음에는 노래와 춤 무엇도 제대로 하지 못하다가 팬들의 응원을 받고 함께 노력해 조금씩 발전한다'(즉 빌둥스로만)는 식으로 생각하는 경우가 많다. 과거에는 일본에도 아티스트적 여성 가수가 많았으나 대략 오냥코클럽(1985) 이후 모닝구무스메(1997)를 거쳐 특히 AKB48(2005)에 이르러 이런 '일본형 아이돌'이 일반화되었다. 성인 남성이 주를 이루는 팬층이 어리고 미숙한 소녀의 빌둥스로만을 응원한다는 이 구조가 일본 사회의 여성 비하적 분위기를 반영한다고 비판받아 오기도 했다.

다. 에토의『미국과 나』는 해외 대학을 '편력'한 다음 '일본'을 발견해 되돌아오는 교양 소설의 구조를 가지고 있다. 하지만 그는『일본과 나』에서는 미국에서 귀국한 뒤 그 '일본'이 발붙일 곳이 되어 주지 못하고 무너져 내리는 모습을 그렸다. 즉 아무리 이사를 다녀도 거듭 '집'이 이유를 알 수 없는 물리적 기능 부전을 일으키는 바람에 안전한 지반을 어디서도 발견하지 못하고, 마침내 '아내'를 구타한 밤에 친구 야마카와 마사오[9]가 죽는다는 '교양 소설'의 불성립 그 자체를 그린 것이다. 무라카미 하루키나 미야자키 하야오가 외국에서 받는 호평의 기저에 있는 것이 바로 교양 소설의 기피라는 이 일본적 전통(교양 소설이 독일적 전통이라 주장되는 것에 대한 반전)인데, 그 둘이 같은 시기에 교양 소설적인 이야기를 계획했다는 사실이 무척 흥미롭다.

다자키 쓰쿠루와 빌헬름 마이스터의 편력

무라카미 하루키의『색채가 없는 다자키 쓰쿠루와 그가 순례를 떠난 해』(이하『다자키 쓰쿠루』)는 제목에서 괴테의『빌헬름 마이스터의 편력 시대』(『빌헬름 마이스터의 수업 시대』의 속편, 이하『빌헬름 마이스터』)[10]를 상기시킨다. 비록

9　야마카와 마사오山川方夫, 1930~1965. 일본의 소설가. 휴간 중이던 문예지『미타 문학』을 복간하면서 당시 신인이던 소노 아야코, 에토 준 등을 등용했다(1954). 1964년에 결혼하지만 1년이 채 되지 않아 교통 사고로 사망했다.

10　교양 소설의 고전으로 꼽히는 괴테의 두 장편 소설을 가리킨다.『빌헬름 마이스터의 수업 시대』는 1796년에, 속편『빌헬름 마이스터의 편력 시대』는 1821년에 출판되었으며(크게 달라진 2판은

나는 대학 시절 무라마쓰 다케시[11]의 강의에서 잠깐 제목과 내용을 들은 수준이지만 말이다.

『빌헬름 마이스터』는 교양 소설의 기초를 닦았다고 할 수 있는 작품으로, 이와나미 문고판의 해설에 따르면 미야자키 하야오가 「바람이 분다」에서 언급한 토마스 만의 『마의 산』[12]조차 『빌헬름 마이스터』의 "흉내일 뿐"이다.

한편 무라카미의 소설은 초기부터 '반교양 소설'이라는 말을 들어 왔다. 가장 앞서 발표된 무라카미 하루키론 가운데 요모타 이누히코의 것이 정확히 단언하고 있다.

곤란을 극복한 끝에 자기 동일성을 보증해 줄 어떤 획득물을 가지고서 귀환하는 통과 의례 이야기는 여기 없다. 『양을 둘러싼 모험』은 교양 소설을 뒷받침해 주는 의미 체계가

1829년), 발표 당시부터 독자들에게 많은 지지를 얻었고 후대 작가들에게도 막대한 영향을 미쳤다. 중세 독일에서는 우선 직인 조합의 스승 밑에서 제자로 수업을 쌓은 다음 초보 직인이 되어 편력하며 기술을 갈고닦아야 독립된 마이스터로 인정받을 수 있었다. 괴테는 주인공 빌헬름이 '수업'과 '편력'을 통해 인간으로 성장하게 된다는 '교양 소설'의 전형을 보여 주었다.

11 무라마쓰 다케시村松剛, 1929~1994. 일본의 평론가. 프랑스 문학을 전공했고 특히 폴 발레리 연구의 권위자였다. 미시마 유키오와 친교가 두터웠다. 릿쿄대학 교수로 있었으나 학내 분쟁으로 1969년 면직되었고, 이후 교토산업대학을 거쳐 1975년부터 쓰쿠바대학 교수로 있었다. 지은이는 1970년대 후반 쓰쿠바대학 재학 시절에 무라마쓰 다케시의 강의를 들은 것 같다.

12 1924년에 출판된 토마스 만의 대표작으로, 독일 교양 소설의 전통적 작품 중 하나로 평가받는다. 「바람이 분다」의 경우 작중에서 『마의 산』을 언급하며 소설 주인공과 이름이 같은 '카스토르프'라는 독일인이 등장하기도 하는 등 곳곳에서 『마의 산』과 연결되는 지점을 발견할 수 있다.

전부 불타 버린 뒤에 남겨진 철골의 잔해며, 성배 전설로 대표되는 탐색담 유형의 잉여물, 찌꺼기, 바꾸어 말하면 데카당스다.[13]

무라카미에 대한 요모타의 약간 부정적인 지적은 훗날 말기 나카가미 겐지를 통해 긍정적인 형태로 전용되기는 했지만, 가토 노리히로도 '애초부터 헛도는 이야기를 목표로 삼은 자기 자신을 부정하는 교양 소설'이라는 식으로 평했던 것으로 기억한다. 무라카미의 소설이 속이 텅 빈 교양 소설이라고 분석하는 것은 말하자면 거의 '정설'인 셈이다. 하지만 잔해든 계획이든 간에 '반'교양 소설로 읽혀 온 무라카미 하루키가 『다자키 쓰쿠루』에 와서는 의도적으로 다자키 쓰쿠루라는 '마이스터'를 '편력'시키고 교양 소설화를 표방하게 되었다. '마이스터'란 독일 도제 제도에서 최상위 장인을 뜻하며, 일본어로는 '쓰쿠루'つくる[만들다]다.

다자키 쓰쿠루는 순조롭게, 특별한 문제 없이 인생을 살아가고 있다. 많은 사람이 그렇게 생각했다. 이름난 공대를 졸업하고 전철 회사에 입사해 전문직으로 일하고 있다.[14]

괴테의 소설 속 빌헬름은 말하자면 '영혼을 수선'하는 연

극계의 마이스터 지망생이다.『빌헬름 마이스터의 수업 시대』종반부에서 빌헬름은 '탑'이라는 비밀 결사의 신부에게서 '수행'의 끝을 알리는 '수업 증서'를 받는다.

무라카미의 소설에서도 핀란드 변경 마을에서 '순례'가 끝난다. 거기서 주인공 쓰쿠루＝마이스터는 빌둥이 끝났음을 이렇게 고지받는다.

"아, 쓰쿠루. 한 가지만 잘 기억해 둬. 넌 색채를 잃지 않았어. 그런 건 그저 이름에 불과해. 우리는 분명 그걸로 널 자주 놀렸지만 전부 의미 없는 농담일 뿐이야. 넌 틀림없이 훌륭한, 컬러풀한 다자키 쓰쿠루인걸. 그리고 멋진 역을 만들고 있지. 지금은 건강한 서른여섯의 시민이고, 선거권이 있고 납세도 하면서 나를 만나러 혼자 비행기를 타고 핀란드까지 올 수도 있어. 너한테 부족한 건 아무것도 없어. 자신감과 용기를 가지렴. 너한테 필요한 건 그것뿐이야. 두려움이나 쓸데없는 자존심 때문에 소중한 사람을 잃으면 안 돼."[15]

여기서 주인공이 '시민'으로 인지된다는 사실이 의외로 중요하다. 쓰쿠루는 '시민'이기에 근대 사회의 일원이 되는 것이다. 이는 사회에 발 디디는 것을 거부해 온 무라카미의 주인공이 보여 주는 성숙의 방식으로는 커다란 변화다.

무라카미는 무엇보다도 이러한 자기 형성으로 이어지는 교양 소설적 결말을 거부해 왔다. 하지만 다자키 쓰쿠루는 '시민'이 되었다.

15　[원주] 같은 책[387쪽].

여기서 주인공은 그야말로 브리콜라주[16]적 장인으로서 '시민 생활'의 일원이 되며, 이런 의미에서 『다자키 쓰쿠루』는 무라카미에게 있어 일종의 '전향 소설'에 다름 아니다.

그렇다면 쓰쿠루가 통과하는 자기 형성 과정의 종착점으로 무라카미가 부주의하게 내보인 이 '시민'이란 대체 어떤 것일까. 그것을 알려면 먼저 이 교양 소설이 주인공을 긍정하는 방식을 살펴볼 필요가 있다. 이름에 색채가 붙은 친구들과 달리 색채를 갖지 않은 다자키 쓰쿠루는 사실 '만드는 사람'이라는 이름부터가 특권적이다. 이러한 마이스터화가 얼핏 교양 소설적 구조처럼 보이지만, 동시에 이 소설은 다자키 쓰쿠루가 '원죄'冤罪를 스스로 푼다는 기묘한 구성을 취하고 있다. 이것이 '시민'화를 위해 다자키 쓰쿠루가 편력하는 목적인 것이다.

다자키 쓰쿠루에게는 이름에 색채가 붙은 친구들이 있고 그에게만 이름에 색채가 없다. 이들은 사이가 좋았지만 어느 날 갑자기 쓰쿠루가 친구들에게 배제당한다.

다음 날 낮이 되기 전 다시 전화를 걸어 보았지만 마찬가지

---

16   '이것저것 모아 스스로 만들거나 수선하다'라는 의미의 프랑스어다. 구조주의 문화 인류학자 클로드 레비-스트로스가 저서 『야생의 사고』 등에서 원시 사회로부터 관찰한 임시변통의 기술, 즉 남은 물건 등으로 본래 용도와 관계없는 도구를 만드는 기술을 가리키는 용어로 사용했다(반대로 현대의 엔지니어는 자기가 만들려는 도구의 정확한 개념에 바탕을 둔 설계나 구상으로 제작 활동을 한다는 것이다). 본문의 "브리콜라주적 장인"이라는 표현은 무라카미 하루키의 주인공이 종종 요리나 다른 무엇인가를 직접 만들곤 하기 때문에 쓰인 듯하다.

로 아무도 없었다. 그는 재차 메시지를 남겼다. 집에 오면 이쪽으로 전화를 좀 달라고 했다. 알았다고, 그렇게 전하겠다고 전화를 받은 가족이 말했다. 하지만 그 목소리의 떨림에 담겨 있는 무엇인가가 쓰쿠루의 마음에 걸렸다.[17]

이런 식으로 갑자기 친구들이 쓰쿠루를 노골적으로 피하기 시작한다. 이야기 구조적으로는 이것이 그의 유년기 끝을 알리는 에피소드이자 캠벨이 말한 '모험으로의 초대'며, 주인공의 출발을 촉구하는 '사자' 역할을 친구들, 그중에서도 절연을 통고하는 아오ｱｵ[파랑]가 맡고 있는 셈이다. 이를 계기로 쓰쿠루는 상징적인 죽음과 재생을 경험한다.

거의 죽음의 문턱을 헤매던 그 반년 가까운 기간 동안 쓰쿠루는 체중이 7킬로그램이나 줄었다. 제대로 된 식사를 하지 않았으니 당연하다면 당연한 결과였다. 어린 시절부터 약간 통통한 얼굴이었는데 지금은 완전히 비쩍 마른 체형이되었다. 허리띠를 줄이는 것만으로는 부족해 바지를 작은 사이즈로 새로 사야 했다. 옷을 벗어 보면 늑골이 튀어나와 싸구려 새장처럼 보였다. 자세가 눈에 띄게 나빠졌고 어깨가 앞으로 기울어져 버렸다. 살이 다 빠진 두 다리는 가느다란 물새 다리 같았다. 이래서야 노인의 몸이다. 오랜만에 전신 거울 앞에 알몸으로 서서 그는 그런 생각을 했다. 아니면 지금 당장이라도 죽을 사람 같았다.[18]

---

17 [원주] 같은 책[40쪽].
18 [원주] 같은 책[56쪽].

이제부터 '쓰쿠루'의 신체에 글자 그대로 '빌둥'(형성)이 시작된다. 이전까지 무라카미의 작품에서 상징적인 죽음과 재생은 기본적으로 죽은 자의 나라를 단순히 왕복하거나 (이는『다자키 쓰쿠루』에서 순례로 변화된다), 타인의 대행으로 아버지를 죽이거나(『태엽 감는 새 연대기』,『해변의 카프카』), '상징적으로 개의 목을 베는'(『스푸트니크의 연인』) 등 신화적 행위로 그려졌다. 하지만『다자키 쓰쿠루』의 특징은 이 인용 부분에서 시작해 신체를 '만드는' 묘사가 철저히 그려진다는 점이다. 그런 단락들을 나열해 보겠다.

이 꿈은 대체 무슨 의미일까. 그는 생각했다. 예언일까. 아니면 상징적인 메시지일까. 무언가를 내게 가르쳐 주려는 것일까? 아니면 스스로도 몰랐던 본래의 내가 껍질을 깨고 밖으로 발버둥치며 나오려 하는 것일지도 모른다, 그렇게 쓰쿠루는 생각했다. 무언가 추악한 생물이 부화해, 필사적으로 바깥 공기에 닿으려 하는 것일지도 모른다.
나중에 떠올릴 수 있었던 것이지만, 다자키 쓰쿠루가 죽음을 진지하게 희구하기를 중단한 것은 바로 그 시점이었다. 그는 전신 거울에 비친 자신의 벌거벗은 육체를 응시하고, 거기에 자신이 아닌 자신의 모습이 비친다는 것을 인정했다.[19]

다자키 쓰쿠루는 서서히 제대로 된 식사를 하게 되었다. 신선한 식재료를 사 와서 간단한 요리를 만들어 먹었다. 그래

---

19   [원주] 같은 책[61쪽].

도 일단 줄어든 체중은 아주 약간밖에 늘지 않았다. 반년 가까운 사이에 그의 위가 완전히 수축해 버린 것 같았다. 일정량 이상의 식사를 섭취하면 구토를 했다. 또 이른 아침에 대학 수영장에서 수영을 하기 시작했다. 근육이 적어졌기에 계단을 오르기에도 숨이 찼고, 그로서는 조금이라도 원래 상태를 회복해야만 했다. 새로운 수영복과 물안경을 사고, 매일 1,000에서 1,500미터를 자유형으로 헤엄쳤다. 그다음 스포츠 센터에 들러 묵묵히 기구를 쓰면서 운동했다.

개선된 식사와 규칙적인 운동을 몇 달 계속한 뒤 다자키 쓰쿠루의 생활은 대체로 과거의 건강한 리듬을 되찾았다. 다시금 필요한 근육이 붙었고(이전의 근육과는 많이 달라졌지만), 등뼈가 곧게 뻗었으며 얼굴에도 혈색이 돌아왔다. 아침에 눈을 떴을 때 탄탄히 발기하는 것도 오랜만에 경험하게 되었다.[20]

'아침에 발기'했다고 굳이 묘사하는 것이 매우 무라카미답지만, 이렇게 다자키 쓰쿠루는 군살을 빼고 식사를 개선하는 한편 규칙적으로 운동해 육체를 개조한다. 그 결과 쓰쿠루는 '소년'에서 '청년'으로 변화한다.

국민적 정신의 빌둥

여기서 되새길 필요가 있는 사실은 교양 소설의 시조인 괴테가 생물학 영역에서 '형태학'을 다룬 방대한 저서를 남겼

---

20 [원주] 같은 책[62~63쪽].

다는 점이다. 괴테의 형태학은 다음과 같이 설명된다.

하지만 모든 형태, 특히 유기물의 형태를 잘 살펴보면, 어디
에도 지속되는 것, 정지하는 것, 완결된 것이 만들어지지 않
는다는 사실을 깨닫게 된다. 오히려 모든 것은 끊임없이 흔
들리고 있다. 그렇기에 적절하게도 독일어에서는 형성이라
는 단어를 이미 만들어진 것에 대해서도 지금 만들어지고
있는 것에 대해서도 사용할 수 있는 것이다.

그렇기 때문에 형태학이라는 것을 도입하고자 할 때 형태
라는 단어는 본래 그리 적합하지 못하다. 이 단어를 사용하
면서 우리가 떠올리는 것은 기껏해야 이념, 개념, 혹은 경험
속에서 순간적으로 유지되고 있는 것이다.

형성된 것은 금세 다시 변형되며, 자연의 생동하는 관조에
얼마간 도달하고 싶다면 우리는 자연이 보여 주는 사례를
따라 정신을 동적이고 형성적으로 유지해야 한다.[21]

모든 동물은 자기 자신의 목적이다.

그것은 자연의 태내에서 완전한 존재로 태어나 완전한 아
이를 낳는다.

사지는 전부 영원의 법칙에 따라 형성되고,

지극히 희유한 형태 속에도 비밀스럽게 원형이 유지되고
있다.[22]

---

21   [원주] 요한 볼프강 폰 괴테,『괴테 형태학 논집: 식물편』, 기
무라 나오지 옮김, 치쿠마쇼보, 2009.

22   [원주] 괴테,『괴테 형태학 논집: 동물편』, 기무라 나오지 옮
김, 치쿠마쇼보, 2009.

괴테에게 생물 개체가, 즉 원생물과 원식물(이를 만능 세포에 대한 때이른 예견으로 여기면 오독이 되므로 주의해야 한다. 오히려 융의 '원형'이나 캠벨의 '원질 신화'에 더 가까운 개념이다)이 동물이나 식물의 '신체'로 형성(빌둥)되는 것은 교양 소설(빌둥스로만)과 평행 관계에 있다. 빌둥스로만에서 '형성'되는 것은 '내면'과 '혼'이고, 이는 생물의 형태가 빌둥(형성)되는 것을 그 비유로 채용한 것이다. 말하자면 혼의 형성을 신체의 '형성'에 비유한 셈이다.

그러므로 교양 소설은 혼의 '형성'(빌둥)을 그린다. 예를 들어 로맹 롤랑[23]의 『장 크리스토프』에는 다음과 같은 내용이 나온다.

크리스토프는 피부가 바뀌고 있었다. 크리스토프는 영혼이 바뀌고 있었다. 그리고 어린 시절 소모되고 시들었던 영혼이 벗겨져 떨어지는 것을 보면서도, 보다 젊고 보다 힘차게 새로운 영혼이 돋아나리라고는 꿈에도 상상하지 못했다. 살아 있는 동안 사람의 신체가 변화하는 것과 같이 사람의 영혼도 변화한다. 그 변화가 꼭 세월에 따라 서서히 이루어지는 것은 아니다. 모든 것이 단숨에 갱신되는 위기의 시간이 있다. 낡은 껍질이 떨어져 나간다. 그런 고뇌의 시기에 사람은 만사가 끝장났다고 여긴다. 그러나 모든 것이 이제부터 시작되려 하고 있다. 하나의 생명이 스러져 간다. 하지만 또 하나의 생명은 이미 태어나 있다.[24]

---

23   로맹 롤랑Romain Rolland, 1866~1944. 프랑스의 소설가. 이상주의적 휴머니즘에 기반해 반파시즘과 반전을 주장한 사상가기도 하다. 1915년 노벨문학상을 수상했다.

어린 시절의 혼이 소모되어 새로운 혼이 돋아나는 것을 "피부가 바뀌고 있"다는 신체의 '형성'으로 상징하고 있다. 무라카미의 작품이 온갖 문학의 샘플링이자 콜라주인 만큼(나는 이 같은 수법 자체를 부정할 생각은 전혀 없고, 나 또한 그런 방식으로만 이야기를 만든다) 이 내용이 앞서 인용한 『다자키 쓰쿠루』속 묘사의 밑바탕이 되었을 가능성도 있으며, 적어도 무라카미는 롤랑이 제시한 혼과 그 비유인 신체의 빌둥에 관한 '뻔하디 뻔한' 묘사를 반복하고 있다. 하지만 괴테나 롤랑까지 한참 거슬러 올라가 보면 '신체'의 빌둥(형성)은 어디까지나 '혼'의 빌둥에 대한 비유일 뿐인 데 반해, 『다자키 쓰쿠루』에서 빌둥은 오로지 신체에 국한되어 아예 노골적으로 보디빌딩처럼 묘사된다는 것을 지금까지의 인용을 통해 확실히 알 수 있을 것이다. 이처럼 교양 소설에서 볼 수 있는 혼의 빌둥이 신체의 빌둥과 보다 밀접해지고 경우에 따라서는 반전되는 상황이 나치즘에서 좋아했던 '건전한 육체에 건전한 정신이 깃든다' 같은 슬로건이 상징하는 바다. 파시즘 독일에서 빌둥스로만이 독일 문학의 '전통 형식'으로 상찬받고 독일 정신을 각성시켜 히틀러의 대열에 가입하는 싸구려 줄거리가 양산되었다는 사실 이상으로, 신체의 단련이 강조되었고 빌둥스로만적 인간상이 '청년'들에게 요구되었다는 사실이 중요하다. 말하자면 체육이나 스포츠가 빌둥스로만화된 셈이다.

아무튼 다자키 쓰쿠루가 신체적 빌둥을 통해 청년이 된

24　[원주] 로맹 롤랑, 『장 크리스토프』, 도요시마 요시오 옮김, 이와나미쇼텐, 2003.

다음 그의 '정신'은 어떻게 빌등되었을까. 이야기 결말에서 그가 참정권이 있는 '시민'이 되었다는 사실은 이미 보았다. '시민'이라고 하면서도 슬쩍 참정권을 운운하는 것으로 보아 그건 곧 '국민'일 뿐이겠지만, '시민'이나 '참정' 같은 단어에서 과거 무라카미의 리버럴한 면모를 떠올리고 오독해서는 안 된다.

그렇다면 이와 같은 '보수화'는 어떻게 일어난 것일까.

아니, 그 밖에도 그가 남겨 준 것이 있다. 다자키 쓰쿠루라는 이름이다.

도쿄의 공대에 진학해서 전문적인 공부를 하고 싶다고 쓰쿠루가 말했을 때, 자신이 쌓아 올린 부동산 비즈니스를 물려받는 데 하나뿐인 아들이 전혀 관심을 보이지 않아 아버지는 적잖이 실망했던 것 같다. 하지만 한편으로 쓰쿠루가 엔지니어를 지망한다는 사실에 관해서는 크게 찬동해 주었다. 그렇게 생각한다면 도쿄의 대학에 가도 좋다, 그 정도의 돈이라면 기쁘게 내 주겠다, 아버지는 그렇게 말했다.[25]

자신이 고른 '쓰쿠루'라는 이름이 헛되지 않았다는 것을 아버지는 기뻐하는 듯했다.[26]

'쓰쿠루'라는 이름은 아버지가 바라는 '만드는 직업', 즉 마이스터가 된다는 것을 뜻한다. 이처럼 그는 아버지 이념의

---

25 [원주] 무라카미 하루키, 『색채가 없는 다자키 쓰쿠루와 그가 순례를 떠난 해』[425쪽].
26 [원주] 같은 책[426쪽].

계승자로서 아들이 '된다'. 쓰쿠루가 아버지를 계승한다는
것은 아버지에게서 '호이어[27]의 기계식 손목 시계'를 물려받
는 에피소드에서도 확인할 수 있는데, 이는 『빌헬름 마이스
터의 수업 시대』에 나오는 '수업 증서' 수여 에피소드와 맞
세울 수 있다.

빌헬름은 완전히 깜짝 놀라 아버지의 목소리를 듣고 있는
듯 느꼈다. 하지만 그것은 아버지의 목소리가 아니었다. 그
는 지금 본 것과 자신의 기억 때문에 혼란의 극치에 빠져들
었다.
오래 생각하고 있을 틈도 없이 신부가 나타나더니 녹색 탁
자 뒤에 섰다. "이쪽으로 오세요"라고 그는 놀란 빌헬름에
게 말을 걸었다. 그는 다가가 계단을 올라갔다. 테이블 클로
스[책상보] 위에 작은 두루마리가 놓여 있었다. "이것이 당
신의 수업 증서입니다"라고 신부는 말했다. "잘 기억해 두
세요. 중요한 내용이 적혀 있습니다." 빌헬름은 그것을 받아
펴서 읽기 시작했다.[28]

하지만 아버지 같은 '신부'가 아니라 '아버지' 본인이 수여
하기 때문에, 무라카미의 소설에 지금껏 거의 등장하지 않

---

27   독일계 스위스인 에두아르트 호이어Edouard Heuer, 1840~1892
가 1860년 창립한 스위스의 시계 제작사. '태그호이어'TAG Heuer의
전신.
28   [원주] 괴테, 『빌헬름 마이스터의 수업 시대』하, 야마사키 쇼
호 옮김, 이와나미쇼텐, 2000[『빌헬름 마이스터의 수업 시대』 2권, 안
삼환 옮김, 민음사, 1999, 240쪽].

왔던 '집안'이나 '집안의 계승' 같은 주제가 아무래도 눈에 띄게 된다. '가업'을 직접 잇는 것도 '성'을 잇는 것도 아니지만, 아버지가 '이름'에 담았던 '정신'을, 즉 이름이라는 미리 프로그램된 '형식'을 향해 정신을 '형성'해 나가는 것이다. 괴테가 생각한 생물학적 빌둥은 원생물이 내재된 힘에 의해 개별 생물로 '형성'된다는 것이었는데, 다자키 쓰쿠루는 '아버지'가 부여한 '형식'을 향한 '형성'을 수행한다. 국가가 미리 제시한 청년의 형식을 향해 빌둥해 가는 것이 파시즘하의 교양 소설이라고 한다면, 교양 소설로서 『다자키 쓰쿠루』가 지닌 성질이 보다 명백해진다.

이렇게 『다자키 쓰쿠루』를 일부러 '파시즘하의 교양 소설'로 독해하는 가설을 세웠을 때, 그렇다면 그가 수용하는 것은 '국민'일 수밖에 없다. 그리고 그 '국민'으로서의 정신이란 어떤 것인지가 새롭게 문제시된다.

다시 소설 텍스트로 돌아가 보면, 현재의 애인을 자신이 얼마나 원하는지 쓰쿠루가 강렬히 깨닫는 것이 표면적 결말이지만, 그 선택권 자체는 애인에게 맡겨져 있다.

에리는 그렇게 말했다. 그녀의 말이 맞을 것이다. 무슨 일이 있어도 사라를 손에 넣어야 한다. 그것은 그도 알고 있다. 하지만 물론 혼자 결정할 수 있는 문제가 아니다. 한 사람의 마음과 다른 한 사람의 마음 사이의 문제인 것이다. 주어야만 할 것이 있고 받아야만 할 것이 있다. 어쨌든 모든 것은 전부 내일 일이다. 만약 사라가 나를 선택하고 받아들여 준다면 금방이라도 결혼을 청하리라.[29]

이는 우에노 지즈코 등의 '남류男流 문학론'[30]처럼 말해 '네가 섹스를 원한다면 안 하지는 않겠지만……'이라고 하는 무라카미 하루키 주인공의 일관적인 태도를 연장한 것일 뿐이다. 하지만 이런 '소년, 소녀를 만나다'boy meets girl 이야기는 이 소설이 신체와 국민적 정신의 빌둥스로만이라는 점을 생각하면 명백히 '겉치레'에 불과하다.

역사 수정주의자와 자기 계발서

다시 소설의 구성으로 돌아가 보자. 앞서 살펴보았듯 빌둥스로만은 '무자각한 인간이 자각적인 인간으로 발전하는 청년 시대'와 '연애나 우정, 위기나 잘못을 통해 보다 성장하는 편력 시대' 두 단계로 구성된다. 무라카미의 작품이 초기부터 캠벨을 원용해 통과 의례적 구조를 내포하고 있었다는 사실은 이미 여러 번 언급했다. 이를 『빌헬름 마이스터』에 비추어 보면 '수업 시대'에 해당한다. 무라카미의 소설은 기본적으로 이 '수업 시대'를 그려 왔다. 그에 반해 『다자키 쓰쿠루』는 제목에서부터 알 수 있듯이 겉으로는 '편력 시대'를 그린 것처럼 보인다. 하지만 『빌헬름 마이스터』가 격자 구

29　[원주] 무라카미 하루키, 『색채가 없는 다자키 쓰쿠루와 그가 순례를 떠난 해』[436쪽].

30　우에노 지즈코, 오구라 지카코, 도미오카 다에코가 1992년 공저한 『남류 문학론』에서 유래한 표현이다. 요시유키 준노스케, 시마오 도시오, 다니자키 준이치로, 고지마 노부오, 무라카미 하루키, 미시마 유키오 등 '남류' 작가 여섯 명의 작품을 여성 세 명이 논평한 좌담회를 수록한 이 책은 간행 당시 "통쾌하다", "이런 것은 문예론이 아니다" 등의 찬반 양론을 일으켰다.

조의 여러 에피소드로 구성되어 있는 데 비해,『다자키 쓰쿠루』는 이제까지의 무라카미 작품과 마찬가지로 마지막에는 핀란드라는 세계의 끝으로 여행을 가는 기본 구조를 취한다. 그렇지만 무라카미 나름대로는 굳이 '수업'이 아니라 '편력'이라 이름 붙여 교양 소설적 빌둥의 완료형을 꾀했다고 생각할 수 있을지도 모르겠다. 또 색채가 있는 옛 친구들을 찾아다니는 '순례'도 괴테가 빌둥스로만의 '비유'로 남긴 색채론을 통해 퍼즐 맞추기처럼 해석할 수 있겠지만 여기서는 하지 않겠다.

오히려 문제점은 이제까지 무라카미의 주인공이 세계의 끝, 죽은 자의 나라로 가는 여행에서 시도했던 것은 죽은 자의 구제나 장송이었는데『다자키 쓰쿠루』에서는 그렇지 않다는 점이다. 즉 기존 작품들이 죽은 자의 혼을 구하기 위한 영웅적 모험이었던 데 반해, '편력'은 자기 혼을 구제하기 위한 여행이다. '육체' 혹은 아버지에게 받은 '이름', 어느 쪽이든 '용기'容器나 '형성'의 내부를 채우는 형태로 정신의 빌둥을 수행하는 교양 소설인 이상 이는 당연하다. 그런데 정신을 형성하는 이 순례 여행은 쓰쿠루가 누명을 벗고 무고를 입증하는 여행으로, 교양 소설에서의 '형성'과는 느낌이 다르다. 쓰쿠루 입장에서는 이유도 모른 채 갑자기 친구들에게 배척당한다. 그것이 신체적인 빌둥을 시작하는 방아쇠며, '순례'는 쓰쿠루의 무죄 증명을 위한 여행이 된다. 정신 형성이 무죄 증명으로 뒤바뀐 것이다. 쓰쿠루가 친구들에게 갑작스레 배척된 이유는 친구 중 하나인 '시로'シロ[흰색]라는 여성이 쓰쿠루가 자신을 강간했다고 주장했기 때문이다.

쓰쿠루의 입술은 종잡을 수 없는 모양을 만들었다. "성적인 관계? 설마."

"시로는 너한테 강간당했다고 했어." 아오는 힘겹게 말했다. "억지로 성적인 관계를 가졌다고."[31]

그리고 시로는 이 강간의 상세한 내용까지도 허위로 증언했다고 한다.

쓰쿠루는 한동안 입술을 깨물었다. 그러고는 말했다. "어떤 식으로 나한테 강간당했는지, 시로가 말했니?"

"응, 설명해 줬지. 아주 리얼하게 세부까지도. 가능하다면 그런 말은 듣고 싶지 않았어.⋯⋯"[32]

아오는 시로가 리얼리티를 갖추기 위해 세부를 날조했다고 증언한다. 그리고 그 거짓말을 아오와 다른 친구들이 최종적으로 믿고 쓰쿠루를 배제함으로써 시로에게 동조했다는 것이다.

"저기, 쓰쿠루. 우리 역시 충격을 받고 매우 혼란스러웠어. 상처도 입었지. 누굴 믿으면 좋을지도 알 수 없었어. 그런 와중에 우선 구로クロ[검정]가 시로 편을 들었어. 그 애는 시로가 요구하는 대로 너를 일단 잘라 내자고 주장했지. 변명하는 건 아니지만, 아카アカ[빨강]와 나는 기세에 눌렸다고 할

<hr>

31 [원주] 같은 책[195쪽].
32 [원주] 같은 책[196쪽].

까, 거기에 따르는 모양이 된 거야."[33]

즉 시로의 감정을 '따른' 것일 뿐 이성적으로 증언을 판단한 것은 아니라고 변명한다. 그저 동조했던 것일 뿐이라고. 하지만 그렇게 아오가 변명하더라도 당사자 시로는 이미 죽었다. 그렇기 때문에 쓰쿠루는 자신에 대한 '오해'를 스스로 풀어야만 한다. 이것이 친구들을 찾아 돌아다니는 '순례'의 목적이 된다.

"이제 와서는 의미 없는 일일지도 모르겠지만, 나로서는 일단 오해를 풀고 싶었어." 쓰쿠루는 말했다. "시로가 무슨 말을 했는지는 모르겠지만, 나는 그 애를 강간하지 않았어. 어떤 형태로든 그 애와 그런 관계를 가진 적도 없어."[34]

그리고 이 '오해'를 푸는 '순례'가 사실은 '역사'의 비유라고 쓰쿠루는 친구 중 한 명과 말한다. 뜬금없다고 할 수 있을 이 비유를 통해 이 소설을 독해할 수도 있다.

"왠지 역사 이야기를 하는 것 같네."
"어떤 의미에서 우린 역사 이야기를 하고 있는 거지."[35]

즉 무라카미는 이 소설이 '역사'의 날조로 인한 억울한 누명을 벗는 것의 비유임을 작중 인물에게 대변시키고자 한

---

33   [원주] 같은 책[198쪽].
34   [원주] 같은 책[229쪽].
35   [원주] 같은 책[229쪽].

다. 그렇기에 쓰쿠루는 자신의 정통성을 '역사'에 비유해 옹호한다.

"기억을 감출 수는 있어도 역사를 바꿀 수는 없어." 쓰쿠루는 사라의 말을 떠올리며 똑같이 말했다.[36]

그렇다면 이 '바꿀 수 없는 역사'란 무엇일까. 아카와 나눈 대화에서는 이렇게 언급된다.

"하지만 아무튼 너희는 그때, 다 함께 나를 잘라 버렸어. 단호하게, 가차 없이."
"그래, 그 말대로야. 그게 역사적 사실이지. 변명하는 건 아니지만, 그때는 그렇게 할 수밖에 없었어. 시로의 이야기는 매우 진실되게 들렸어. 연기로 보이지 않았어. 그 애는 정말로 상처 입었던 거야.⋯⋯"[37]

쓰쿠루가 친구들에게 배제당한 것은 "역사적 사실"이며, 이는 시로의 증언이 "진실되게 들렸"기 때문이라는 것이다. '역사적 사실'이란 '쓰쿠루의 명예가 훼손되었지만 증언을 믿지 않을 수 없었다'는 뜻이다. 쓰쿠루가 시로를 강간한 것은 역사적 사실이 아니다. 그렇다면 다음으로는 이 위증의 이유를 밝혀야 한다. 그것이 핀란드에 있는 구로를 찾아가는 순례다. 거기서 밝혀지는 진상은 이렇다.

---

36   [원주] 같은 책[230쪽].
37   [원주] 같은 책[230쪽].

"그 애가 그만큼 정신적으로 심각한 문제를 안고 있었다는 말이야?"

"그래. 정신적으로 그만큼 심각한 문제를 안고 있었어. 분명히 말해 막다른 골목에 몰려 있었지. 누군가가 그 애를 전면적으로 보호해야만 했고, 그 누군가는 나일 수밖에 없었어."[38]

시로는 쓰쿠루 이외의 누군가에게 강간당했고, 임신했고, 유산했고, 정말로 "상처 입었다". 즉 강간 자체는 '역사적 사실'이고 부정할 수 없지만, 동시에 쓰쿠루가 강간하지 않았다는 것 역시 '역사적 사실'이다. 그리고 시로가 그렇게 '위증'한 것은 그녀가 "정신적으로 심각한 문제"를 안고 있었기 때문, 즉 제정신이 아니었기 때문이라는 설명이다. 또한 친구들 중에서 가장 강력하게 시로를 지지하고 쓰쿠루를 비판했던 구로는 최종적인 "역사적 사실"을 이렇게 말한다.

그녀는 몇 번 고개를 천천히 흔들었다. "솔직히 말해 그때는 도저히 설명할 여유가 없었어. '저, 쓰쿠루. 미안하지만 일단 네가 유즈를 강간한 것으로 해 둘래? 지금은 그럴 수밖에 없어. 유즈도 좀 이상해져 버렸고, 어떻게든 이 자리를 수습해야 하니까. 나중에 잘 처리할 테니까 잠깐만 이대로 참고 있어 줘. 그래, 한 2년쯤.' 이런 말을 내 입으로는 도저히 할 수 없지. 미안하지만 너는 네가 알아서 혼자 잘해 주길 바랄 수밖에 없었어."[39]

---

38   [원주] 같은 책[345쪽].

즉 구로는 '거짓말'인 시로의 증언을 바탕으로 쓰쿠루를 규탄했다. 쓰쿠루가 '시민'으로서 빌둥을 완수했다고 고지하는 앞서 인용한 구로의 대사는 이 터무니없는 허위 증언을 해명하기 위한 여행의 마지막에 나오는 말이다. 이제 누명이 벗겨지고 쓰쿠루라는 이름의 형식에 '정신'이 충전되며 소설은 결말을 맞이한다. 핀란드 여행에서 돌아오는 부분의 다음 구절도 인용해 보자.

하지만 그것은 올바른 가슴 아픔이고 올바른 숨 막힘이었다. 그것은 그가 확실히 느끼지 않으면 안 될 것이었다.[40]

여기서 말하는 '올바름'이란 '역사'의 진실을 알게 된 '올바름'이고, 그 '올바름'을 진지하게 마주하라는 요구처럼 보이기도 한다. 이미 알아차린 독자도 있겠으나, 나는 약간 집요할 정도로 그리고 일부러 자의적으로 '순례' 여행에서 쓰쿠루가 얻은 것들에 주목했다. 이렇게 요약하면 이 소설이 현재이 나라의 '역사 수정주의'에 대한 '비유'가 될 수 있다는 점을 지적하지 않을 수 없기 때문이다. 이는 무라카미 본인이 직접 쓰쿠루의 몸에 일어난 일이 '역사'의 비유라고 말했기 때문이다. 그렇다면 구체적으로 어떤 '역사'를 비유한 것인지 독해해 내야 한다. 젊은 시로를 성적으로 강간해 상처 입혔다는 거짓 증언 때문에 쓰쿠루는 '친구'들에게서 배척당했고, 심지어 그중 한 명인 구로는 거짓말이라는 것을 알면

39 [원주] 같은 책[344쪽].
40 [원주] 같은 책[388쪽].

서도 시로의 증언을 토대로 쓰쿠루를 비판했다. 하지만 시로가 강간당했다는 것 자체는 사실이었어도 쓰쿠루가 강간하지는 않았다. 시로의 위증은 순전히 정신적으로 병을 앓고 있던 자신의 마음에 관한 문제였다. 이것이 쓰쿠루가 입증한 '역사적 사실'이다.

'순례'의 여행을 이렇게 정리한 다음 쓰쿠루를 '일본'으로, 시로를 '아시아의 종군 위안부'나 근대사 속 '아시아에 대한 식민 지배'로, 구로를 '아사히신문'이나 '좌파'로 치환해 보면 어떨까. 한국이 위안부 문제를 규탄하는 것은 오로지 그 나라의 국민성과 피해자 의식 때문이라는 주장은 시로의 위증이 그녀의 정신 상태 때문이라는 것과 같은 논리다. 이는 이제 이 나라의 여론이라 해도 될 '역사 수정주의' 그 자체가 아닌가. 이 소설은 역사 수정주의에 호의적인 '우화'인 셈이다. 즉 다자키 쓰쿠루가 순례 끝에 얻은 것은 이러한 역사 수정주의자로서의 '정신'이고, 그 '올바른 역사'를 받아들이는 아픔을 견딘다는 결말은 교양 소설적인 이야기의 결말에서 아무것도 얻지 못하고 그 공허함을 견뎠던 『양을 둘러싼 모험』의 '나'와는 정반대인 현재 일본 '시민'의 모습에 대응한다. 지금 이 나라의 '국민'으로 자기 형성하는 것이고, 그런 의미에서 '국민 소설'이라 할 수 있다.

여기서 제시한 '독해'가 자의적이고 억지스럽다고 생각할지도 모르겠다. 하지만 『다자키 쓰쿠루』는 육체를 빌둥하는 가운데 정신을 보충하는 빌둥스로만이다. 그러나 그 '정신'이란 역사 수정주의자의 그것에 지나지 않는다.

조금 더 분명하게 말하겠다. 결국 다자키 쓰쿠루는 햐쿠타 나오키와 동류다. 너무 트집을 잡는 것 같더라도 작중에 이렇게 나온다는 사실에 주의하라.

"설령 네가 텅 빈 용기였다고 해도, 그래도 상관없잖아." 에리는 말했다.

"만약 그렇더라도 너는 정말 멋진, 마음을 사로잡는 용기야. 자기 자신이 무엇인지, 그런 건 사실 아무도 모르는 거야. 그렇게 생각하지 않아? 그렇다면 너는 최고로 아름다운 모양의 그릇이 되면 되잖아. 누구나 무심코 안에 뭔가를 넣고 싶어지는 아주 호감 가는 그릇이."[41]

내용물＝정신은 필요 없고 "텅 빈 용기"여도 상관없다고 에리는 말한다. 그러나 다시 말하지만 그 공허함을 거의 감미로운 것처럼 여기며 견디고 통과 의례의 종료를 유보하는 것이 '일본형 교양 소설'이었다. 그런데 여기서는 용기로서 "아름다운 모양"이 중요하다고 한다. 이렇게 형식의 미를 '내용'보다 우위에 두는 주장이야말로 형식주의며 이것이 나치즘 미학으로 이어진다는 것은 자명하다. 이 부분은 독해 방식에 따라 무라카미 하루키가 다시금 '문학'적 '형태'미의 추구자라는 자의식을, 즉 전후 문학 중에서라면 미시마 유키오의 계열을 뒤따르고자 하는 자의식을 발설한 것처럼도 보인다.

하지만 미시마 유키오에게 '형식'은 철저히 그저 '형식'일 뿐이었고, 그 '형식' 속의 '부재'를 견디기는커녕 철저히 '형식'적이고자 한 나머지 '형식'으로서 죽기를 중단하려 하지

---

41   [원주] 같은 책[381쪽].

않았던 그의 모습과 무라카미 사이에는 역시 차이가 있다. 무라카미의 '형식' = 교양 소설은 지극히 단순한 역사 수정 주의적 우의寓意를 통해 보전될 뿐이기 때문이다.

이렇게까지 써도『다자키 쓰쿠루』를 역사 수정주의 우화로 독해하는 데 여전히 저항감을 느끼는 독자가 많을 것이다. 그렇지만 과연 바로 지금 이 나라 '문학'이 역사 수정주의의 '우의'를 전혀 담고 있지 않다고 말할 수 있을까. 진지하게 다루는 게 바보스러울 지경이지만, 소크라테스 개구리가 "태어난 나라에서 쫓겨나고", '삼계'三戒를 지키려던 '나파주'가 황소개구리의 침략으로 멸망해 '삼계'의 잘못을 깨닫고 새로운 순례 여행을 떠난다는,[42] 2채널에 '초등학생 수준'이라는 댓글까지 달렸던 햐쿠타 나오키의『개구리의 낙원』에 담긴 우의는, 개구리가 순례에 나서 역사의 진실을 깨닫는다는 점에서 말하자면『다자키 쓰쿠루』의 '열화판'이다. 물론 햐쿠타의 소설은 교양 없이 읽어도 될 만큼 이해하기 쉬워 '무교양 소설'이라 해도 되겠지만 말이다.

다만 햐쿠타의 개구리는 신체를 단련(빌둥)하지도 않는다. 그 허약하고 체력 없는 교양 소설이 위장이 약하다는 아베 신조[43]를 떠받드는 이 나라에 더 어울린다. 반면 '넷우익'

---

42   여기에서 '삼계'란 평화 헌법의 비유, '나파주'는 'Japan'을 거꾸로 읽은 것으로 일본을 가리키는 비유다.

43   아베 신조는 2006년 고이즈미 준이치로의 뒤를 이어 전후 최연소 내각총리대신으로 임명되었으나, 2007년 참의원 선거에 패배하고 내각의 불상사가 이어지면서 복통 등을 이유로 퇴임했다. 갑작스러운 퇴임으로 많은 비판을 받았으나 결국 정치적으로 살아남았고, 2012년 자민당의 선거 승리를 이끌어 여당으로 복귀하면서 다시 내각총리대신이 되었다.

의 정체가 사실 '오타쿠'나 '히키코모리' 같은 약자가 아니라 신자유주의 경제의 '승리자'들이라는 지적을 따르면, 무라카미의 소설은 '의식 높은 계열'[44]을 위한 국민화 교양 소설이라고 할 수 있을 것이다.

생각해 보면 기능성 문학이 범람할 무렵부터 서점이나 광고에서 자기 계발서가 눈에 띄곤 했다. 그 사실과 무라카미 하루키의 변화를 겹쳐 봐도 좋을 듯하다. 마키노 도모카즈의 『자기 계발의 시대』(2012)에 따르면 1990년대 초반에 시작된 '잃어버린 20년' 이후 국회도서관에서 자기 계발서를 포함하는 태그인 '인생훈'으로 분류되는 서적이 급증했다고 한다. 출판 연감 등은 2010년 이후로도 자기 계발서 출판 종수가 증가했다고 시사하고 있다. 자기 계발서는 교양 소설에서 표면의 이야기를 걷어 낸 책인데, 자기 계발 붐의 시초가 되었던 '인격 개조 세미나'가 통과 의례와 구조가 같다는 점을 예전에 다른 책에서 쓴 적도 있다. 즉 자기 계발서는 구조밖에 없는 교양 소설이며, 교양 소설에서 말 그대로 '묘사'를 철저히 벗겨 낸, 기능성에만 특화된 책이라 할 수 있다. 그러고 보면 자기 계발서를 읽는 '의식 높은 계열' 사람들이 고교[45] 주변에서 마라톤을 하는 신체 빌둥 계열이라는 인상도 있지만, 이것이 편견이라 해도 자기 계발서가 신자유주

---

44 일본에서는 취직 활동 중인 인재를 '의식 높은 학생' 등으로 표현하는 경우가 있었는데, 2000년대 후반부터 자의식과 낙관의 과잉으로 너무 '튀는' 사람을 가리키는 부정적 의미의 유행어로 '의식 높은 계열'이 사용되기 시작했다. 일본어 위키피디아에서는 자원 봉사나 정당 활동을 통해 '깨어 있는' 모습을 과시하고 싶어 하는 것, 인맥 쌓기에 열중하는 것, 대학생이 창업해 CEO 명함을 가지고 다니는 것 등을 예시로 들고 있다.

의 경제화에 따른 '빌둥스로만'의 책이라고는 할 수 있겠다. 이렇게 생각하면 벌써 예전부터 무라카미 하루키를 읽지 않게 된 과거의 무라카미 독자를 대신해 요즘 그를 베스트셀러로 만들고 있는 독자들의 얼굴도 보이게 된다. 하지만 이것도 '문학'이 경제사회적 요인에 적응한 한 가지 형식일 뿐이다.

그렇다, 무라카미 하루키의 '문학'은 '교양 소설'을 '자기 계발서'에 넘기지 않았다는 점에서 이 나라 '문학'을 지키고 있다고 할 수 있을지도 모르겠다(물론 이 말은 '역설'이다).

---

45 도쿄 중심부에 위치한 덴노의 궁. 넓은 부지가 해자로 둘러싸여 있으며, 바로 옆에 공연장으로도 쓰이는 일본 부도칸이나 시민들이 많이 이용하는 히비야 공원이 있어 "주변에서 마라톤을 하는" 사람도 드물지 않다.

8장

AI 문학론

'이야기를 쓰는 AI'의 가능성

스스로 아마 마지막 문예 비평이 될 것이라고 생각했던 『갱신기의 문학』에서 근대라는 것이 앞으로 인터넷에서 재실행되리라는 예감을 쓴 적이 있다. 그것은 예감보다는 이미 벌어지고 있는 일이었고, 재실행될 대상에는 근대 문학도 당연히 포함되어 있었다. 그 후 지금에 이르기까지 나는 야나기타 구니오를 따라 근대를 재실행해야 한다고 일관되게 주장해 왔는데, 솔직히 말해 그 과정에서 이른바 문단적 '문학'이 어떻게 될지는 아무래도 상관없었다.

갑자기 태도를 바꾸는 것처럼 느껴질 수도 있겠으나, 나 스스로 원해서 문예 비평을 쓴 적은 한 번도 없다. 처음에는 나카가미 겐지, 그다음에는 에토 준이 나 모르게 추천하는 바람에 문예 비평 원고를 의뢰받았고, 물론 받아들인 책임은 내게 있지만 2000년대 초반까지 문예 비평은 내 업무 중에서는 잉여나 마찬가지였다. 내가 원해서 쓴 문학 관련 글은 '사회를 만드는 문학'을 목표했다가 실패한 야나기타 구니오에 대한 것과 '이야기 작법'에 관한 것뿐이었다. 이것들은 말할 나위도 없이 '다른 방향으로부터의 근대 문학 비판'

이었다.

『이야기 소비론』에서도 그랬지만 나는 '고유한 이름을 가진 작가'에게 의존하지 않는 문학을 자명하게 여긴다는 점에서 민속학 계보의 말석에 있다. 따라서 '고유한 작가'에 의한 '문학'이나 '비평'이 오히려 문학사에서 특이한 현상이라는 대전제를 가지고 있었다. 그리고 야나기타 구니오와 오리구치 시노부,[1] 혹은 그들의 구전 문학론과 동시대적 지식이었던 블라디미르 프로프 등의 이야기 형태론은 이야기라는 형식이 어떻게 생성되는지에 대한 관점을 공유하고 있었다. 동시에 형식주의는 정보론의 기원이기도 하므로 이야기 만드는 행위를 하나의 장치로 재검토하는 것이 내 관심사가 되었다. 그러므로 내가 일련의 '이야기론'을 통해 수행한 일은 모두가 이야기를 만드는 시대를 예견하고 그에 가담하는 것이었고, 이는 사람들이 '이야기론'을 이야기를 만드는 장치나 엔진으로 쓸 수 있도록, 그 내재화를 돕는 도구를 만들고자 하는 관심에서 비롯되었다. 그렇게 나는 사람이 어떻게 이야기 만드는 기계가 될 수 있을지를 질문해 왔다. 여기에는 야스다 히토시[2]가 제시한 신화 제작 기계, 즉 이야기를 만드는 기계로서의 컴퓨터 게임이라는 여명기 컴퓨터 게임

---

1 오리구치 시노부折口信夫, 1887~1953. 일본 민속학의 기초를 닦았다고 평가받는 민속학자이자 국문학자. 약간 앞선 세대인 야나기타 구니오와는 학문적으로 인정하면서도 논쟁을 벌인 관계였다.
2 야스다 히토시安田均, 1950~. 소설가이자 게임 각본가. 일본 RPG 문화의 초창기를 이끌었던 크리에이터 집단 '그룹SNE'의 대표였으며 교토대학 SF연구회 2기의 창설자다. 1970~1980년대에 영미권 SF 작품을 다수 일본어로 번역했다. 미즈노 료와 그룹SNE 명의를 같이 쓰면서 판타지 소설『로도스도 전기』를 연재했다.

의 꿈이 반영되어 있었다.[3] 나는 이야기 만드는 기계를 만들고 싶어서 패미컴이라는 컴퓨터 게임 업계에 참여했지만 금세 싫증이 났다. 신화 제작 기계라는 꿈은 공유되지 못했고, 그때 만들어진 것은 미디어믹스 플랫폼이라는 아이디어였으며, 나는 이내 그것에 질려 버렸다. 그래서 곧 어떻게 하면 이야기를 쓰지 못하는 사람이 이야기를 만드는 엔진을 탑재할 수 있을지, 어떻게 하면 그런 사람도 누구나 작가가 될 수 있는 시대에 가담할 수 있을지로 관심이 옮겨 갔다. 그래서 만든 것이 일련의 창작 매뉴얼이다. 이는 결국 '작가의 죽음'에 가담하는 일에 다름 아니었다.

솔직히 나는 비평적인 논의로서가 아니라 역사적 현실로서 '작가의 죽음'을 보고 싶었다. 지금도 생각한다. '문학은 끝났다'고 비평으로 한탄하기보다 정말로 '끝나는 모습'을 한번 보고 싶다. 그래서 나는 '이야기 만드는' 행위를 철저히 매뉴얼화했고, 그럼으로써 과연 그 뒤에 무엇이 남을지 보여 달라고 '문학' 쪽에 압박을 가하기도 했다. 그리고 드디어 그런 '질문'이 비평도 창작 매뉴얼도 아닌 현실이 되는 시대가 바로 앞까지 다가왔다는 느낌이 든다.

그것이 이 책에서 거듭 반복해 다룬 AI다. 이야기 짓는 컴퓨터를 만드는 시도는 1980년대까지의 이야기론이 1990년대 이후의 정보 공학과 결합해 북미 등지에서 공학적 문학 연구라는 형태로 계속되어 왔다. 그 시점에 이미 문체나 문장 단위에서는 자동 생성이 가능했고, 나도 2000년대 중반쯤 한 대학원생과 함께 나쓰메 소세키의 소설을 기억시킨

---

3   [원주] 야스다 히토시, 『신화 제작 기계론』, BNN, 1987.

챗봇(즉 나쓰메 소세키처럼 이야기하는 「시맨」[4] 비슷한 것)을 두 대 만들어 서로 대화시키는 연구 제작을 하면서 아주 재밌어한 기억이 있다. 두 명의 나쓰메 소세키가 각각 '보케'와 '쑛코미'[5] 역할을 한 것이다. 나는 이야기 창작을 지원하는 애플리케이션을 만드는 데는 30개 안팎의 Q&A 리스트로 충분하다는 뜻에서 '스토리 메이커' 질문지를 만든 적이 있다.[6] 하지만 이야기를 컴퓨터에게 '가르칠 때'는, 예컨대 프로프의 31가지 기능 등 이야기론이 제시하는 구조가 알고리즘처럼 보이기는 하지만, 사실 그러한 정보론과 이야기론의 '근사치'가 오히려 더 문제 아닐까 줄곧 생각해 왔다.

예전부터 나는 프로프나 캠벨, 혹은 오토 랑크[7]나 오리구치 시노부의 이야기론을 원용해 이야기를 만들 수 있다고

---

4   1999년 세가게임스에서 처음 발매된 육성 시뮬레이션 게임 시리즈. 인면어人面魚 모습을 한 작중 가공 생물 이름이 '시맨'이다.

5   일본의 만담형 개그에 등장하는 두 역할의 명칭. '보케'가 먼저 우스꽝스러운 말이나 행동을 하면 '쑛코미'(파고든다는 의미)가 그것을 지적하거나 때리면서 면박을 주는 식으로 만담을 진행한다. 보케 역할 배우와 쑛코미 역할 배우가 콤비, 듀오로 활동하는 경우가 많으며 대표적으로 다운타운(마쓰모토 히토시, 하마다 마사토시), 톤네루즈(이시바시 다카아키, 기나시 노리타케) 등이 있다.

6   [원주] 오쓰카 에이지, 『스토리 메이커: 창작을 위한 이야기론』, 아스키미디어웍스, 2008[선정우 옮김, 북바이북, 2013, 269~275쪽].

7   오토 랑크Otto Rank, 1884~1939. 오스트리아의 정신 분석학자. 프로이트를 통해 정신 분석에 입문했고, 의사 출신이 아님에도 프로이트에게 높은 평가를 받아 그의 후원으로 빈대학에서 철학 박사 학위를 받기도 했다. 랑크의 1909년 저작 『영웅 탄생의 신화』에 프로이트의 기고문이 실리고, 프로이트의 『꿈의 해석』은 4판부터 1929년까지 표지에 랑크를 공저자로 올렸을 만큼 두 사람은 긴밀한 관계를 유지했다.

말했다. 그런데 이 이야기론들의 '구조' 대부분이 비슷비슷한 옛날 이야기나 신화에서 유도되었음에도 완전히 동일하지는 않다. 분석자에 따라 제시되는 신화의 구조가 미묘하게 다르다. 그러한 차이를 분석이 철저하지 못한 탓에 생겨난 것으로 받아들이거나 단순히 지역 간의 문화 편차라고 이해하는 것이 '신화 연구'라는 한정적인 연구 영역에서는 의미 있겠지만, 연구자들 사이에서 이야기 구조 모델이 일치하지 않는 이유로는 아마 두 가지 아주 당연한 사실을 들수 있을 것이다.

하나는 분석자도 이야기의 수용자며, 수용자가 이야기에 개입함으로써 비로소 이야기가 성립한다는 사실이다. 즉 각자가 동일한 이야기를 분석하더라도 실은 서로 다른 이야기를 읽고 있는 것이다. 그러므로 유도되는 구조에 편차가 생긴다. 이는 야나기타의 구전 문학론에서 현재의 오디언스론에 이르기까지 조금도 새로운 관점이 아니다.

또 하나는 이야기의 구조라는 것이 조금 더 애매한 존재라는 사실이다. 이번 장에서는 이 문제를 다루려 한다. 러시아 형식주의에서 출발한 이야기 형태론은 민담을 알고리듬이나 플로 차트 같은 기계어에 가까운 도식으로 기술하고자 하는 시도로 '보인다'(〈그림 12〉, 〈그림 13〉).[8]

마찬가지로 일본의 민담 연구에서도 예컨대 뤼티를 소개한 바 있는 오자와 도시오[9]가 다음과 같은 민담의 수식화에 도달했다(물론 '연산'하지는 않았지만)(〈그림 14〉).

---

8   [원주] 이 두 그림 모두 마리 로르 라이언, 『가능 세계·인공 지능·이야기 이론』, 이와마쓰 마사히로 옮김, 스이세이샤, 2006, 367~386쪽에서 인용한 것이다.

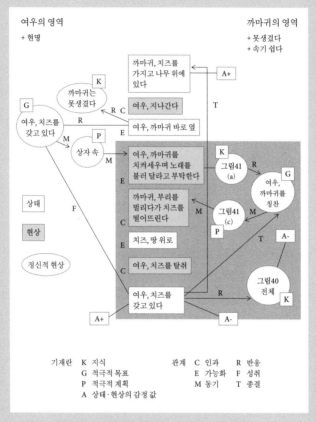

여우의 영역
+ 현명

까마귀의 영역
+ 못생겼다
+ 속기 쉽다

까마귀, 치즈를 가지고 나무 위에 있다 ← A+

K
까마귀는 못생겼다

T

R C

G
여우, 치즈를 갖고 있다

여우, 지나간다

R

여우, 까마귀 바로 옆

E

M
P
상자 속

M

여우, 까마귀를 치켜세우며 노래를 불러 달라고 부탁한다

K
그림41 (a)

R

G
여우, 까마귀를 칭찬

E

상태

F

까마귀, 부리를 벌리다가 치즈를 떨어뜨린다

M
그림41 (c)

M

현상

C

P

T

A-

정신적 현상

치즈, 땅 위로

E

여우, 치즈를 탈취

C

그림40 전체

여우, 치즈를 갖고 있다

R

K

A+

A-

기재란   K 지식   관계 C 인과   R 반응
         G 적극적 목표   E 가능화   F 성취
         P 적극적 계획   M 동기   T 종결
         A 상태·현상의 감정 값

〈그림 12〉재귀 도표 모델에 따른 「여우와 까마귀」주 도표

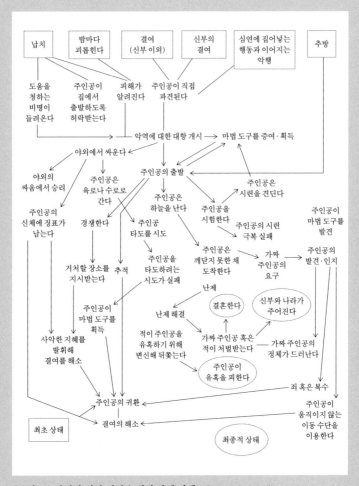

〈그림 13〉 러시아 민담 생성을 위한 상태 이행도(Maranda, 1983)

STORY

　{

Motif-1

우라시마 다로　=　@바다. 가까이. 마을

어린아이＊＊　괴롭힌다　거북이

우라시마 다로　산다　거북이　＜어린아이＊＊
우라시마 다로　놓아준다　거북이　＞바다

Motif-2

우라시마 다로　낚시한다　@바다

거북이　나타난다　＜바다

거북이　말한다　＞우라시마 다로　(거북이　=　인어공주. 사신)

거북이　원한다　(우라시마 다로 탄다　＞거북이. 등)

우라시마 다로　탄다　＞거북이. 등　#눈을 감고

우라시마 다로　도착한다　＞용궁성＞

〈그림 14〉 사토 고타로·오자와 도시오(연구 대표), 「옛날 이야기 기술 언어FDL의 소개 I」, 『옛날 이야기의 이미지 3』, 옛날이야기연구소, 2000

이런 식으로 이야기를 연구하는 사람이 만든 정보론적 기술 방식은 언뜻 컴퓨터와 정합성이 있는 것처럼 보이기도 하고, 1990년대 무렵 북미의 공과 대학에서 컴퓨터에게 이야기를 만들게 한 연구[10]가 프로프 이후의 이야기론을 원용했다는 인상을 주기도 한다. 하지만 이야기론에는 또 한 가지 계보가 있다. 그것은 정신 의학 및 임상 심리학의 계보다. 원래 랑크는 프로이트의 문하생이었고, 일본에는 가와이 하야오[11]로 대표되는 융 학파의 임상적인 이야기론, 예컨대 모형 정원 요법[12]에서 피험자가 들려주는 이야기를 해석하는 방법론으로서의 이야기론이 있다. 융 학파는 유사 과학이라고 비판받기도 하지만 무라카미 하루키가 가와이에게 접근했던 것을 보면 알 수 있듯 창작자들과의 상성은 좋다. 캠벨도 사실 융 학파에 가까운 사고 방식을 가지고 있었고, 원질 신화론이라고도 번역되는 그의 단일 신화론은 단순히 이야

---

9   오자와 도시오小澤俊夫, 1930~. 일본의 독문학자. 쓰쿠바대학 명예 교수. 독일 구전 문학, 민담(메르헨) 연구 전문가다. 막스 뤼티의 『유럽의 옛날 이야기』를 번역했다. 『옛날 이야기란 무엇인가』, 『그림 동화의 탄생: 듣는 메르헨에서 읽는 메르헨으로』 등의 저서가 있다.

10   [원주] 라이언, 『가능 세계·인공 지능·이야기 이론』.

11   가와이 하야오河合隼雄, 1928~2007. 일본의 심리학자. 교토대학 및 국제일본문화연구센터 명예 교수. 2002년 일본 문화청 장관을 지내기도 했다. 분석 심리학(융 심리학), 임상 심리학이 전문 영역이며 일본 문화에도 관심을 두고 저술 활동 등을 펼쳐 왔다. 일본인 최초로 취리히의 융연구소CG Jung Institute에서 융 학파 분석가 자격을 취득했다.

12   융연구소에 유학하던 가와이 하야오가 모래 놀이 요법 Sandplay Therapy을 보고 일본의 모형 정원 놀이와 비슷하다고 느껴 이를 일본에 도입할 때 '모형 정원 요법'이라는 이름을 붙였다.

기 문법이기보다는 온갖 이야기로 성장할 수 있다는 점에서 괴테의 원질 생물과 비슷한 개념이라고 볼 수 있다. 이야기에 일종의 형식성이 있다는 것을 인정하면서, 그 바탕에 '구조' 같은 느슨한 것이 있다고 상정하고, 동시에 그런 애매한 것을 원형으로 삼는 '빌둥스로만'으로서 화자 한 사람 한 사람의 이야기가 생성된다는 측면에 관심을 기울인 융 학파 쪽이 '작가'라는 느낌을 준다는 말이다.

이야기 구조의 이런 애매함과 관련해 나는 가까운 장래에 AI들이 제각각 나름대로 이 애매한 이야기 구조를 발견하게 되지 않을까 생각한다. 지금부터는 내가 AI에 관한 프로그래밍 지식을 전혀 가지고 있지 않다는 전제하에 들어 주면 좋겠는데, 비전문가로서 나름대로 AI에 관한 논문을 읽고 학회에서 발표된 슬라이드 쇼를 인터넷으로 보며, 또 블랙 기업인 하청 게임 회사에서 일하고 있는 옛 제자부터 대형 인터넷 기업의 AI 담당자에 이르는 조금 극단적인 폭의 사람들에게 가르침을 받으며 알게 된 점은, AI가 이야기의 애매한 구조를 스스로 찾아낼 수 있게 될 때 비로소 '이야기를 만드는 AI'가 가능해지리라는 것이다.

'소설이란 이런 거야?'

AI가 쓴 소설이 호시 신이치상 제1차 선고 작품에 포함되었다는 뉴스에 따르면 AI가 생성한 것은 '문장' 부분이라고 한다. '문장' 자동 생성의 사례로는 구글의 컴퓨터가 쓴 시나 벌써 10년도 지난 일이지만 관능 소설의 문체를 자동 생성하는 프로그램인 '나노타비문고'[13](아마 나중에는 전자책으로 공개했던 것 같은데, 페이지를 열 때마다 다른 문장이 생성되는, 마법적 리얼리즘 소설[14]에나 나올 법한 '책'이라는 점이 흥미로웠다) 등이 있었고(〈그림 15〉), 북미에서도 문장을 셰익스피어 같은 문호가 쓴 것처럼 보이게 만들어 주는 AI가 다수 연구되고 있다. AI의 세계적 권위자 레이 커즈와일[15]이 이끄는 구글 연구 팀은 일본의 아오조라문고에 해당하는 저작권이 소멸된 문학 작품 데이터베이스인 프로젝트 구텐베르크에 포함된 문호들의 소설을 AI에게 학습시켜 작가별 '문체'를 생성하는 실험에 성공했다고 한다.

하지만 이야기를 만드는 AI에서 문제가 되는 것은 '문장'의 상위에 있는 '이야기 구조'를 활용하는 방법이다. 내가 매뉴얼 격으로 쓴 『이야기 체조』나 『스토리 메이커』는 '구조'를 제시한 뒤 그 구조에 '문장'으로 살을 붙이는 교습 형태를 취했는데, 이는 실제로 사람이 이야기하는 과정과는 전혀 다르다. 더구나 영문법에 따라 영어를 작문하는 것과 마찬

13　미리 입력된 문장을 조합해 단편 관능 소설을 자동으로 생성하는 소프트웨어. 『스토리 메이커』 등 지은이의 다른 저서에서도 언급된 바 있다.

14　가브리엘 가르시아 마르케스(『백 년 동안의 고독』) 등을 필두로 한 라틴아메리카의 문예 사조. 인과 법칙이 맞지 않는 서사를 구사한다. 일본에 마르케스를 소개한 아베 고보나 오에 겐자부로도 이로부터 영향을 받았으며, 현대 작가들(엔터테인먼트 계열까지 포함)에게서도 영향을 찾아볼 수 있다.

15　레이 커즈와일Ray Kurzweil, 1948~. AI 연구의 세계적 권위자로, 기술적 특이점에 관한 저술인 『특이점이 온다』가 유명하다. 또한 발명가로서 OCR(광학적 문자 판독 장치) 소프트웨어 등을 만들었다. 2012년에는 구글에 입사해 AI 개발 총지휘(엔지니어링 이사)를 맡기도 했다.

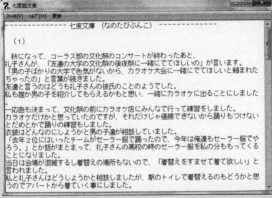

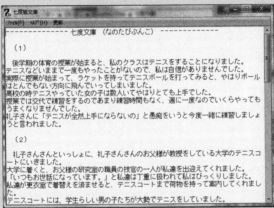

〈그림 15〉 프로그램을 열 때마다 새로운 관능 소설이 생성되는 '나노타비문고'(http://yuki-nanotabi.game.coocan.jp)

가지로 이내 한계를 맞게 될 것이어서, 자연스럽게 (즉 모국어로 말하는 것처럼) 이야기할 수 없는 사람을 위한 하나의 방책으로 이런 '학습'을 제시한 것일 뿐이다.

하지만 우리가 이야기를 만들 때, 막 써 낸 한 줄의 '문장'이 어느 순간 문득 구조를 향할 때가 있다. 즉 '형식 노력'이 일어난다는 말이다. 나는 미디어믹스를 위해 요청받은 소설을 쓸 때는 사실 플롯을 만들지 않는다. 첫 줄부터 내키는 대로 써 나간다. 그리고 대개는 글이 어그러진다. 내게는 '형식 노력' 능력이 없는 것이다. 이는 말 그대로 이야기 작가로서의 내 '재능' 문제지만 훌륭한 (그리고 한정된) 작가는 그렇게 해도 정말로 잘 쓸 수 있다. 어떤 '한 문장'이 구조를 향해 나아간다는 것을, 혹은 구조를 향해 조타하는 '한 문장'이라는 것이 '있다'는 것을 나조차 깨닫는 순간이 '있다'. 이러면 마치 '하늘의 계시'라고밖에 할 수 없는 영감을 말하는 것 같아 컴퓨터와 가장 거리가 먼 이야기로 들리겠지만 요즘 AI는 바로 이것을 재현하려는 것 같다.

지금의 AI를 나 같은 비전문가도 이해할 수 있도록 가르쳐 준 이들이 든 사례 중 하나가 2012년에 구글이 AI에게 고양이를 인식시킨 실험이다. 기사에 따르면 AI에게 1주일간 유튜브를 보여 주었다(고양이 사진만 보여 준 것은 아니라고 한다). 유튜브에서 무작위로 추출한 사진 1,000만 장을 AI에게 학습시켰더니 '인간의 얼굴', '고양이의 얼굴', '인간의 몸' 사진에 대해 "인간의 얼굴은 이런 거야?", "고양이는 이런 거야?", "인간의 몸은 이런 거야?"라고 물었다고 한다. "고양이는 이런 거야?"라며 AI가 제시한 사진이 〈그림 16〉인데, 정확히 말하면 '이런 것'을 AI가 보여 주면 인간이 "아, 그거 고

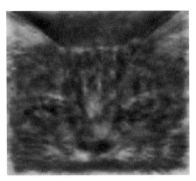

〈그림 16〉 구글 AI가 그
린 '고양이'(https://google
blog.blogspot.jp/2012/06/
using-large-scale-brain-si
mulations-for.html)

양이야"라고 가르쳐 주는 것이다. 이 '이런 것'을 인간 뇌 신
경 세포의 네트워크인 '뉴런'에 비유하겠다. 사진이니 화소
의 네트워크라고 할 수 있겠다. 이것이 획기적인 이유는 이
제까지는 AI에게 고양이를 찍은 사진의 정의를 가르쳐 주
어야 했던 것과 달리, AI가 방대한 사진 데이터를 보고 "이
런 게 잔뜩 있네요?"라고 먼저 물으면 인간이 깜짝 놀라며
"그거 고양이야"라고 이름을 가르쳐 주는 흐름이기 때문이
다. 도대체 인터넷에 얼마나 고양이 사진이 많나 놀라운 것
과는 별개로, '이런 것'이라는 애매하고도 범용성 있는 정보
덩어리를 AI 스스로 발견해 냈다는 점이 흥미롭다. 즉 이 고
양이 뉴런은 괴테나 캠벨에 비유하면 '원질 고양이'인 셈이
다. AI는 '원질 고양이'를 스스로 학습했다. 그렇다면 '원질
이야기'를 찾아내지 못할 이유도 없다.

구글이 AI에게 '로맨스 소설' 2,865편을 읽히고 소설을 쓰
게 한 실험도 있다(정확히는 11,000편의 온갖 소설을 읽혔는
데, 거기에 로맨스 소설 2,865편과 판타지 소설 1,500편이 포
함되어 있었다고 한다). 로맨스 소설과 판타지 소설은 이른

바 '장르 소설'로 줄거리나 캐릭터가 보다 양식화되어 있다. 즉 이야기 구조가 동일하며 표층적인 '문장'만 다른 2,865편의 로맨스 소설을 AI에게 읽혀 이야기 전개상 의미가 동일한 문장(예를 들어 여주인공을 애인 이외의 남성이 유혹하는 대사)을 여럿 배우게 한 다음 시리 같은 AI와 나누는 현실감 있는 대화에 응용하는 것이 구글의 단기 목표인 것 같다.

하지만 아마도 이 작업은 하나의 과정에 불과할 것이다. AI가 "고양이란 이런 거야?"라고 물으며 알아서 학습하는 시스템을 딥러닝이라 부르는 것 같다. 여기서 '고양이는 이런 것'의 사진(뉴럴 네트워크)은 층이 져 있다. 가장자리 등의 국소적인 특징 → 각 부위별 '이런 것' → 전체로서 고양이의 '이런 것'…… 같은 식으로 학습해 가는 것이다. '인간은 이런 것'도 완전히 같은 순서로 학습된다. 이를 소설에 비유하면 소설스러운 문장은 이런 것 → 소설스러운 문단은 이런 것 → 소설은 이런 것…… 같은 식으로 점점 심층적으로 배우게 되지 않을까. 구글이 상대적으로 형식이 단순한 장르 소설을 먼저 가르친 것은 그런 소설들이 '이런 것'을 더 쉽게 인식시킬 수 있기 때문이라고 나는 이해했다. 구글의 실험은 '소설의 문장 잇기는 이런 식이다'로 향하는 과정이 아닐 수 없다.

그렇다면 AI는 '소설은 이런 것'을 어떻게 나타낼까. 기술적 문제는 잘 모르지만, 각각의 작품을 넘어 로맨스 소설 2,865편 속 문장이나 문단을 몇 개의 '뭉치'로 집적해 '고양이란 이런 것'의 소설판이라 할 수 있을 무언가를 만들어 내지 않을까. 예를 들어 그 데이터 속 문장을 하나하나 그래프화해 소설의 진행(전체의 몇 퍼센트 지점에 나오는가)은 가로축, 빈도는 세로축 삼아 배치하다 보면 '문장' 뭉치가 출현하게 될지도 모른다. 그것이 '원질 이야기'나 '이야기 구조' 아닐까.

어떤 식으로 가시화할지는 더 생각해 볼 필요가 있겠으나, 아무튼 그러한 '대량의 소설을 횡단해 얻은 문장이나 문단 뭉치'로 구성된 '뉴런'이 나타난다면 그것이야말로 이야기 구조 아니겠는가. 구글 AI는 개별 문장을 가지고 연속된 문단을 만들어 내는 데 성공했다. 거기서부터 '구조란 이런 것' 단계까지는 그리 머지않았다는 인상을(물론 AI 연구자들에게는 현실적인 여러 난관이 있겠으나) 인터넷 기업 사람들과 대화하면서 매우 현실감 있게 받을 수 있었다.

다만 그때 출현할 AI가 학습한 이야기 구조가 프로프나 캠벨의 그것과 얼마간 비슷할지 아니면 전혀 다른 무언가가 '원질 신화'로 나타날지, 그것이 나는 무엇보다 궁금하다.

인터넷에서 오카노하라 다이스케의 파워포인트 「일반인을 위한 Deep Learning」[16]을 보면서 가장 흥미로웠던 부분은 AI의 학습이 "분야에 의존하지 않는 갖가지 기법의 적용"이며 "각 영역 전문가의 장인적 기술"을 AI가 스스로 수행한다는 설명이었다. 여기서 분야에 의존하지 않는 기법이란 어디까지나 프로그램상의 정보 처리 기법을 가리키는 것이겠으나, 오카노하라의 설명을 들으면서 '이야기론'이라는 학문 영역에 한정되지 않는 '이야기'를 향해 AI가 스스로 다가가고 있는 것 아닐까 예감하게 되었다. 즉 AI가 비평의 기

---

16   [원주] 오카노하라 다이스케, 「일반인을 위한 Deep Learning」(http://www.slideshare.net/pfi/deep-learning-22350063).

법을 스스로 발견해 소설을 '읽을'지도 모르겠다고 예감하게 된 것이다.

그러므로 AI가 이끌어 낼 이야기 구조가 지금까지의 이야기론과는 완전히 이질적인 요소로 구성될 가능성도 있다는 생각이 든다. 몇몇 학문 분야에서 AI가 이미 새로운 발견을 한 것처럼, 기존 학문이 '믿어 의심치 않던 것'으로부터 AI는 해방되어 있으니 이야기란 무엇이며 소설이란 무엇인지 같은 질문을 보다 깊이 있게, 아니면 완전히 뻔한 방식으로(의외로 '문학'이란 훨씬 '얕은' 것일 수도 있다) '학습'하게 될지도 모른다.

AI가 초래할 '편집자의 죽음'

'이야기를 만드는 AI'의 가능성에 관한 이야기를 들으며 가장 단기적으로 실현 가능하고 실용성이 높겠다고 생각한 것은 소설을 '평가'하는 AI다. 픽시브 등의 그림 투고 사이트에는 방대한 캐릭터 일러스트레이션이 올라와 있다. 그것들은 조회 수로 등급이 매겨진다. 나는 픽시브를 방문해 새로 그림 한 점이 투고될 때 조회 수가 얼마나 될지 예측하는 AI를 실제로 보기도 했다. 예상 조회 수와 실제 조회 수는 깨끗한 비례 그래프를 그리고 있다. 즉 '투고 사이트에서 인기 있는 그림이란 이런 것'을 AI가 학습하고 그 내용을 바탕으로 조회 수('이 정도는 되겠지?')를 예측하는 것이다. 조회 수는 인터넷 유저들의 '평가'인 셈이니, 그렇다면 이 AI는 캐릭터 일러스트를 '평가'하고 있다는 이야기가 된다. 어느 캐릭터 일러스트가 '좋다'거나 '마음에 든다'는 '감정'의 기준을 AI가 학습했다는 말이다.

AI가 인기 있는 캐릭터 일러스트란 '이런 것'이라며 제시하는 그림은 '고양이란 이런 것'과 마찬가지로 그리는 이나 받아들이는 이가 그림에서 찾아내는 '고유성'과는 다른 차원에 있다. 개개인의 '심미안'이 집적되면 아주 뻔한 '이런 것'이 드러나게 된다는 사실을 이 AI를 보고서 재밌게 느꼈다. 그런데 이를 '소설가가 되자'나 '카쿠요무' 같은 소설 투고 사이트에 응용하면 어떻게 될까. 이들 사이트에 투고된 작품들을 빅데이터로 사용하면 비평하는 AI를 만들 수 있을지도 모른다. 실제로 IT 계열 기업 간부에게 물어보니 '가능하다'고 답했다.

그렇다면 AI는 '작가의 죽음'을 가져오기 전에 '편집자의 죽음'을 가져오게 될 것이다.

인터넷 투고 소설에서는 상위 랭킹 소설이 좋은 소설이고 그것이 단행본화되어 베스트셀러가 된다. 이미 편집자의 업무는 상위 랭킹 작가에게 메일을 보내는 일밖에 없게 되었지만, 아이폰의 최신 기능으로 AI가 메일 문장을 자동으로 만들어 주는 기능이 붙는다고 하니 '소설가가 되자' 상위 랭킹 작가에게 자동으로 메일을 보내는 것쯤은 농담이 아니라 시리가 충분히 '학습'할 것이다. 내가 이런 식으로 악담을 퍼부으면 편집자들은 '편집자의 심미안', 즉 소설의 좋고 나쁨을 판단하는 특별한 능력이 자신에게 있다고 주장하고 싶어 한다. 그렇기 때문에 KADOKAWA 라이트노벨 신인상에서는 '편집자의 강평講評'이 상을 결정한다는 사실이 강조되고, 1차 선고 통과자에게 편집자의 선평選評을 보내 주는 것을 '장점'으로 내세우는 상도 있다. 하지만 KADOKAWA만 떠올려 봐도 도저히 소설의 좋고 나쁨을 이해한다고 하기 어려운 사람들이 있다. 그렇다고 유저 평가가 공정하냐면, 예를 들어 '카쿠요무' 신인상의 경우 평가하는 유저가 투고 작품 전체를 읽는 것도 아닐뿐더러 한 편의 소설조차 끝까지 읽지 않고 '평가'해 수상작을 결정하는 시스템이 이상하다는 지극히 당연한 비판이 '투고' 형태로 게재되기도 했다.

편집자는 상위 랭킹을 확인할 뿐이지만, 그 랭킹을 결정하는 유저 평가가 타당하다고 하기도 어려운 것이다.

그렇다면 오히려 AI가 더 '공정'할지 모른다고 생각할 투고자도 있을 법하다. 앞서 보았듯이 AI라면 지금까지의 상위 랭킹을 참고해 높은 순위에 오를 작품을 예상할 수 있을 것이다. KADOKAWA도 '소설 읽을 줄 아는' 편집자 상당수를 정리 해고했으니 이런 AI를 개발해 편집자라는 직종 자체를 소멸시켜도 상관없을 것이다. 가도카와쓰구히코는 드완고와 가도카와쇼텐을 '합병'하면서 앞으로 출판사는 편집자 옆에 프로그래머가 앉는 기업이 될 것이라고 예측했지만, 그게 아니라 편집자가 AI로 대체되는 것이 다가올 출판사의 모습이라는 이야기다. 소설 평가 AI가 소설의 '재미있음'과 '재미없음'을 판단하는 리뷰적 '비평'까지 대행할 수 있게 되어 가까운 미래에 서점 대상 대신 AI 대상이 운영된다 해도 딱히 SF가 아니다. AI도 분명 햐쿠타 나오키를 선정할 것이다.

이렇게 '비평'하고 '평가'하는 AI가 소설을 '만드는' AI와 한 쌍이 되어, '만드는' AI가 생성한 소설을 '평가'하는 AI가 판정해 피드백하도록 대화시키면 'AI가 쓰는 소설'은 단숨에 향상될 것이다. 예를 들어 평가하는 AI에게 '라이트노벨'

이 아니라 '문학'을 학습시킨 다음 그것을 '라이트노벨'을 생성하는 AI와 이어 붙이면 무슨 일이 일어날까. '라이트노벨'의 장점만 따와 연명해 온 이 몇 년간의 '문학'[17]이 재현될까, 아니면 의외로 그보다 나은 것이 탄생할까.

다만 그때 AI가 '라이트노벨은 이런 것', '문학은 이런 것'이라 제시하는 것이 어쩌면 너무나 뻔해 작가도 비평가도 도저히 받아들이기 힘들 가능성이 높다는 점을 강조해 두고 싶다. 빅데이터가 되는 순간 인간의 심미안이라는 것이 얼마나 얄팍한지 드러나게 된다. 하지만 그렇게 만들어진 AI 소설이 '문학은 이런 것'이라는 확신 속에서 '장인의 기술'(문학 장치나 문체)이나 '분야에 의존'(문단)해 만들어진 소설의 한계를 주저 없이 넘어설지도 모른다. 그것이 구'문학' 입장에서는 낯설게 하기나 탈구축으로 보일 수도 있겠다. 그리고 AI는 망설임 없이 그렇게 할 것이고, 아마 '낯설게 하기'도 '탈구축'도 AI에게는 그냥 순열 조합이나 인터넷에서 볼 수 있는 '대충대충 쓴 글'의 방법론과 다르지 않게 받아들여질 것이다.

17　일본에서는 이미 오래전부터 라이트노벨 출신 작가가 순문학으로 진출해 대표적인 문학상을 수상하는 사례가 나오고 있다. 예를 들면 2003년 제130회 나오키상을 수상한 교고쿠 나쓰히코, 2007년 제138회 나오키상을 수상한 사쿠라바 가즈키를 필두로 2003년 제16회 미시마상을 수상하고 2004년 아쿠타가와상 후보가 되었던 마이조 오타로 등이 있다. 그 외에 소위 '5대 문예지'에 라이트노벨 출신 작가의 작품이 실리는 일도 흔해졌다. 이와 관련해 지은이는 2002년 발표한 「불량 채권으로서의 '문학'」을 통해 '만화와 라이트노벨에 기대어 연명하면서도 순문학이라는 선민 의식을 내보이며 상대적으로 많은 예산과 고료 수준을 차지하는' 문단의 기득권을 비판했고 이것이 큰 논쟁으로 이어졌다.

그러나 AI에게는 '인격'이 없지 않느냐는, 마지막 수단이라 할 만한 반론이 나올 듯하다. 이제 우리에게는 마치 그 옛날 덴마 박사가 아톰에게 분통을 터뜨렸던 것처럼 AI에게는 영혼과 마음이 없지 않느냐고 따지는 것 말고는 반론할 여지가 없다. 그렇지만 이미 지적했듯 우리는 챗봇에게서조차 '인격'을 찾는다. 마이크로소프트가 압도적 우위를 점했음에도 마니아들이 애플 컴퓨터를 계속 지지했던 것은 이제는 표시되지 않게 된 '곤란한 표정'sad mac이나 '폭탄'bomb 아이콘에서 '인격'을 느꼈기 때문 아니었던가. 해석하고 수용하는 이가 있을 때 비로소 소설이 탄생한다는 '독자론'이 옳다면, 독자가 무언가를 '소설'이라고 여기는 순간 '작가'도 탄생하는 것이다.

이렇게 AI가 소설을 쓰고, 비평하고, 편집함으로써 작가도 비평도 편집자도 '죽는다'. 그러면 '독자'는 남을까.

1부에서 나는 인터넷이 우리 모두를 작가로 만들었다고 썼다. 그리고 '무상 노동'이라는 새로운 노동 문제를 지적했다. 하지만 무상 노동적 창작의 상당 부분을 이미 AI가 대행할 수 있게 되었다. 트위터에 트윗을 올리는 봇, 니코니코동화에 댓글을 자동 생성해 주는 AI가 이미 존재한다. 일러스트 투고 사이트에서 AI가 미리 결과를 예측할 뿐 아니라 상위에 오를 일러스트는 '이런 것'이라고 표시할 수 있는 수준까지 이미 와 있다. 인터넷을 잠깐 검색해 보면 300,000장의 샘플을 통해 캐릭터 일러스트를 학습하는 AI가 30분 후, 2시간 후, 1개월 후 등 학습 진행 경과에 따라 생성하는 일러스트의 수준이 어떻게 변화하는지 보고한 게시물을 금방 찾을 수 있다. 로고를 자동 생성해 주는 애플리케이션도 무료로 다운로드받을 수 있다. 그렇다면 '작가화한 유저' 역시도 논리적으로 불필요하다. 결국 인터넷상에서 무위로 살아가는 한 우리는 그저 AI를 위해 빅데이터를 '투고'해 주기만 하는 존재로 바뀌어 갈 수밖에 없다.

물론 당분간은 '작가'도 '편집자'도 '비평'도 사라지지 않겠지만 미래에 컴퓨터가 빼앗아 갈 직업 목록에 이것들을 추가해야 할 것이다. 그리고 문학자는 앞으로 AI 개발자나 프로그래머로 살아가게 될 것이다. 지금까지는 그렇게 되기까지 '브레이크스루'[18]니 '특이점'singularity이니 하는 SF스러운 '미래'를 상상해야 했으나, 매일 갱신되는 구글의 AI 관련 뉴스를 보다 보면 그 미래가 그리 머지않았을 뿐 아니라 앞으로 지극히 자연스럽게 우리 생활에 끼어들어 올 것이라는 인상을 받게 된다.

영화 「2001 스페이스 오디세이」는 인공 지능 HAL9000을 먼 미래의 일로 그렸지만, 우리는 시리를 탑재한 아이폰을 크게 의식하지 않으면서 주머니에 넣고 다니지 않는가. 시리에게 "이야기 좀 해 줘"라고 말을 걸었을 때 앞서 본 일라이자와의 이야기를 그냥 반복하는 것이 아니라 우리 각자의 취향에 맞게 이야기를 만들어 들려줄 날이 먼 미래가 아니라 벌써 이 앞에 다가온 것이다(이야기의 '문장'이 끊어졌을 때 캐릭터 이름을 지칭하며 "××는 어떻게 됐어? 죽었어?" 라고 물으면 다시 자동 생성이 시작되는 대화형 AI도 지금 기술 수준이면 구현하기가 그리 어렵지 않을 것이다). 우리에게

---

18   주로 컴퓨터나 IT 분야 등에서 기술적으로 어렵거나 장벽이 되던 문제를 해결해 '돌파'하는 것을 가리키는 용어.

는 이야기를 들려주는 것이 시리일지 린나일지 아니면 다른 AI일지 정도의 선택밖에 남아 있지 않다.

이렇게 '근대 문학'을 지탱해 왔던 작가도 독자도 비평도 편집도 이미 본질적으로는 죽었다. 비유가 아니다. 그 사실을 깨달아야 한다.

정말로 포스트모던이라는 것이 도래한다면 '문학'의 종말이나 재실행을 말하는 의미도 없어진다. 아마 이 책 자체가 존재할 의미를 잃을 것이다. '감정 노동'만이 아니라 우리의 '나'나 '감정'까지 모두 AI가 대행한다. 그런 식으로 '감정'화 사회를 끝장낼 수도 있다. 이렇게 쓰니 왠지 나는 매우 기분이 좋다. 이 순간 "아, 나는 '문학'에 관해서만큼은 뼛속까지 포스트모더니스트였구나" 생각한다.

후기
역사의 특이점을 향하여

문예 비평으로서의 '전작'에 해당하는 『갱신기의 문학』에서 나는 근대, 특히 근대 문학적인 것이 인터넷에서 진행되고 있는 듯하다고 썼다.

투고 잡지라는 공간을 향한 무명의 투고들로 일본 근대 문학이 만들어졌고, 그것은 무수히 많은 '말하듯이 쓰기'(언문일치)의 표출로 나타났다. 그리고 그 문체는 지극히 불안정한 '나'를 '나'라는 1인칭으로 말함으로써 가능해졌다. 이렇게 쓰니 가라타니 고진 같은 느낌도 들지만, 그 '나'는 '타자'와 충돌하고 또 '사회'를 실감하게 된다. 이것이 에토 준이 말한 바다. 그렇게 근대 문학이라기보다는 근대를 살았던 이들이 걸은 길을 인터넷을 통해 만인이 반복하고 있다. 즉 '문학'이라는 특권적인 장소에서만 가능했던 경험이 보편화되어 제공된다. 그런 근대의 재실행, 즉 '갱신'의 기회를 놓쳐서는 안 된다고 나는 그 책에서 주장했다. 철저하지 못하게 끝나 버린 일본의 근대를 인터넷상에서 철저하게 재실행해 보자는 것이 내 입장이었다. 인터넷을 통해 발언과 참가의 권리가 보다 널리 담보되어, 근대가 불철저할 수밖에 없었던 요인 중 몇 가지는 배제되었다고 생각했기 때문이다.

하지만 지금 우리 눈앞에 있는 역사적 국면을 단순히 '재실행'으로 인식해도 되는 것일까. 그것이 이 책을 쓰는 내내 들었던 회의다. 일본의 정치 상황에서 예컨대 과거 파시즘의 망령이 되살아날지도 모른다는 식으로 역사적 반동을 걱정하는 것이 아니다. 왜냐하면 일본은 물론이고 북미의 티파티나 유럽의 극우조차 과거의 파시즘을 재실행하고 있다고 보기에는 너무나도 진부하기 때문이다. 일본의 아베나 미국의 트럼프를 가리켜 히틀러와 마찬가지라고 야유하는 풍자화나 콜라주를 보는 일도 있지만, 과연 이들의 프로파간다 수법이 나치즘 시절 괴벨스 등의 수준에 버금갈 만큼 '세련'된 것일까. 일본 파시즘 체제가 대중 선동을 위해 다이쇼 아방가르드[1] 미술가들을 동원해 구축했던 미학이나 방법론이 전후 일본의 영화와 사진, 디자인과 문학, 그리고 '오타쿠 문화'의 기반을 마련했음을 나는 내년으로 예정된 젊은 연구자들과의 논문집[2]에서 입증하려고 한다. 아무튼 현재의 아베 정권에서 파시즘이 만들어 낸 미학적 성취 따위는 전혀 찾아볼 수 없다. 그렇다고 이것이 포퓰리즘이며 대중의 무지 때문에 초래된 것이라고, 혹은 파시즘의 열화판이라는 식으로 지성의 편에 서서 '비판'해도 효과가 있지는 않다.

이 책에서 나는 지금 일어나고 있는 상황을 잠정적으로

1　일본 다이쇼 시기(1910년대 후반~1920년대 전반)에 일어난 전위적인 미술 운동. 주로 미래파나 다다이즘 등 해외 미술 운동에서 영향을 받았다.

2　오쓰카 에이지 엮음, 『동원의 미디어믹스: '창작하는 대중'의 전시하·전후』, 시분카쿠슛판, 2017.

'감정화'라는 알기 쉬운 키워드로 설명하고자 했다. 어울리지 않게 마르크스주의적인 어법이나 애덤 스미스까지 끌어들였지만, 사실 어떻게 봐도 그런 설명은 '정체'된 것처럼 느껴진다. 혹은 이 책에서 비판한 사회학적 포지셔닝의 범주를 도저히 넘어서지 못하는 것 같다. 그보다 나 개인의 관심은 '지금'에 대한 설명이 아닌 앞으로 일어날 일에 대한 '예감'의 언어화에 있다. 하지만 그러지 못한 채 후반부 들어 AI를 통한 근대적 개인의 소멸 쪽으로 논의를 진행했는데, 그 '너머'에서 과연 '문학'이나 '비평'이, 혹은 '개인'이나 '사회'나 '국가'나 '덴노'가 성립할 수 있을지가 지금 혹은 이미 의문에 붙여지고 있는 것 같다.

그러므로 앞으로 일어날 일에 나는 동의도 지지도 할 수 없지만, 이 '재실행'을 통해 시작되고 있는 불합리한 선택이 수렴된 끝에 결국 '역사'를 다른 것으로 바꾸어 놓지 않을까 하는 '예감'에 충실하려 한다. 역사 수정주의자의 주장은 과학적이지도 합리적이지도 않다. 그러므로 그 정치적 주장에는 조금도 동의하지 않는다. 하지만 역사 수정주의라는 단어가 말 그대로 보여 주듯이 그 역시 역사의 '재실행'인 것이고, 군이 말하자면 '역사'라는 존재 자체의 '재귀'일지도 모른다. 그렇다면 이를 어떻게 이성적으로 받아들일 수 있을지가 중요해진다.

나로서는 이 '재실행' 내지 '루프'의 끝에서, 즉 인터넷에서 재귀적으로 반복되는 '문학'이나 '근대'에서 역사의 임계점 같은 것이 언젠가 나타나지 않을까 하는 '느낌'을 받는다. 혹은 이미 나타난 것 같기도 하다.

이 책에서는 다루지 않았으나 포스트모더니즘이 역사의

종언을 떠들어댔던 1980년대에 문학과 서브컬처 영역에서 '재신화화', 즉 사가의 부흥이 일어났다는 점을 나는 수년간 계속 문제 삼아 왔다.[3] 일본에서는 서브컬처를 인용해 구성한 페이크 히스토리적 사가를 통해 현실의 역사를 넘어서려 한, 말하자면 '역사 교체'의 쿠데타였던 옴진리교 사건[4] 때, 세계사적으로는 9·11 이후 다국적군의 이라크 진입을 폭스 텔레비전이 '십자군'이라 형용한 순간에 역사가 재신화화되었다고 할 수 있다.

역사 또한 그런 식으로 재귀적인 루프에 들어가지 않았는가. 내게는 1980년대 이후 역사든 문화든 전부 재귀적으로 루프하고 있는 듯이 보인다. 2000년대 이후 '루프'를 주제로 한 서브컬처적 표현이 범람한 현상도 우리가 재귀적 루프에 들어섰다는 사실을 그대로 반영한 것일지 모른다. 그리고 내게 이 루프는 AI 딥러닝의 비유처럼 느껴진다.

딥러닝을 시작함으로써 AI는 자신의 프로그램을 재귀적으로 다시 쓸 수 있게 되었다. AI는 스스로를 보다 나은 존재로 수정해 간다. 2000년대 들어 오에 겐자부로가, 이어 안노 히데아키가 말하자면 재귀적으로 자신의 작품을 포함해 문학이나 애니메이션 그 자체를 다시 쓴 것처럼(그런 '의도'

---

3   [원주] http://www.japan-studies.org/Conference-Proceedings-2015-ol-III.html.

4   1984년 설립된 신흥 종교 집단인 옴진리교는 1995년 지하철 사린 독가스 테러를 일으켰고, 자동 소총, 화학 병기 등을 보유하고 일본 내에 독립 국가를 만들고자 했다. 교주인 아사하라 쇼코는 사건 전에는 국회의원에 출마하고 TV 예능 프로그램에 출연하는 등 단순히 '재미있는 사람'처럼 여겨지기도 했다. 현재 사형 확정 판결을 받고 수감 중이다.

는 무라카미 하루키에게서조차 엿볼 수 있다), 지금 우리가 인터넷상에서 '역사'나 '사회'나 '국가'나 '개인'이나 '문학' 같은 임의의 이름으로 불린 근대적 개념들을 의도 없이 다시 쓰고 있다고 생각해 보자. 이 책에서 말한 '감정화'란 사실 그런 국면의 도래를 의미하는 것이 아닐까. 즉 이 책을 쓰면서 내가 정체감이나 초조함을 느낀 것은 이 책 역시 여전히 재귀적 루프 속에 있기 때문이었다.

그러므로 약간 SF처럼 들릴지도 모르겠으나 그런 다시 쓰기와 재실행의 끝에 나타날 것은 무언가의 임계치가 아닐까 생각해 본다. 즉 그것을 AI의 '지능 폭발', 특이점으로 비유하고 싶다는 유혹에 휘말리는 것이다. 역사라는 개념의 진화 자체가 특이점에 접어들고 있음을 인터넷상에서 일어난 근대의 반복이나 재신화화 같은 재실행, 반동, 정체, 루프 등으로부터 연상해야 하지 않을까.

특이점은 과학 기술이 기하급수적으로 가속된다는 레이 커즈와일의 모델에 기반하는데, 이를 '역사'라는 인식 체계에 적용하면 그 자체의 '진화'가 재귀적인 갱신으로 인터넷에서 급속히 진행되어 무언가 다른 존재로 '변화'하려는 국면이라고 이해할 수 있다. 이것이 구시대적 '합리', 구시대적 '근대'에 입각한 '반지성주의' 따위의 비판 자체를 무효화하고 있지 않은가. 세계 각지에서 동시에 진행되고 있는 비합리적인 역사적 선택은 더 이상 역사가 역사의 모습을 유지하지 못하고 있음을 의미하지 않는가.

물론 '현실'은 기하급수적으로 진화하는 수학적 공간이 아니므로 역사라는 인식 체계 자체가 특이점을 맞이한다는 말은 어디까지나 비유일 뿐이다. 하지만 중요한 점은 재귀적 근대라는 루프의 끝에 근대적 지성과 합리주의로 합리화할 수 없는 장소가 서구 사회 안팎에서 동시에 나타났다는 사실이다. 부주의한 비유일지도 모르겠지만 이를 역사에 있어 '그레이 구'Grey goo[5]의 시작이라고 할 수 있지 않을까. 각종 픽션 작품에서 '그레이 구'는 특이점 다음에 오는 광경으로 그려지곤 한다. 나노 머신의 자기 복제라는 재귀의 끝에 나타나는 것이 그레이 구다. 위키피디아에는 그레이 구가 이렇게 정의되어 있다.

탄소나 규소를 주요 소재로 자기 복제되는 나노 머신이 있다고 할 때, 그것이 자기 복제되면서 프로그램 에러 등으로 폭주가 일어나 증식이 멈추지 않을 가능성도 있다. 나노 머신은 기하급수적으로 개체 수를 늘리기 때문에 몇 시간만 지나도 지구 전체가 나노 머신 덩어리인 '그레이 구'로 변화될 수 있다고 한다.

이를 대체 어떤 역사적 국면(우리는 결국 역사적일 수밖에 없다)의 비유로 받아들여야 할까. 아무튼 포스트모던이나 탈구축처럼 손쉬운 것이 아님은 알겠다. 파국catastrophe과

---

5   실수나 사고로 자기 복제가 가능한 나노 머신이 폭주해 무한 증식한 끝에 지구 전체를 뒤덮을 수 있다는 가상의 지구 종말 시나리오다. 나노 테크놀로지의 선구자로 불리는 에릭 드렉슬러가 『창조의 엔진』(1986)에서 처음 언급했다고 한다. 2002년에는 유명 SF 소설가 마이클 크라이튼이 이 아이디어를 참고한 작품 『먹이』를 발표했다. 다만 현실적으로는 불가능하다는 비판이 많다.

도 다르다(나는 무슨 종말론을 말하려는 것이 아니다).

그리고 그때 우리에게는 과연 어떤 '비평'이 가능할까. 그것이 애초에 '비평'이라는 모습을 하고 있을까. 본문에서 비평이 앱의 형태를 취하게 될지도 모른다고 말한 것은 결코 즉흥적인 착상이 아니다. 그러므로 우리에게 근대를 재실행할 수 있는 여지가 아직 조금이라도 남아 있는지를 자문하지 않을 수 없다. '현재'의 문학이나 사회, 정치 등에 대한 '비평'을 써 달라는 출판사의 요청으로 이 책을 집필했지만, 이제 그런 비평은 불가능하지 않나 하는 '감정'을 씻어 낼 수가 없었고, 그럼에도 구세대인 내가 지금 보여 줄 수 있는 것은 '이성', 즉 '비평'으로 맞서는 것뿐이었다.

그런 책을 쓰라고 하면서 오타슛판의 니시키노 게이타 씨는 말 그대로 산더미처럼 요즘 문학과 그렇지 않은 것을 보내 주었다. 그는 일관되게 그것들이 무엇을 의미하는지 물었고, 대부분 살펴보았지만 이 책에서는 거의 언급하지 못해 미안하게 생각한다. 하지만 그런 강제적 딥러닝의 결과 도출된 '요즘이란 이런 거야?' 중의 하나가 이 책의 제목이 된 '감정화'라는 이미지였다. 그리고 오랫동안 같이 일해 온 오치아이 미사 씨는 그녀로서는 드물게 이 '감정화'라는 단어에 몹시 '구애'(이것이 '루프'에 대한 예외적인 대항책이다)되었다. 그녀가 그렇게까지 말한다면 고민해 볼 만한 문제일 것이라고 다시 생각해 보았고, 그리하여 첫 교정지가 나온 다음 덴노의 '마음' 문제를 다룬 긴 에세이를 서두에 추가했다. 쇼와 덴노 사망 직전에 쓴 내 첫 덴노론 『소녀들의 '귀여운' 덴노』[6]를 재실행한 내용이 된 것 같다. 이 나라의 '현재'

에 완전히 관심을 잃고 있던 나로서는 비꼬는 말이 아니라 정말 그런 억압들이 고마웠다. 이 책이 조금이나마 나은 재귀적 비평이 되었다면 이들 덕택이다. 감사합니다.

---

6   오쓰카 에이지, 『소녀들의 '귀여운' 덴노』, 가도카와쇼텐, 2003.

옮긴이 후기

이 책을 필두로 지은이는 최근 들어 플랫폼과 유저라는 문제를 자주 다루고 있다. IT 분야에서 불거지고 있는 '플랫폼 노동' 등의 문제와 기업 노동자의 '감정 노동' 문제는 일견 구분되는 것처럼 보인다. 하지만 두 문제는 결국 20세기의 노동 문제와는 또 다른, 새로운 시대의 노동 문제라는 측면에서 많은 부분이 교차한다고 할 수 있다. 특히 일본에서는 IT 플랫폼 다수가 미국 중심의 다국적 자본 소유라는 점 때문에 플랫폼 관련 논의가 자주 벌어지고 있기도 하다. 그러나 국내 기업의 비중이 상대적으로 높았던 한국 IT 플랫폼 역시 외국 자본 소유로 점점 넘어가고 있다는 점, 그 와중에 기존 산업계와의 갈등도 커지고 있다는 점에서 플랫폼 노동 문제는 더 이상 남의 이야기가 아니게 되었다.[1]

이 책에서 지은이가 논한, SNS를 비롯한 인터넷에 흘러넘치는 '감정'의 문제도 마찬가지다. 한국은 SNS가 일본이나

---

[1] 더 자세한 내용은 『기획 회의』 462호, 2018에 실린 나의 「아마존과 '플랫폼 기업'이 빚어내는 현대 사회의 갈등」을 참조.

미국보다 먼저 전 국민적으로 보급된 경험을 가진 국가다. 그런데 이제는 더 이상 한국을 SNS 강국이라고 할 수 없게 되었다. 미국 중심의 다국적 자본이 소유한 SNS 플랫폼들이 한국 시장에서도 점유율을 높인 상황이다. 이런 다국적 플랫폼은 사용하는 사람을 국적이나 연령, 계급이나 직업과 무관하게 모두 '유저'로 만들며, 안락함을 제공하는 대가로 자신의 울타리 안에 가둔다. 동영상 사이트가 자주 본 영상과 비슷한 영상을 자동으로 추천해 주고 쇼핑몰 사이트가 관심을 가질 만한 상품을 적절히 골라 보여 주는 방식의 '추천 메커니즘'을 통해 유저는 '편안한' 생활을 영위할 수 있다. 우리가 '손님은 왕'이라며 기업 그 자체가 아니라 기업 종사자들에게 '감정 노동'을 강요해 편안한 생활을 영위하듯이 말이다.

그런 시대에 '문학'은 어떤 형태로 존재해야 하는가. 독자들이 자신을 '유저'로 정의하며 대접받기를 바라고 문학도 안락을 제공하면서 그 욕구를 충족시킬 뿐이라면 그것은 더 이상 문학일 수 없다고 지은이는 지적한다. 왜냐하면 독자에게 '불편함'을 제공하는 것도 원래 문학의 기능에 포함되어 있었기 때문이다. 그런 불편함을 독자가 읽게 하기 위한 방법론이 바로 작법론인 것이고, 이것이 지은이가 그렇게 많은 작법론을 쓴 이유다. 불편함을 일부러 겪고 싶은 사람이 있을 리 없으니 재미있는 스토리 중간중간에 숨겨진 가시와도 같이 '잘 생각해 보면 불편한 지점'을 집어 넣고 '잘 생각해 보는 독자'가 그 부분에서 한 번쯤 스스로 생각할 기회를 만들어 주는 것이 바로 문학이라는 이야기다.

따라서 문학 작품을 읽고 난 후의 감상, 즉 '독후감'은 '즐

겁다', '도움이 된다', '쓸모가 있었다'보다 오히려 여러 종류의 '불편함', '거북함', '갑갑함'일 수 있는 법이다. 그 불편함이라는 것이 과거에는 왕과 귀족, 부패한 종교 권력 등을 향한 풍자나 도전이었을 수도 있고, 삶과 죽음의 문제나 차별에 대한 고민, 미래를 상상해 보는 태도 등으로 나타났을 수도 있다. 이처럼 지은이는 '대중'mass을 불편하게 하는 것이 문학다움 아니겠냐고 지적한다. 그리고 오늘날의 문학은 그저 기능성 문학, 효능이 있는 문학만을 추구하고 있지 않느냐는 것이 그가 오래전부터 비판적으로 견지해 온 논점이다. '서플리먼트'처럼 편안하게 삼킬 수 있는 '문학 아닌 문학', 단숨에 읽고서 쉽게 감동 아닌 감동을 받을 수 있는 작품이 문예지에도 넘쳐 나고 있다는 지적인 셈이다.

지은이의 이런 지적이 일본 사회 혹은 일본 문학에만 해당한다고 생각하지는 않는다. 당대나 후대 사람들에게 찬반양론을 일으키거나 불편함을 안긴 문학가라면 표도르 도스토옙스키도 귀스타브 플로베르도 에밀 졸라도 조지프 콘래드도 있지 않았던가. 비단 문학뿐일까. 프란시스코 고야는 재판을 받았고 에두아르 마네의 「풀밭 위의 점심」은 관람객들에게 비난받았다. 마르셀 뒤샹은 논란과 폭언에 시달렸고 앤디 워홀은 상업적이라고 비판받았다. 문학이 아닌 다른 장르에서도 어느 시대 어느 사회에나 대중을 불편하게 만드는 예술은 존재해 왔다.

지은이는 나와의 인터뷰에서 이렇게 말했다.

일본이나 한국이나 페이크 히스토리 작품을 만들 때 자국 또는 민족의 콤플렉스를 충족시키는 방향으로 창작을 하거

나 아예 터부(금기)를 건드리지 않으려는 방향으로 움직이는 것 같습니다.[2]

그러면서 그는 자신이 작품에서 다룬 최대의 터부는 덴노를 직접적인 캐릭터로 그린 것이라고 말했다. 그렇다면 한국에서 터부시되는 인물, 혹은 역사적으로 국민에게 중요하게 여겨지는 인물을 희화화하거나 실제와는 정반대로 그리는 것이 우리 사회에서 '터부'로 작용하지 않는다고 말할 수 있을까? 또 지금까지 한국의 페이크 히스토리 작품들이 "자국 또는 민족의 콤플렉스를 충족시키는 방향"으로 만들어지지 않았다고 말할 수 있을까? 판타지나 무협물 등 대중소설은 물론이고 순문학 분야에서조차도 여러 방향의 국가적·민족적 '콤플렉스'를 만족시키려는 목적으로 창작된 작품이 적지 않다.

그는 이렇게도 말했다.

사실 작가가 자신의 작품을 특정 사상이나 정치에 넘겨 버리고 싶지 않다면, 모든 것으로부터 거리를 두게끔 만들 수밖에 없습니다. 그것밖에 선택지가 없죠. 다양한 입장의 사람들이 다 불만을 가지게 하라는 것입니다.[3]

한 가지 더 언급해 두고 싶은 것이 있다. 이 책이 출간된 직후인 2016년 11월 지은이는 일본의 어느 온라인 매체와 진

2   오쓰카 에이지·선정우, 『오쓰카 에이지: 순문학의 죽음, 오타쿠, 스토리텔링을 말하다』, 북바이북, 2015, 115쪽.
3   같은 책, 121쪽.

행한 인터뷰에서 인터뷰어의 질문 내용에 문제를 제기했고, 결국 그 인터뷰의 게재가 취소되는 일이 벌어졌다. 지은이가 삭제하기를 원했으니 인터뷰 내용을 여기에 옮기지는 않겠지만, 그 일이 시사하는 바를 간략히 짚고 싶다.

인터뷰에서 인터뷰어는 『감정화하는 사회』를 '아직 읽지 않은 독자들이 알기 쉽도록 설명해 달라'며 질문을 시작했다. 이에 지은이는 '마치 당연하다는 듯이 알기 쉬움을 요구하는 태도 자체'를 이 책에서 내내 다루었는데 그걸 '알기 쉽게' 소개해 달라니 대체 무슨 소리냐며 말 그대로 인터뷰어를 '꾸짖었다'. 한국에서도 글이 조금이라도 길어지면 '세 줄 요약'을 해 달라고 '떼를 쓰는' '유저'들의 모습을 종종 볼 수 있다. 이 책 전체를 통해 대중이 스스로를 '유저'로 자리매김하고 안락함을 추구하는 태도에 문제를 제기했음에도, 이 책을 읽었을 터인 인터뷰어는 독자들이 책을 군이 읽지 않아도 내용을 이해할 수 있도록 '세 줄 요약'을 해 달라고 청한 셈이다. 일반적인 저자라면 책을 팔기 위해서든 남에게 싫은 소리를 듣고 싶지 않아서든 돌려서라도 답변했을지 모르겠다. 그러지 않고 구태여 '꾸짖어 준' 것이 오히려 지은이 나름의 '친절'일 수도 있겠다는 생각이 든다.

다시 이야기를 돌려, 아무튼 지은이는 '타자와의 접촉이 만들어 낼 수밖에 없는 불편함'을 피하지 않고 수용하는 것이야말로 문학의 본질이라고 말한다. 알기 쉽고 그것을 읽음으로써 얻을 수 있는 효과(지식이든 기분 좋은 상쾌함이든 끓어오르는 애국심이든)가 확실한 글, 짧고 명쾌하게 쓰여 '술술' 읽히는 '가성비' 높은 글, 그런 글이 유행하고 그렇지 않은 글은 기피되는 현재가 과연 '근대 이후'post-modern인지를 그는 묻는다. 바로 이것이 그가 여러 책에서 '안일한 현대 문화 비평'을 양산하는 일본의 몇몇 포스트모더니스트를 비판했던 주된 논점이다.

우리가 '유저'가 되어 '플랫폼'이 제공하는 편안함과 안락함에 안주하는 것은 말하자면 영화 「매트릭스」에서 빨간 약과 파란 약 중에 파란 약을 먹고 매트릭스 세계 속에서 현실을 회피한 채 살아가는 선택과도 같다. 이는 세상 만사에 직접 참가하는 당사자로서가 아니라 어디까지나 서비스를 받는 유저로, 즉 '손님 마인드'만을 가진 채로 마음 편한 플랫폼 안에 틀어박혀 사는 쪽을 선택했다는 말이다. 주인공은 노력과 근성으로(심지어 요즘은 노력과 근성의 단계조차 넘겨버리고) 강해지고 정의는 항상 승리하며 달콤한 승리 후에는 보상이 주어진다. 하지만 그런 안락함 속에는 그 플랫폼을 유지하기 위해 (실은 우리 자신도 포함되었을 수 있는) 플랫폼에 속한 노동자들이 '노동처럼 보이지 않는 플랫폼 노동'을, '물질 노동'이 아니라 '감정 노동'으로 행하고 있음을 일부러 모르는 척한다는 선택이 포함되어 있다. 조금이라도 자신에게 '불편할 것 같다'고 느끼면 바로 '차단'이나 '뮤트', '언팔'을 하면 되니 점점 더 확증 편향이 심해지고 자기 확신에 빠져든다. 그리고 거기에서 편안함과 안락함을 느끼며 옛날 이야기처럼 '오래오래 잘 살았더래요'로 끝나는 결말을 선호하게 된다. 그 과정에서 인간＝유저에게는 플랫폼의 이윤 창출을 위한 도구로서의 역할, 말하자면 「매트릭스」 세계에서 인간들이 기계를 위한 배터리로 사용되는 것과 똑같은 역할밖에 주어지지 않는다.

……이 이야기에 결론은 딱히 없다. 지은이의 생각을 편히 이해할 수 있도록 내가 정리한 '정답'을 '세 줄 요약'으로 말해 줄 의향은 애당초 없다. 지은이는 이런 문제에 대해 각자 한 번쯤 생각해 보라는 의도로 이 책을 쓴 것이고, 그것을 충실하게 옮겼다고 생각하므로 이 이상 덧붙일 말은 없다. 또한 그렇게 간단하게 결론이 날 문제였다면 벌써 누군가가 해결책을 내놓았을 것이다. 이런 문제의 '간단한' 해결책은 대개 신흥 종교스러운 자기 계발서 수준의 해답인 경우가 많다. 하지만 실제로는 '어렵고' '복잡하며' '오래 걸리고' '불편한' 해결책이 몇몇 존재할 뿐이다. 그리고 그 해결책을 선택하더라도 확실한 해결은 보장되지 않는 경우가 대부분이다. 그러니 편안하고 안락한 답변을 원하는 이들은 그런 해결책에 대해 '그래서 어쩌란 말이냐'라고 반응하며, 확신에 찬 말투를 구사하는 테드TED식, 혹은 유튜브식 '구두 강연'에 빠져들어 설득되곤 한다. 요 몇 년간 TV에서 '교양 있어 보이는' 강연형 프로그램이 유행하고 있는 것도 같은 이유 때문일 것이다(다만 그런 프로그램을 보면 나름대로 교양이 쌓일 테고 나 역시 보지 않는 것은 아니다. 테드 강연이나 유튜브, TV 교양물 등을 부정하는 것이 아니다. 거기에는 또 각각의 의미가 있으리라. 반드시 책을 읽어야만 깊이 있는 사고가 가능하다는 구태의연한 말을 하고 싶은 것은 당연히 아니다).

■ ■ ■

이 책을 번역하면서 나는 장황한 만연체에 사실상 구어에 가까운(심지어 때로는 교정을 보았나 싶을 정도로 불명료한)

원서 문장을 되도록 그대로 옮기기로 마음먹었다. 독자가 편안하게 읽을 수 있도록 원문을 뒤바꾸는 정도의 의역(?)을 할 생각은 없었다. 하지만 그렇다고 아예 한국어 문법을 벗어날 수도 없는 노릇이라 어느 정도는 편집부의 교정을 받아들이기도 했다. 읽기 불편함을 유지한 채 옮기면서도 동시에 읽기 편하게 만들기 위한 수정을 받아들였다는 것은 모순된 표현이다. 하지만 애초에 인간이라는 존재 자체가 모순되었다는 것이 내 오랜 생각이기도 하기에 굳이 어렵게 고민하지는 않았다. 지은이의 책을 여러 권 번역하고 그 외에도 업무를 함께하며 대화해 왔기에 그의 생각을 아주 조금이나마 이해하고 있다고 생각하지만, 여전히 그의 책을 읽으며 새로운 것을 많이 배우게 된다.

아무튼, 그러니까 이 책을 읽으면서 불명료하거나 이상하게 느껴지는 부분이 있다면 전부 그런 번역을 선택한 옮긴이 탓으로 돌리기 바란다. 반대로 이해가 잘되고 조금이라도 도움이 된 부분이 있다면 그 공은 전적으로 지은이와 리시올 편집부에 돌려져야 마땅할 것이다.

찾아보기

오쓰카 에이지大塚英志

1958년생. 평론가이자 만화 원작자. 국제일본문화연구센터 교수, 도쿄대학 대학원 정보학환 특임 교수. 대학에서 민속학을 전공했으며 졸업 후 만화 잡지사에서 아르바이트를 하다가 편집자가 되어 이시노모리 쇼타로 등을 담당했다. 1980년대에 만화 잡지『코믹류』,『프티 애플파이』등에서 편집자를 맡았고『만화 부릿코』에서는 편집장까지 역임했다. 만화『다중인격 탐정 사이코』를 비롯해『망량전기 마다라』,『리비아썬』의 원작자로 이름을 널리 알리기도 했다.

1980년대 후반부터 서브컬처와 민속학이라는 두 지적 배경을 토대로 평론을 쓰기 시작했고, 미야자키 쓰토무 사건으로 촉발된 '오타쿠 논쟁', 1990년대 말 일본 문학계의 쟁점 중 하나였던 '순문학 논쟁' 등에서 격론의 중심에 서기도 했다.『이야기 소비론』,『전후 만화의 표현 공간』(제16회 산토리학예상 수상),『'그녀들'의 연합적군』,『'오타쿠'의 정신사』,『서브컬처 문학론』,『공민의 민속학』,『이야기론으로 읽는 무라카미 하루키와 미야자키 하야오』,『미디어믹스화하는 일본』,『감정화하는 사회』,『감정 덴노론』등 문학, 서브컬처, 민속학, 정치를 가로지르는 비평서를 출간했다.

또 이야기론과 작법 관련 도서도 다수 집필했다. 한국에도 출간된『이야기 체조』,『캐릭터 소설 쓰는 법』,『캐릭터 메이커』,『스토리 메이커』,『이야기 학교』(노구치 가쓰히로 그림),『이야기의 명제』,『세계 만화 학원』등은 다양한 이야기론을 장르 문학이나 영화 시나리오, 만화 등 서브컬처 분야의 창작에 접목해 작법서 가운데서도 독보적인 위치를 차지하고 있다. 인터뷰집으로『오쓰카 에이지: 순문학의 죽음, 오타쿠, 스토리텔링을 말하다』(공저)가 있다.

선정우

만화·애니메이션 칼럼니스트, 번역가, 출판 기획사 코믹팝 대표. 1995년에 국내 매체 기고를 시작했고, 2002년부터 일본 매체에 한국 문화를 소개하는 일본어 칼럼을 연재했다. 2004년 이탈리아 베네치아 비엔날레 일본관 'OTAKU: 인격=공간=도시'전에 전시 작품「한국의 온라인 커뮤니티」를 발표했다. 지은 책으로『슈퍼 로봇의 혼』,『-Vision vol.1: 한국 만화를 찾는 일본인들』(공저),『오쓰카 에이지: 순문학의 죽음, 오타쿠, 스토리텔링을 말하다』(인터뷰집, 공저) 등이 있다. 또한『스토리 메이커』,『세계 만화 학원』,『이야기론으로 읽는 무라카미 하루키와 미야자키 하야오』,『좀비 사회학』,『웹소설의 충격』,『만화 잡지는 죽었다, 웹만화 전성시대』등을 우리말로 옮겼다. 제25회 한국출판평론상 평론우수상을 수상했다.

감정화하는 사회

1판 1쇄 2020년 1월 10일 펴냄
1판 3쇄 2023년 4월 15일 펴냄

지은이 오쓰카 에이지. 옮긴이 선정우. 펴낸
곳 리시올. 펴낸이 김효진. 제작 상지사.

리시올. 출판등록 2016년 10월 4일 제2016-
000050호. 주소 경기도 고양시 화신로 298,
별빛마을 802-1401. 전화 02-6085-1604.
팩스 02-6455-1604. 이메일 luciole.book@
gmail.com.

ISBN 979-11-90292-02-3 03300